U0742842

"十四五"时期国家重点出版物出版专项规划项目
新能源与智能网联汽车新技术系列丛书
中国机械工业教育协会"十四五"普通高等教育规划教材

智能网联汽车线控底盘技术

主　编　宋传增
副主编　张宗喜
参　编　高　峰　刘　娜　闫法义　田　磊
　　　　刘　阳　陈正强　刘廷瑞　姚成岭

机械工业出版社

本书是"十四五"时期国家重点出版物出版专项规划项目。

智能网联汽车是汽车产业发展的战略方向，我国高度重视智能网联汽车技术的创新和推广应用，持续加强技术攻关和基础设施建设，健全政策法规和标准体系，组织开展道路测试和示范应用，完善产业发展环境，提升产品性能水平。本书主要讲解了智能网联汽车线控底盘五大组成部分和底盘线控域控制器的发展历程、分类、原理、结构、设计方法、设计实例和验证方法。全书共9章，主要内容包括线控底盘概述、线控转向系统、线控制动系统、线控驱动系统、线控换档系统、线控悬架系统、底盘线控域集成控制技术、线控整车集成测试和智能网联汽车产品测试评价。

本书可作为车辆工程、智能汽车、新能源汽车、汽车服务工程等专业学生的教材，也可作为汽车领域研究人员、汽车制造企业设计人员和汽车售后服务人员的参考书，还可作为智能网联汽车爱好者、相关产业管理者的参考读物。

图书在版编目（CIP）数据

智能网联汽车线控底盘技术／宋传增主编. -- 北京：机械工业出版社，2025. 9. --（新能源与智能网联汽车新技术系列丛书）（中国机械工业教育协会"十四五"普通高等教育规划教材）. -- ISBN 978-7-111-78791-4

Ⅰ. U463.1

中国国家版本馆 CIP 数据核字第 20256QH898 号

机械工业出版社（北京市百万庄大街 22 号　邮政编码 100037）
策划编辑：宋学敏　　　　　　责任编辑：宋学敏　章承林
责任校对：樊钟英　陈　越　　封面设计：张　静
责任印制：刘　媛
三河市宏达印刷有限公司印刷
2025 年 9 月第 1 版第 1 次印刷
184mm×260mm・12.75 印张・310 千字
标准书号：ISBN 978-7-111-78791-4
定价：42.00 元

电话服务　　　　　　　　　网络服务
客服电话：010-88361066　　机　工　官　网：www.cmpbook.com
　　　　　010-88379833　　机　工　官　博：weibo.com/cmp1952
　　　　　010-68326294　　金　书　网：www.golden-book.com
封底无防伪标均为盗版　机工教育服务网：www.cmpedu.com

前　言

2023 年 11 月 17 日，工业和信息化部、公安部、住房和城乡建设部、交通运输部四部门联合印发了《关于开展智能网联汽车准入和上路通行试点工作的通知》（工信部联通装〔2023〕217 号），发布了《智能网联汽车准入和上路通行试点实施指南》，四部门遴选具备量产智能网联汽车产品条件，开展准入试点，在限定区域内开展上路通行。自动驾驶功能是指国家标准 GB/T 40429—2021《汽车驾驶自动化分级》定义的 3 级驾驶自动化（有条件自动驾驶）和 4 级驾驶自动化（高度自动驾驶）功能。通过开展试点工作，促进智能网联汽车产品的功能、性能提升和产业生态的迭代优化，支撑相关法规、标准、准入管理规定修订，成为推动智能网联汽车普及的里程碑。

本书结合了编者设计经验和主持的教育部产学合作协同育人项目智能网联汽车专业本科教学内容和课程体系建设实践（220505353025340）、新工科背景下智能网联汽车专业本科教学实践基地建设（220602645065401）、智能网联汽车理论及实践教学课程体系改革（220600874270349）、教育部供需对接就业育人项目人工智能+智能网联汽车专业本科就业实习基地建设（20230105939）、济南市市校融合发展战略工程项目智能网联车辆现代产业学院建设（JNSX2023066）等项目研究成果，以及山东建筑大学新能源与智能网联汽车现代产业学院、北京联合伟世科技股份有限公司、烟台睿创微纳技术有限公司、舜泰汽车有限公司、山东汉鑫科技股份有限公司科研成果，总结提炼，书中列出了大量的图、表、技术方案和实际案例，以供专业同仁参考。

本书由宋传增任主编，张宗喜任副主编，具体分工如下：山东建筑大学宋传增编写了第 3 章和 5.2~5.6 节，张宗喜、刘娜、闫法义分别编写了第 1 章、第 4 章和第 6 章；中国重型汽车集团有限公司田磊、刘阳、陈正强分别编写了第 8 章、第 9 章和第 7 章；清华大学苏州汽车研究院高峰编写了 2.1~2.3 节；北京联合伟世科技股份有限公司刘廷瑞编写了 2.4 节、2.5 节；山东超星智能科技有限公司姚成岭参与编写了 5.1 节。山东建

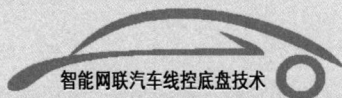

筑大学车辆工程硕士研究生朱景涛、闫瑞、马东、宋乐和烟台艾创机器人科技有限公司刘杰、王开阳参与了资料整理、图表绘制和文字校正。北京联合伟世科技股份有限公司、舜泰汽车有限公司、山东汉鑫科技股份有限公司提供了设计实例、技术资料和经费支持。

智能网联汽车线控底盘技术是热门研究领域，新技术、新工艺、新产品不断涌现，由于作者水平有限，书中难免有错误和疏漏之处，恳请批评指正。书中参考了业界同仁的研究成果，选用了相关企业的产品作为典型案例讲解，在此一并感谢！若有异议，敬请联系主编处理。恳请读者多提宝贵意见，为智能网联汽车技术发展和智能网联汽车普及贡献力量。

编　者

目　录

第1章 线控底盘概述

1.1 线控底盘的概念与组成

1.1.1 线控底盘的概念

线控底盘技术（X-by-Wire）是指以电信号取代传统底盘中的机械连接和机械能量传递的技术，将输入的驾驶指令利用传感器传递到中央处理器，通过中央处理器的控制逻辑发送电信号给相应的执行机构，完成驾驶操作。在传统底盘中，操作机构与执行机构之间通过机械连接传递机械能量，底盘的早期发展历程也是各机械系统不断完善的过程。在线控底盘中，传递与控制的实现方式由机械变为电信号。

1.1.2 线控底盘的组成

线控底盘由线控转向系统、线控制动系统、线控驱动系统、线控换档系统和线控悬架系统组成。

1. 线控转向系统

线控转向（Steering by Wire，SBW）系统，是智能网联汽车实现路径跟踪与避障、避险必要的关键技术，为智能网联汽车实现自主转向提供了良好的硬件基础，其性能直接影响主动安全与驾乘体验。线控转向系统取消了传统的机械式转向装置，转向盘和转向轮之间无机械连接，因而减轻了车体重量，消除了路面冲击，具有减小噪声和隔振等优点。

线控转向系统主要由转向盘模块、转向执行模块和ECU（电子控制单元）3个主要模块以及自动防故障系统、电源系统等辅助模块组成，如图1-1所示。

转向盘模块包括转向盘、转向盘转角传感器、回正力矩电动机。其主要功能是将驾驶人的转向意图，通过测量转向盘转角转换成数字信号并传递给主控制器，同时接收ECU送来的力矩信号产生转向盘回正力矩，向驾驶人提供相应的路感信号。

转向执行模块包括转角传感器、转向执行电动机、转向电动机控制器和前轮转向组件等，其主要功能是接收ECU的命令，控制转向执行电动机实现要求的前轮转角，完成驾驶人的转向意图。

ECU 对采集的信号进行分析处理，判别汽车的运动状态，向回正力矩电动机和转向执行电动机发送命令，控制两个电动机的工作。其中，转向执行电动机完成车辆航向角的控制，回正力矩电动机模拟产生转向盘回正力矩以保障驾驶人驾驶感受。

自动防故障系统在线控转向系统故障时提供冗余式安全保障。它包括一系列监控和实施算法，针对不同的故障形式和等级做出相应处理，以求最大限度地保持汽车的正常行驶。当检测到 ECU、转向执行电动机等关键零部件发生故障时，故障处理 ECU 自动工作，首先发出

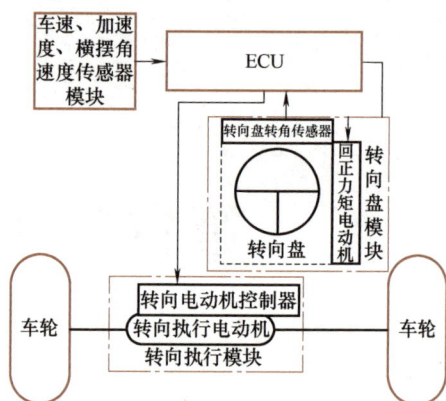

图 1-1　线控转向系统的基本组成

指令使 ECU 和转向执行电动机完全失效，其次紧急起动故障执行电动机以保障车辆航向的安全控制。

电源系统承担控制器、电动机以及其他车用电器的供电任务，用以保证电源系统在大负荷下稳定工作。

线控转向系统的工作原理：当转向盘转动时，转向盘转矩传感器和转角传感器将测量到的转矩和转向盘的转角转变成电信号输入 ECU，ECU 依据车速传感器和安装在转向传动机构上的角位移传感器的信号来控制转矩反馈电动机的旋转方向，并根据转向力模拟生成反馈转矩，同时控制转向执行电动机的旋转方向、转矩大小和旋转角度，通过机械转向装置控制转向轮的转向位置，使汽车沿着驾驶人期望的轨迹行驶。

2. 线控制动系统

线控制动（Brake by Wire，BBW）系统，是智能网联汽车"控制执行层"的关键技术，为智能网联汽车实现自主停车提供了良好的硬件基础，是实现高级自动驾驶的关键部件之一。它是将原有的制动踏板机械信号经改装转变为电控信号，通过加速踏板位置传感器接收驾驶人的制动意图，产生制动电控信号并传递给控制系统和执行机构，并根据一定的算法模拟踩踏感觉反馈给驾驶人。

传统制动系统与线控制动系统的区别如图 1-2 所示。线控制动技术在 F1 赛车上的应用已经非常成熟，但因其成本及技术问题，并未在乘用车上普及。早期的宝马 M3 曾经采用过线控制动系统，该系统通过 ECU 实现系统控制，ECU 的可靠性、抗干扰性、容错性以及多控制系统之间通信的实时性，都有可能对制动控制产生影响，从而制约了线控制动系统的应用与推广。

根据工作原理的不同，线控制动控制技术分为电子液压制动（Electronic Hydraulic Brake，EHB）系统和电子机械制动（Electronic Mechanical Brake，EMB）系统。

（1）EHB 系统　EHB 系统是从传统的液压制动系统发展来的，但与传统制动方式的不同点在于，EHB 系统以电子元器件替代了原有的部分机械元件，是将电子系统和液压系统相结合组成的机电液一体化系统，其控制单元及执行机构布置集中。因为使用制动液作为制动力传递的媒介，故也称为集中式、湿式制动系统。EHB 系统主要由电子踏板、ECU、液

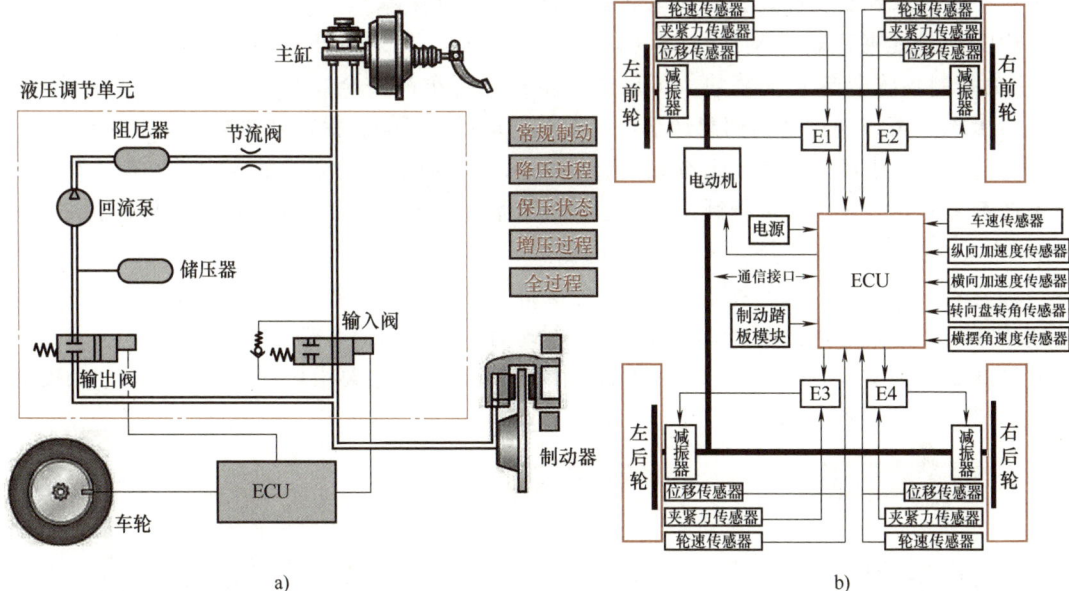

图 1-2 传统制动系统与线控制动系统的区别

a) 传统制动系统 b) 线控制动系统

压执行机构等部分组成。电子踏板是由制动踏板和踏板传感器（踏板位移传感器）组成的。加速踏板位置传感器用于检测踏板行程，然后将位移信号转化成电信号传给 ECU，实现踏板行程和制动力按比例进行调控。电子液压制动（EHB）系统的结构如图 1-3 所示。

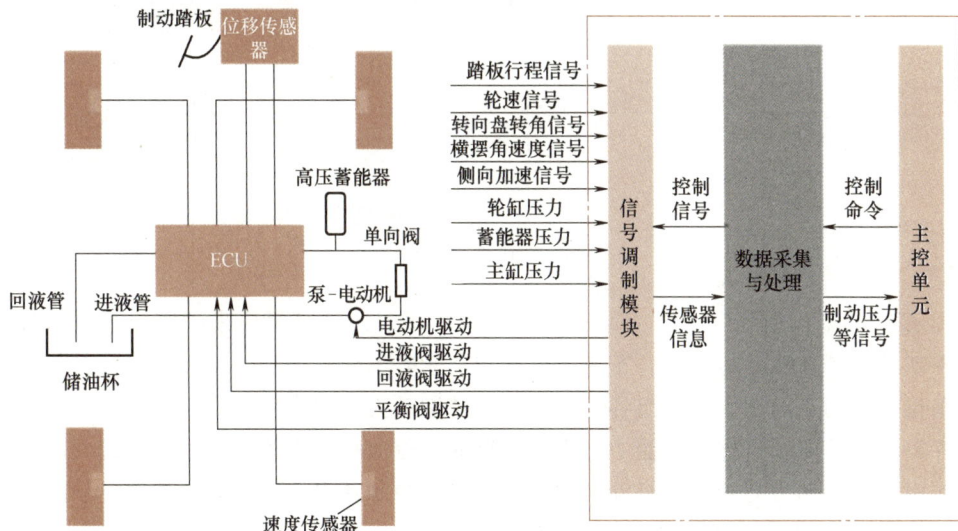

图 1-3 电子液压制动（EHB）系统的结构

EHB 系统的工作原理：当正常工作时，制动踏板与制动器之间的液压连接断开，备用阀处于关闭状态。ECU 通过传感器信号判断驾驶人的制动意图，并通过电动机驱动液压泵进行制动。当电子系统发生故障时，备用阀打开，EHB 系统变成传统的液压系统。制动踏板输入信号后驱动制动主缸中的制动液通过备用阀流入连接各个车轮制动器的制动轮缸，进入常规的液压系统制动模式，保证车辆制动的必要安全保障。

EHB 系统能通过软件集成 ABS（防抱制动系统）、ESP（车身电子稳定）系统、TCS（牵引力控制系统）等功能模块，可以进一步提高行车的安全性及舒适性。当制动器涉水后，EHB 系统可以通过适当的制动动作，恢复制动器的干燥，保持制动器的工作性能。

与传统的液压或气压制动系统相比，EHB 系统增加了制动系统的安全性，使车辆在线控制动系统失效时还可以进行制动。但是，备用系统中仍然包含复杂的制动液传输管路，使得 EHB 系统并不完全具备线控制动系统的优点。

（2）EMB 系统 EMB 系统是基于一种全新的设计理念，完全摒弃了传统制动系统的制动液及液压管路等部件，由电动机驱动产生制动力，每个车轮上安装一个可以独立工作的电子机械制动器，也称为分布式、干式制动系统。EMB 系统主要由电子机械制动器、ECU 和传感器等组成，如图 1-4 所示。

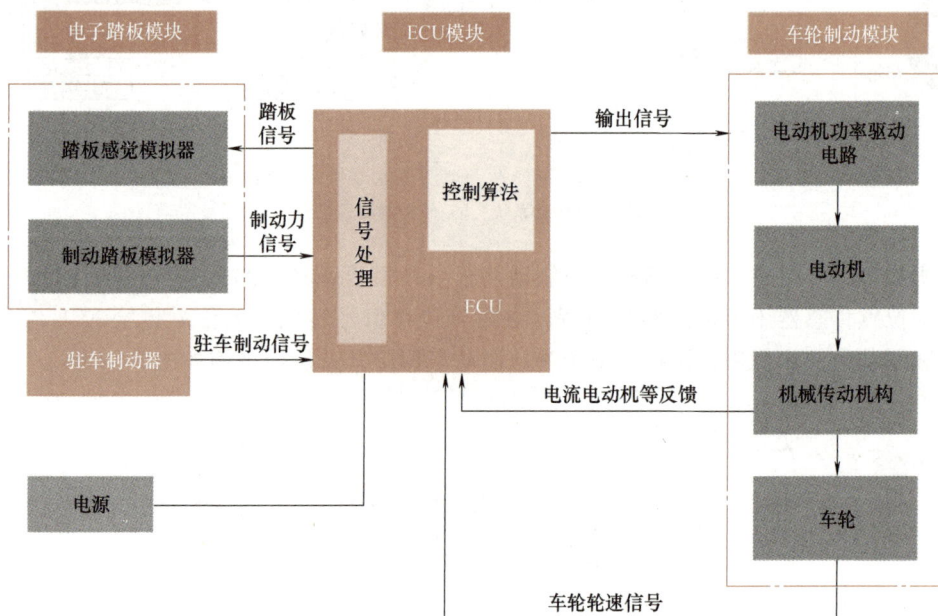

图 1-4 EMB 系统的结构

EMB 系统的工作原理：EMB 系统工作时，ECU 接收制动踏板传来的踏板行程信号，计算出踩制动踏板的速度信号并结合车辆速度、加速度等其他电信号，明确汽车行驶状态，分析各个车轮上的制动需求，计算出各个车轮的最佳制动力矩大小后输出对应的控制信号，分别控制各车轮上的电子机械制动器中工作电动机的电流大小和转角，通过电子机械制动器中的减速增矩以及运动方向转换，将电动机的转动转换为制动钳块的夹紧，产生足够的制动摩擦力矩。EMB 系统的关键部件之一是电子机械制动器，它通过 ECU 改变输出电流的大小和方向实现执行电动机的力矩和运动方向的改变，将电动机轴的旋转变换为制动钳块的开合，通过相应的机构或控制算法补偿由于摩擦片的磨损造成的制动间隙变化。

电子机械制动器按其结构特点和工作原理可以分为无自增力制动器和自增力制动器两大类。

无自增力制动器是电动机通过减速增矩的机械执行机构产生夹紧力作用到制动盘上，制

动力矩与制动盘和摩擦片之间的压力、摩擦系数成线性正相关，控制驱动电动机轴转角大小即可实现对制动转矩的控制，控制系统相对简单，制动器的工作性能稳定，但对电动机的功率要求较高，因而尺寸较大。

自增力制动器是在制动盘与制动钳块之间增加一个楔块，制动工作时，制动盘的摩擦力使楔块进一步楔入制动盘和制动钳块，增大夹紧力，从而产生自增力效果，产生更强的制动效能。该系统电动机的功率较小，装置的体积和重量也较小，但是，其制动效能取决于楔块的工作状况，因此对楔块的工艺及精度要求很高，不易加工，且其制动稳定性相对较差，难以控制。

与EHB系统相比，EMB系统中没有液压驱动部分，系统的响应速度更高，工作稳定性和可靠性更好，但由于完全采取线控的方式，不存在备用的制动系统，因而对系统的工作可靠性和容错要求更高。另外，使用电信号控制电动机驱动，使制动系统的响应时间缩短，同时，传感器信号的共享以及制动系统和其他模块功能的集成，便于对汽车的所有行驶工况进行全面的综合控制，提高了汽车的行驶安全性。

3. 线控驱动系统

线控驱动（Throttle-by-Wire）系统主要由加速踏板、踏板位移传感器、ECU、数据总线、伺服电动机和节气门执行机构组成。位移传感器安装在加速踏板内部，随时监测加速踏板的位置。当监测到加速踏板高度位置有变化时，会瞬间将此信息送往ECU，ECU对该信息和其他系统传来的数据信息（车速、车距、节气门开度、发动机转速等）进行运算处理，计算出一个控制信号，通过线路送到伺服电动机继电器，伺服电动机驱动节气门执行机构。节气门开度越大，ECU计算的喷油量也就越大，发动机转速会上升；反之亦然。数据总线则是负责系统ECU与其他ECU之间的通信。

现如今，发动机的进油量都是由ECU控制的，俗称"电喷"。而加速踏板和节气门之间也不再需要机械连接，加速踏板集成了踏板位置传感器，传感器将加速踏板位置信号发送给ECU，ECU通过计算将节气门开度量传递给安装在节气门上的电动机，电动机控制节气门打开和关闭，如图1-5所示。

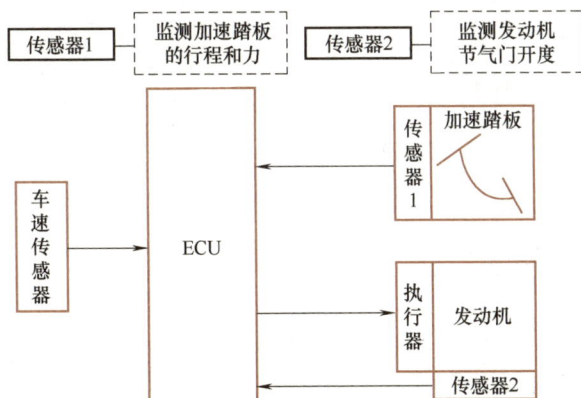

图1-5 线控驱动系统的基本组成

（1）线控节气门与传统节气门相比的优点

1）舒适性、经济性好。线控节气门可根据驾驶人踩下加速踏板的动作幅度判断驾驶人意图，综合车况精确合理控制节气门开度，以实现不同负荷和工况下发动机的空燃比都能接近于最佳理论状态，即 14.7∶1，使燃油经济性和驾驶舒适性同时达到最佳状态。

2）稳定性高且不易熄火。线控节气门系统在收到加速踏板信号后会进行分析判断，再给节气门执行单元发送合适的指令，保证车辆稳定行驶。

（2）线控节气门与传统节气门相比的缺点

1）工作原理相对较为复杂，成本提高。相比传统节气门，在硬件上，线控节气门需要添加节气门位置位移传感器和伺服电动机以及其驱动器和执行机构，并且增加 ECU 接线；在软件上，需要开发分析位置传感器信号并综合车况给出最优控制指令的算法，集成在车载 ECU 上，增加了开发成本。

2）有延迟效果，没有传统节气门反应快。如前所述，在装有线控节气门系统的汽车中，驾驶人不能直接控制节气门开度也就无法直接控制发动机动力大小，而是经由 ECU 分析给出汽车舒适性较好且省油的节气门控制指令，所以相对于直接控制式的传统节气门会有稍许延迟感。

3）可靠性不如传统节气门好。汽车行驶中会遇到各种车况，并且汽车内部存在高频电磁干扰，如电动机和点火线圈会产生电磁干扰，电子器件可能会在这些工况下发生故障或松动；复杂的分析处理算法也可能会导致程序跑飞等故障情况出现，而驾驶人又无法直接控制发动机的动力大小，一旦这种情况发生将产生不可预知的后果。

4. 线控换档系统

线控换档系统通常与机械式自动变速器（Automated Mechanical Transmission，AMT）匹配，常见的 AMT 分为 3 类，即电控气动、电控电动和电控液动。由于电控气动主要用于大型车辆，需要真空储气罐配合。电控电动 AMT 和电控液动 AMT 都是通过 ECU 测算换档时机，而前者通过电动机进行离合换档操作，后者通过液压系统进行离合换档操作，前者免维护，后者需要定期更换液压油。线控换档系统如图 1-6 所示。

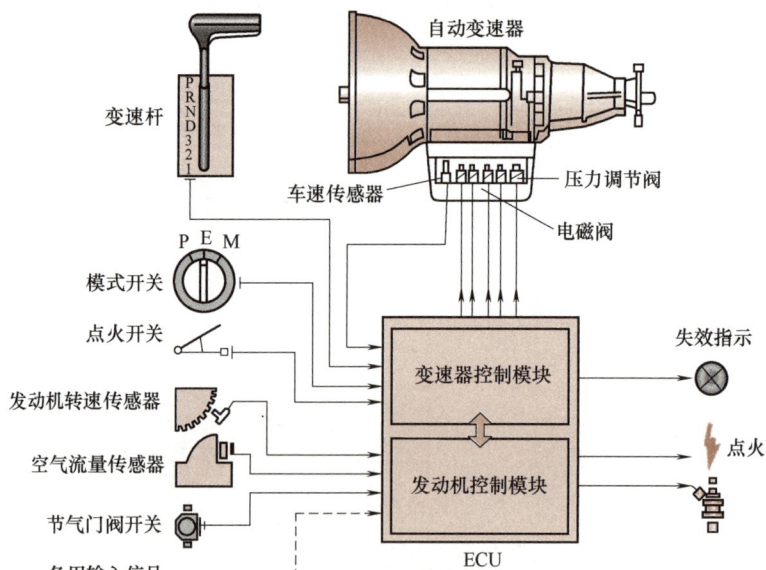

图 1-6 线控换档系统

　　AMT 是在原有齿轮式机械变速器的基础上加装电子控制系统，实现起步、选档、换档的自动化控制。AMT 用 ECU 代替熟练驾驶人的大脑，多种传感器代替人的感觉神经，用液压（或电动）执行机构代替人的手和脚的操作，实现车辆的起步、换档的自动化。以最佳换档规律控制自动变速器，可使汽车始终在最佳档位行驶，发挥其最佳性能。

　　AMT 系统的控制原理：AMT 系统主要由变速器、TCU（变速器控制单元）、变速器各传感器、各执行机构阀体、AMT 仪表、AMT 驾驶室线束及变速器线束等组成。TCU 是整个 AMT 系统的"大脑"，它采集各种相关信息作为输入量，经过计算处理后驱动各执行部件。AMT 上各个电磁阀相当于 AMT 系统的四肢，执行来自 TCU 的各种命令，是各种换档动作的最终执行者。而各传感器则充当着身体皮肤的角色，它们组合在一起感知车辆和变速器各部分的状态信息，为 TCU 的决策提供准确无误的保障。AMT 仪表除了具有普通仪表的功能外，还具有显示 AMT 档位信息、手动/自动模式、动力/经济模式、AMT 故障信息等功用，普通仪表不能应用在 AMT 车辆上。TCU 按照 SAE-J1939 协议通过车辆控制器局域网（Controller Area Network，CAN）与其他各控制单元相互通信。在 AMT 系统中，AMT 线束充当着身体神经的作用，成为连接 AMT 系统大脑——TCU 和各种传感器、执行机构的必由通道。

　　电控电动 AMT 的换档系统的优点：结构相对简单、重量轻，另外，由于直接采用易于控制、精度更高的电动机代替液压执行元件，系统的动作误差减少了，控制方法上也更简单。其缺点：活动部件要进行两个方向的活动实现选档、换档动作，所以，要解决运动部件的干预问题，换档时间也比较长，另外还需要结构复杂、高精度的凸轮机构。小功率低压直流电动机调速慢，很难保证高的起步换档平顺性，它转速高，需要结构复杂的减速器。现有的汽车上用的直流电动机和蜗杆减速器种类较少，为了提高离合器分离时的驱动力，还要加装结构复杂的机械助力装置等。这些不但提高了成本，也使安装、调校变得复杂。

　　电控液动 AMT 的换档系统的优点：工作平稳、传动效率高、结构紧凑、操作简便、易于实现安全维护、具有一定的吸振与吸收冲击的功能、起步换档品质好以及便于空间安排，可以提升 7% 以上的动力，节省 10%~15% 的燃油消耗，即使是与 CVT（无级变速器）相比，AMT 依然有此优势。其缺点：结构复杂，它包括液压油油箱、液压泵及驱动电动机、电磁换向阀（6~10 个）、油路比较复杂的集成阀块、驱动液压缸、连接油管等。它不但成本高，而且还带来一些控制上的困难，如液压系统中油液特性受气温影响、液压泵工作对 ECU 发生干扰、换档停止时活塞对缸体发生撞击等。这些问题可采用油温传感器、压力传感器在系统中进行混合控制，还可采用自适应控制等方式来解决，但结果是控制更复杂、成本更高。换档时单离合器接合、分离时动力会短暂停顿，因此平顺性没有普通的 AMT 好，这点限制了它在高档豪华汽车上的应用。另外，和手动变速器一样，控制加速踏板和离合器踏板要求非常高的熟练度，否则会出现斜坡起步溜后等现象，因此对 AMT 的 ECU 控制系统要求很高，要安装起步辅助装置（HSA）。且由于电控液动 AMT 的零件较多，安装、维护难度较大，故障点增加，降低了工作可靠性。

5. 线控悬架系统

　　线控悬架系统（Suspension by Wire），也称为主动悬架系统，是智能网联汽车的重要组成部分，可实现缓振、保持平稳行驶的功能，直接影响车辆的操控性能以及驾乘感受。

线控悬架系统主要由模式选择开关、传感器、ECU 和执行机构等部分组成，如图 1-7 所示。

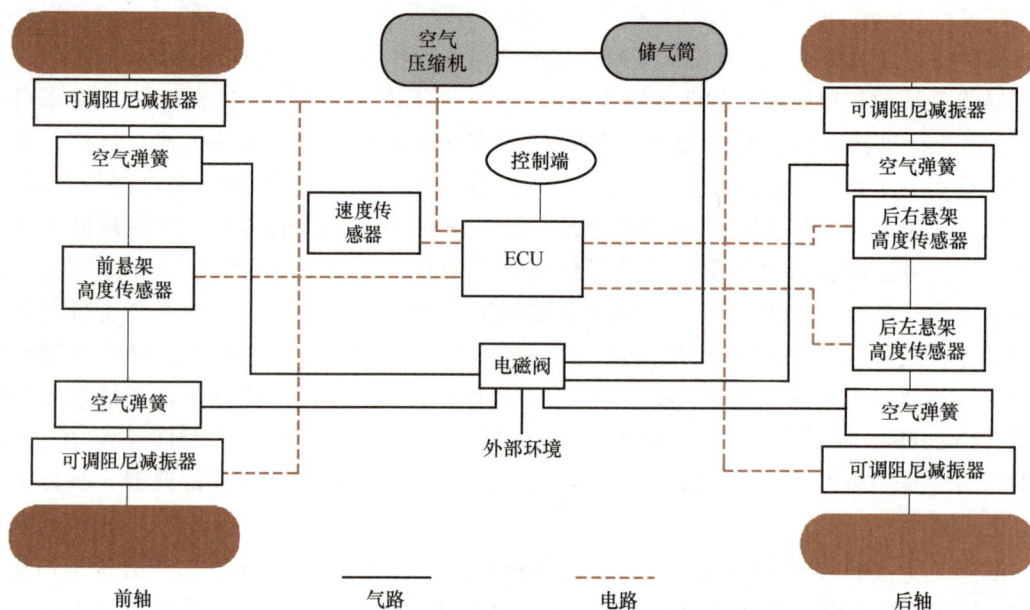

图 1-7　线控悬架系统

传感器将采集到的汽车的行驶路况（主要是颠簸情况）、车速以及起动、加速、转向、制动等工况转变为电信号，经简单处理后传输给线控悬架 ECU。其中，主要涉及车辆的加速度传感器、高度传感器、速度传感器和转角传感器等关键传感器。空气弹簧根据 ECU 的控制信号，准确、快速、及时地做出反应动作，包括气缸内气体质量、气体压力及电磁阀设定气压等关键参量的改变，实现对车身弹簧刚度、可调阻尼减振器阻尼以及车身高度的调节，如图 1-8 所示。

可调阻尼减振器阻尼和弹簧刚度的控制主要用来保证车身在多种工况下的稳定性和舒适性，具体工况包括防侧倾控制、防点头控制、防下蹲控制、高车速控制、不平整路面控制等。车身高度的控制主要是控制车身在水平方向的高度，包括静止状态控制、行驶工况控制及自动水平控制等。静止状态控制是指车辆静止时，由于乘员和货物等因素引起车载载荷的变化，线控悬架系统会自动改变车身高度，以减少悬架系统的负荷，改善汽车的外观形象。行驶工况控制是将车辆静态载荷和动态载荷综合起来考虑，当汽车在高速行驶时，线控悬架系统主动降低车身高度以改善行车的操纵稳定性和气动特性；当汽车行驶在起伏不平的路面时，主动升高车身以避免车身与地面或悬架的磕碰，同时改变悬架系统的刚度以适应驾驶舒适性的要求。自动水平控制是在道路平坦、开阔的行驶工况下，车身高度不受动态载荷和静态载荷影响，保持基本恒定的姿态，以保证驾乘舒适性和前照灯光束方向不变，提高行车的安全性。

美国 BOSE 公司推出的发电减振器（Power-Generating Shock Absorber，PGSA），完全由线性运动电磁系统（Linear Motion Electromagnetic System，LMES）组成电磁减振器，每个车轮单独配置一套该系统，组成车身独立悬架系统，如图 1-9 所示。

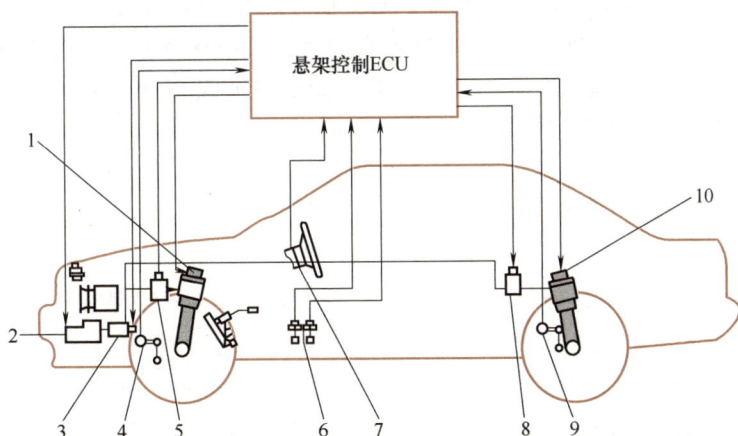

图 1-8 线控悬架系统 ECU 控制示意图

1—前悬架控制执行器 2—高度控制压缩机 3—悬架高度调节空气干燥器及排气阀
4—前悬架高度传感器 5—1 号高度控制阀 6—悬架控制开关 7—转角传感器
8—2 号高度控制阀 9—后悬架高度传感器 10—后悬架控制执行器

PGSA 的工作原理：每个车轮的调节控制信号通过功率放大器进行放大，以改变驱动电动机的工作电流，从而驱动线性电磁电动机改变悬架的伸缩状态。该系统不但可以为电动机提供电流，而且还可以在整车行驶工况下由电动机发电产生电流为电动车动力蓄电池充电，形成一套能量回收机制，非常有利于纯电力驱动的新能源汽车使用，可以增加动力蓄电池的电力，延长电动汽车的续驶里程。

线控悬架系统可以针对汽车不同的工况，控制执行器产生不同的弹簧刚度和可调阻尼减振器阻尼，既能满足平顺性和操纵稳定性的要求，也能保障驾乘的舒适性要求。其主要优点如下：①刚度可调，可改善汽车转弯侧倾、制动前倾和加速抬头等情况；②汽车载荷变化时，能自动维持车身高度不变；③在颠簸路面行驶时，能自动改变底盘高度，提高汽车的通过性；④可抑制制动点头和加速抬头现象，充分利用车轮与地面的附着条件，加速制动过程，缩短制动距离；⑤使车轮与地面保持良好的接触，提高车轮与地面的附着力，增加汽车抵抗侧滑的能力。

图 1-9 美国 BOSE 公司的发电减振器（PGSA）

尽管线控悬架系统有诸多优点，但其复杂的结构也决定了线控悬架系统具有不可避免的缺点：①故障的概率和频率远远高于传统悬架系统，由于线控悬架要求每一个车轮悬架都有

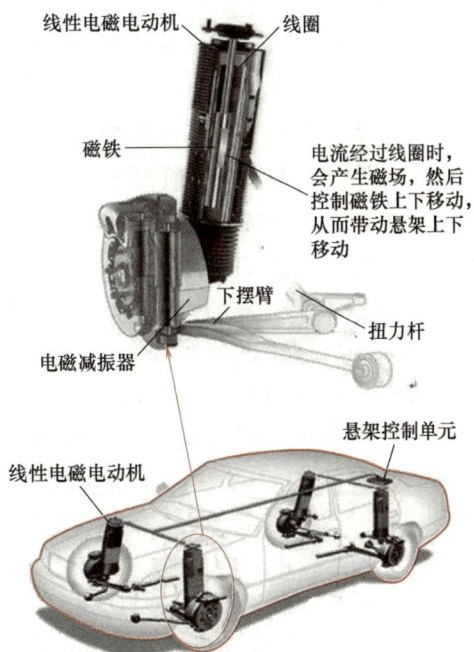

控制单元，得到路面数据后的优化处理算法难度非常大，容易造成调节过度或失效；②采用空气作为调整底盘高度的"推进动力"，减振器的密封性要求非常高，若空气减振器出现漏气，则整个系统将处于"瘫痪"状态，而且频繁地调整底盘高度，有可能造成气泵系统局部过热，大大缩短气泵的使用寿命。

1.2 国内外技术的研究和发展

随着汽车产业的发展和国家战略的新要求，新一轮的工业产业革命正在推动汽车产品内涵和外延的深度变革，汽车新四化中的"电动化""智能化""网联化"更呈现出高速发展和落地应用的态势。我国为推动汽车大国到汽车强国的发展，顺应绿色发展的理念，于2015 年部署《中国制造 2025》行动纲领，其中的智能网联汽车技术路线图明确指出，要开发针对特定智能化功能的域控制器，实现多项驾驶辅助功能的集成控制，攻克底盘制动、驱动、转向等精确、可靠、协调控制关键技术。2018 年 12 月，工信部发布的《车联网（智能网联汽车）产业发展行动计划》强调要加快推动高性能车辆智能驱动、线控制动、线控转向、电子稳定系统的开发和产业化，重点突破车辆平台、线控等关键核心技术。

1.2.1 线控转向系统的研究和发展

1. 国外线控转向技术的研究和发展

线控技术在早期被用于航天飞机中，用来改善飞机的操纵性能。直到 1950 年左右，利用线控技术来改善汽车操纵性能的设想才被美国零部件供应商天合公司（TRW）提出，汽车线控转向技术的研究也就此展开，但碍于当时的科学技术，发展程度不高，并未深入进行研究。直到 1990 年，汽车行业巨头梅赛德斯-奔驰汽车公司着手研发线控转向技术，并推出搭载线控转向技术的概念车 F400 Carving，线控转向技术才真正焕发新生。几年后，同为汽车行业巨头的宝马公司也在 1999 年推出了 BMW Z22 概念车，凭借其搭载的线控转向变传动比技术，转向盘在小范围内转动就可实现较大的转向轮转角，转向轻便性得到了明显提升。次年的法国车展上，戴姆勒-克莱斯勒公司推出概念车 R129，并创造性地采用操纵杆来控制汽车，其上集成有线控转向等先进技术，被誉为 21 世纪十大汽车创新性技术之一。

在理论研究方面，日本 KOYO 公司针对线控转向系统，优化了转向传动装置，通过离合器控制转向盘和转向轮机械连接部分的通断。日本的 Ryouhei Hayama 等人研究了线控转向技术的应用对车身稳定性系统响应速度的影响。美国的 Yung-Hsiang 和 Judy Hsu 等人研究了线控转向汽车应用路面附着系数识别技术对车辆操纵稳定性的影响。美国斯坦福大学的 Paul Yih 及其团队通过估算质心侧偏角对车轮转角进行实时补偿，修正车辆行驶姿态，实现主动转向控制；另外，该团队针对线控转向系统的故障判断技术进行了研究，通过设计状态观测器等方法对系统内的电子器件进行故障诊断。日本东京大学的 Motoki Shino 等人以提高汽车转向行驶时的操纵稳定性为目标，设计了转向轮转角前馈补偿和汽车横摆角速度反馈控制策略。

日产公司于 2006 年、2008 年分别推出了概念车 PIVO 和 EA2，这两款概念车充分突出了智能化、集成化的理念，配备的先进技术有线控制动与线控转向技术等，如图 1-10 所示。

2011 年，奥迪公司在法兰克福车展上推出了概念车 A2，该车搭载了全线控技术，包括线控转向、制动、换档等先进线控技术，如图 1-11 所示。

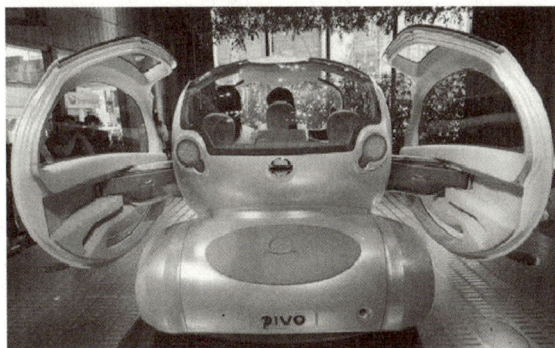

图 1-10　日产公司推出的概念车 PIVO　　　　　　图 1-11　奥迪公司推出的概念车 A2

尽管各大知名汽车厂商推出了完整的线控转向系统，但都是以概念车形式发布的，各自的量产车型均未出现。直到 2013 年，全球首款搭载线控转向技术的量产车型英菲尼迪 Q50 在美国底特律发布，该车仍然保留了一套机械转向装置，在提高转向性能的同时还保持了原有的可靠性，一旦线控转向系统发生故障，ECU 可通过离合器接合机械转向机构来维持车辆的转向能力，防止意外事故的发生。该车的量产也为线控转向技术的发展开启了新的纪元。英菲尼迪 Q50 线控转向系统的结构如图 1-12 所示。

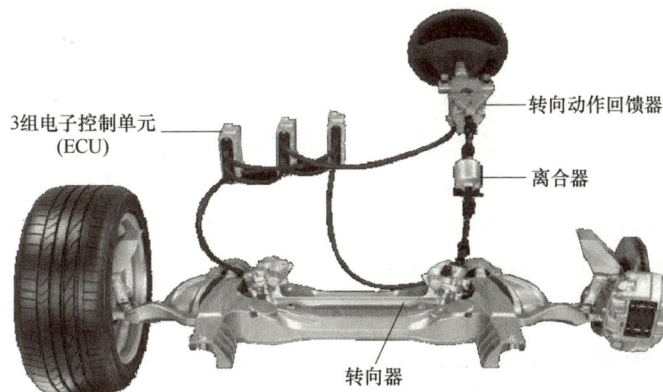

图 1-12　英菲尼迪 Q50 线控转向系统的结构

耐世特汽车公司于 2017 年推出了一款可隐藏式的线控转向系统，当搭载此技术的汽车处于无人驾驶状态下，转向盘甚至可以折叠起来，大大增加了驾驶室的活动空间。舍弗勒集团在 2019 年的上海国际车展上推出了搭载名为 "Space Drive" 线控技术的概念车 Schaeffler Mover，该技术大幅提高了汽车的转向性能，甚至能够完成原地 90° 的转向。

除此之外，国外其他个人、团队也就线控转向技术开展了研究，Zhai 等对线控转向系统进行了变传动比研究，并基于变传动比实现了主动转向控制，最后进行了 HIL（硬件在环）试验，验证了算法的正确性。Yung-Hsiang 和 Judy Hsu 等人以线控转向车辆为研究对象，在危险工况下利用状态反馈思想对其进行稳定性控制，提高了车辆的安全性。

随着驾驶辅助技术与自动驾驶技术的迅速发展，线控转向的需求逐步强烈，但基于功能安全与可靠性的研究目前尚未成熟。2014年，英菲尼迪就对Q50实施了召回，原因是线控转向系统存在安全问题。2022年4月，丰田旗下的bZ4X上市，转向系统为捷太格特公司的线控转向，其中部分车型采用了转向盘和前轮之间机械解耦，但没有足够的安全里程数据并且多次因为轮毂问题召回，使市场对线控转向技术的成熟度以及能否量产应用持疑。

2. 国内线控转向技术的研究和发展

线控转向技术在国外已经得到了充分的应用。近年来国内一些高校和科研机构也开始涉足这一相关研究领域，我国863计划电动汽车专项首席科学家万钢领衔研发了"线控转向四轮驱动微电动轿车技术"汽车。汽车的4个车轮边上各有一个轮毂电动机，通过线传电控技术控制车轮的转向和车速，提高了整车的主动安全性和操纵稳定性。

国内的研究相对于国外开展较晚，主要集中在高校与科研机构，近年来随着汽车电动化、智能化、集成化的不断推进，越来越多的机构投入研发。

2004年，在上海国际博览会上，"春晖三号"电动概念车发布。该车搭载了线控转向与四轮轮毂电动机驱动技术，在车辆行驶过程中通过线控技术控制轮毂电动机进行转向与调节车速，该车由同济大学自主研发，是国内线控技术落实到产品的典范之作。

吉林大学在2010年的第25届EVS（世界电动车）大会上推出了"全向线控转向车"，该车同样搭载了线控转向技术与轮毂电动机驱动技术。之后，长安汽车也推出了其概念车Green-i，该车不仅搭载了线控转向技术，还配备了制动能量回收技术。为了完善线控转向技术，长安汽车公司基于原CX30平台与吉林大学深度合作，将原EPS（电动助力转向）系统改装为线控转向系统。该线控转向系统能够实现转向传动比可变，能够根据不同的车速在线调整转向传动比，提高了转向性能。

百度公司于2015年进行了搭载线控转向技术的无人驾驶车辆道路测试，其主要目的是测试无人驾驶技术，但从该公司对无人驾驶车辆的选择来看，搭载线控转向技术的车辆无疑能够更好地与无人驾驶等先进技术进行结合。

博世华域转向系统有限公司于2018年推出了自主研发的线控转向系统，该系统实现了全冗余设计，能够保证转向系统的安全工作。

清华大学苏州汽车研究院提出了车轮执行与路感协同的角度同步线控转向控制系统，同步控制模式的判断方法综合了点火或上电信号、底层软件初始化状态、实时车速信号、默认车速使用状态、转向盘力矩信号、转向盘角度信号作为车辆状态、转向盘同步状态和驾驶人操作状态的判断依据，考虑了驾驶人误触等特殊工况，通过设计多个阈值实现了同步过程失败或受干扰后的故障处理流程，保证了同步控制过程的安全性，提出了上电同步控制模块控制方法，通过转角死区和角度及转速的串级控制，可实现基于可控转动速度的转向盘角度控制。

除了国内各大机构、汽车厂商的研究以外，还有诸多研究人员对线控转向技术进行了研究。同济大学姚辉等人提出一种利用线控转向变角传动比来实现主动转向的技术，提升了线控转向汽车的行驶稳定性。王艺淇、田承伟等人基于HIL技术，搭建了线控转向系统试验台架，并对设计的传动比算法、路感模拟算法进行了验证。董铸荣等人利用线性两自由度车

辆模型作为车辆状态的理想参考值，规划了一种变传动比算法，该算法下搭载线控转向车辆的传动比能够随车速变化而变化。于蕾艳、王宁等人在线控转向系统中引入模糊 PID（比例积分微分）控制，仿真结果表明加入该控制方法后车辆的操纵稳定性得到了提升。田军南等人还在线控转向中设计了基于模糊免疫 PID 的路感电动机控制器，仿真结果表明搭载该算法的路感电动机力矩控制效果好，能够完成路感模拟工作。刘彦琳等人充分考虑了线控转向汽车在低路面附着系数下回正力矩降低的问题，采用 KF（卡尔曼滤波）算法估计出路面附着系数，提出了一种考虑路面情况的线控转向回正控制策略。

上海大众汽车有限公司、江苏大学、同济大学、北京理工大学、吉林大学、武汉理工大学等都对线控转向系统进行了相关研究。

1.2.2　线控制动系统的研究和发展

1. 电子液压制动系统

（1）国外研究现状　目前 EHB（电子液压制动）系统有着不同的实现形式，按照是否集成 ESC（电子稳定控制）、ABS 等功能的一体化形式，分为 One-Box（整体式）形式和 Two-Box（分立式）形式；按照踏板的解耦形式又可以分为全解耦和半解耦方式。

目前行业中技术比较领先的如博世、大陆、采埃孚（天合）都拥有自己的 EHB 产品。

博世公司的 I-Booster 产品如图 1-13 所示。此产品可适用于燃油车、混合动力电动汽车以及纯电动汽车。该产品采用电动机助力，二级齿轮推动主缸，可以模拟不同的制动踏板感觉，也能够进行能量回收控制，拥有机械冗余备份以及软件备份来增加可靠性。

此外，如采埃孚（天合）也拥有集成制动控制（Integrated Brake Control，IBC）产品，其核心是由超高速无刷电动机驱动的执行器，受旋转编码器监测，编码器向 ECU 提供电动机的转数、转速和位置数据。同时被集成其中的，还有一个独立的液压回路，

图 1-13　博世公司的 I-Booster 产品

它用电子信号向系统传达驾驶人的制动意图，保持了传统液压制动的制动踏板感觉。该产品建压也比较迅速，达到 1g 的减速度只需要 150ms。

（2）国内研究现状　清华大学开发出一种分布式电液制动（DEHB）系统，能够实现快速、稳定、准确的液压控制。南京航空航天大学研制的一种电控液压制动系统，对其动态性能进行理论和试验研究。吉林大学围绕集成电控制动系统的方案及执行机构控制器设计、仿真模型建立、参数辨识、仿真分析与硬件在环试验等关键问题进行了集成电控制动系统的设计与试验研究。同济大学针对现有电子液压制动系统的不足，设计了一种双动力源电子液压制动系统，该系统可对制动主缸液压力和踏板感觉进行独立主动控制，实现踏板行程与液压力的解耦。北京理工大学、西南大学、武汉理工大学等高校也对线控液压制动系统动态特性进行了相关研究。

产品方面，浙江亚太公司与清华大学、吉林大学合作开发了 IEHB（集成式线控制动）产品。同驭汽车科技公司也生产出电动 Booster 产品，由内置踏板位移传感器、踏板感觉模拟器、电动机、减速传动机构、制动主缸、壳体、控制器等组成，能够集成 AEB（自动紧急制动）、陡坡缓降以及制动防俯仰等功能。芜湖伯特利汽车安全系统股份有限公司也开发出一体化的 WCBS（集成式线控制动系统），集成了 ABS、ESC 同时兼具能量回收功能，也能够与 AEB、ACC（自适应巡航控制）等功能交互。拿森科技的 NBooster 已经搭载了百度小巴并与北汽新能源完成了相关车型搭载协议。

国内 EHB 系统技术研究较国外起步较晚，国内 EHB 系统产品却紧随主流 EHB 系统产品出现在市场上，虽然产品技术水平或有一定差距，但是却展现出国内线控制动技术不断追赶的态势。

2. 电子机械制动（EMB）系统

EMB 系统与传统制动系统在结构以及执行器上有着明显的区别，EMB 系统的可靠性对其商业化有着至关重要的作用。按照制动器执行结构的盘式或者鼓式之分，EMB 系统又可以分为机电盘式制动器（Electro Mechanical Disk Brake）和机电鼓式制动器（Electro Mechanical Drum Brake）。目前更多的机构选择的是机电盘式制动器。

当前的 EMB 系统实现并没有标准形式，现将几种典型的 EMB 系统进行简要介绍。

大陆公司的 EMB 执行器简图如图 1-14 所示。电动机在控制器作用下旋转，通过行星齿轮减速增扭，再通过滚珠丝杠机构将旋转转换为直线推动，从而达到制动盘压紧摩擦制动的效果。如果需要解除制动，则需要反向转动电动机。这种方式原理简单，容易控制，制动间隙也可以根据磨损情况通过电动机控制器来随时调节，缺点是减速增扭机构对制动扭矩提升有限，整个系统比较依赖电动机的特性。

西门子公司的 EMB 系统采用了自增力机构，如图 1-15 所示。电动机驱动楔形块运动，主动、从动楔形块又将摩擦块和制动盘压紧。通过机械结构设计实现增力大小调节，对制动转矩增加明显，能够达到较好的制动减速效果，也能够降低电动机成本，缺点是机械工艺及精度要求较高，电动机转矩控制要求较高。

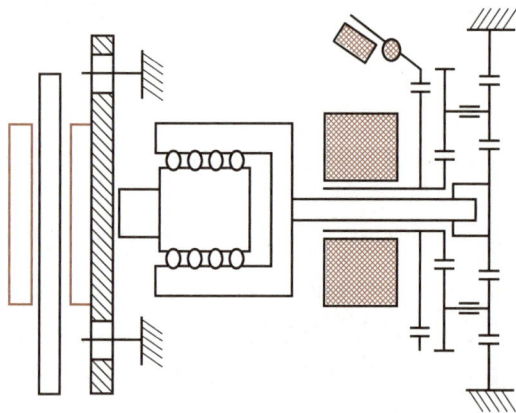

图 1-14　大陆公司的 EMB 执行器简图　　图 1-15　西门子公司的 EMB 系统简图

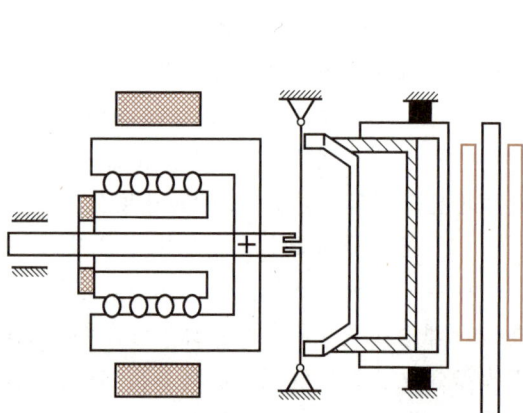

博世公司的 EMB 系统则采取电动机外置结构，如图 1-16 所示。电动机驱动内部行星轮系，再通过螺纹芯轴等行星齿轮机构产生直线运动，从而推动摩擦块压紧制动盘，达到减速

效果。内部还有作用不同的电磁离合器，这种结构更加紧凑，复杂性较高。

除了结构形式，当前 EMB 系统的控制执行算法对 EMB 系统的性能表现也至关重要，许多学者针对控制执行算法进行了相关研究。Chris 等人建立了 EMB 系统的数学模型，通过施加前馈补偿，能够改善制动力的稳态特性；Lee 等人也提出线性参数变化控制算法和自适应前馈补偿两种方式来抑制制动抖动问题，提高制动力的精确控制；Saric 等人研究了制动热效应下制动力的计算模型，运用刚度曲线修正的方式来计算制动力。以上研究都在不断提升 EMB 系统的性能表现。

图 1-16　博世公司的 EMB 系统简图

恶劣环境如热、水、泥等考验，都对 EMB 系统中的电动机提出了较高要求。执行机构的复杂性、42V 电源、传感器、MCU（微处理器）以及功能安全等也对 EMB 系统的进一步商业化提出了要求。

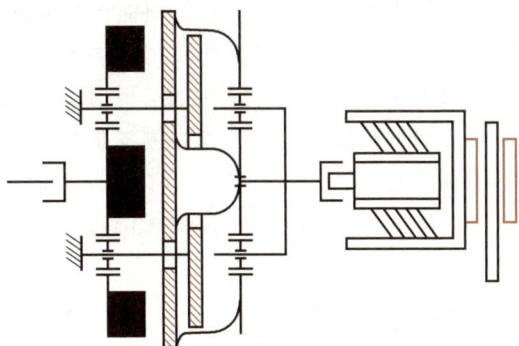

1.2.3　线控驱动系统的研究和发展

1. 国外研究现状

欧美国家汽车产商如德国汽车部件供应商博世、皮尔博格，美国汽车零部件供应商德尔福、伟世通，意大利的马瑞利集团，日本的丰田、日立和电装公司也相继推出了各自的线控驱动系统，电控系统发展趋势从半机械半电子式逐步过渡到全电子式。近年来，线控驱动系统已经逐渐普及到各类乘用车和商用车中，其中博世和德尔福公司的产品由于其稳定性及优异的综合控制性能在汽车工业中应用最为广泛。虽然线控驱动系统的结构并不复杂，但是线控节气门控制（Electronic Throttle Control，ETC）仍然是一项具有挑战性的课题。在 ETC 系统中存在的许多诸如系统参数摄动、传动结构摩擦、复位弹簧扭矩、齿轮组间隙特性以及空气动力学带来的外部扰动等不确定性因素都影响着 ETC 系统的控制精度和鲁棒性。

针对 ETC 系统中存在的非线性动态，许多国外学者研究了各类线性和非线性的鲁棒策略。目前汽车工业领域最常用的 PID 控制技术由于其简单的原理和应用步骤在 ETC 系统中也得到了广泛的应用。

2. 国内研究现状

目前国内的 ETC 多引进国外的技术，我国的许多汽车厂商如上海大众、通用、广州本田、重庆福特等多配置有 ETC 系统，但对其核心控制技术了解甚少，在线控节气门控制技术上的研究还有待进一步深入。近年来也有部分高级轿车如红旗 HQ3 上有应用国内开发的 ETC 系统。近年来，国内研究机构及高校也开展了对 ETC 系统的控制研究。辽宁工业大学详细研究了 ETC 系统的非线性模型，并进行了线性滑模控制器设计和试验研究。北京信息科技大学研究了基于终端滑模的反步控制方法，实现了 ETC 系统的高精度跟踪控制。湖南大学设计了一种非奇异快速终端滑模控制的控制策略，提高了节气门开度控制的响应速度和精确度。北京建筑大学在线控节气门控制方面设计了基于非线性观测器的传统滑模控制器、基于新型稳定性收敛函数结合超扭曲控制算法的无抖振滑模控制器以及有限时间收敛反步滑模控制器。上海工程技术大学使用多层感知器网络来识别和控制非线性线控节气门系统，验证了针对 ETC 系统的控制有效性。东南大学分别研究了模型参考自适应和扩展状态观测器的复合控制策略以及基于干扰观测器的模型预测控制方法，实现了参数摄动下 ETC 系统的良好控制性能。

1.2.4　线控换档系统的研究和发展

1. 国外研究现状

德国达姆施塔特工业大学的 Eberleh 和 Hartkopf 研究装备感应电动机与两档自动变速器的传动系统，进行仿真和台架试验，并与固定速比传动系统加以对比，结果表明两档自动变速器的纯电动车辆具有潜在的优势，为未来电动车辆提供了一种可能的驱动方式。荷兰埃因霍芬理工大学的 Hofman 和 Dai 使用向后仿真方法对装备固定速比、CVT 的纯电动车辆的电能利用效率加以对比，提出提高能量利用率的换档策略。意大利的 Sorniotti 分析了单档和两档变速器对电动汽车动力性和经济性的影响，并对创新结构的无中断两档变速器进行了换档控制研究。Hofman 等人利用后向仿真方法对装有固定速比减速器和无级变速器的电动汽车在 NEDC（新欧洲驾驶循环）工况和 FTP_75（联邦测试程序）工况下分别进行了经济性仿真。Ren 和 Crolla 等人分别对装有无级变速器和四档至两档变速器的电动汽车在各工况下进行了经济性仿真，结果表明在 NEDC 工况下，装有 CVT、四档至两档变速器的电动汽车的经济性相对于没有装载变速器的电动汽车分别提高 5.28%、4.45%、3.76% 和 2.71%。Alizadeh 等人对装有无离合器的两档 AMT 的电动汽车进行了研究，并利用 PWA（分段仿射）反馈法对变速器进行控制。

2. 国内研究现状

我国从 20 世纪 80 年代初就对 AMT 进行研究，国内各个汽车厂家不断增加对自动变速器研发的投入，并对 AMT 的制造工艺、产品质量及产业化等不断地进行改善。北京理工大学于 2008 年开发了三档 AMT 纯电动客车，加速时间比原有 AMT 缩短了 18%，电能消耗降低了 9%，车辆性能大幅提高。席军强等人以交流异步电动机驱动的纯电动汽车为研究对象，开发了多档 AMT，且适用于纯电动汽车。吉毅通过提出动力恢复阶段转矩补偿策略，改善了两档 AMT 换档过程中的车轮驱动力波动情况，提高了整车行驶平顺性。国产 AMT 虽然在技术理论上和国外相比没有大的差距，但是在制造工艺与产品质量等方面还有待提高。

国内院校和研究机构，如中国科学院、北京理工大学、吉林大学、重庆大学等都对 AMT 进行了相关研究。北京理工大学的席军强、王雷等人研究设计了装备 AMT 和无离合器式 AMT 的纯电动客车，分析无离合器 AMT 的换档过程并对换档过程进行评价，提出了通过 AMT 控制器计算需求转矩的方法，使电动机控制器协调控制换档过程，整个换档时间小于 1.5s，提高了换档舒适性。叶明、李鑫等人研究设计了应用于电动汽车的机电控制无级自动变速器（EMCVT），并开发出搭载该变速器的原型车。吉林大学的顾强、程秀生等人研究设计了应用于电动汽车的两档双离合器自动变速器，利用粒子群算法优化换档过程，建立换档过程协调控制策略，试验结果表明换档过程减少了 9% 的滑摩功。目前，国内市场上的电动

汽车如比亚迪 E6 和腾势、东风日产启辰晨风、荣威 E50、江淮 iEV4、奔腾 B30EV、奇瑞 QQ 电动版等都是采用单电动机和固定传动比的传动装置。

1.2.5　线控悬架系统的研究和发展

1. 国外研究现状

1908 年，George Bancroft 首次申请了汽车悬架上空气弹簧的专利。随后，1910 年美国普尔曼车上率先采用了空气弹簧技术。随着更多的研究和应用，英国和法国等国也逐渐加大了对该技术的研究。

然而，由于空气弹簧刚度与阻尼的匹配比较困难，加之弹簧密封件容易损坏，维修难度较大，因此空气弹簧一度发展缓慢。直到 1986 年，丰田公司在 Soarer 和 Lexus L S400 GT3 车前后悬架上采用了 ECAS（电子控制空气悬架）系统，并且该系统的刚度可以在"软"和"硬"之间调节，4 个减振器可以在"软""中"和"硬"之间调节，从而使悬架刚度和阻尼达到最佳配合，可以抑制车身姿态的变化。

后来福特公司在林肯 Mark VII 车型上成功推出了 ECAS 系统。随后 ECAS 系统高速发展，美国的福特，德国的奔驰、曼、奥迪，瑞典的沃尔沃，法国的雷诺，日本的丰田、尼桑、日野、三菱等相继采用 ECAS 系统。据统计，2006 年仅在欧洲市场，就有 55 万辆车采用空气悬架。目前，国外豪华汽车上多数已经配备了相应的 ECAS 系统，如美国的林肯、凯迪拉克凯雷德，德国的 Benz 300SE、奥迪 A6 Quattro、大众 Phaeton、BWM 系列和 Benz 600，意大利的保时捷 Cayenne Turbo S，韩国的起亚-霸锐和现代 Rohens 等。空气悬架在高速客车和豪华城市客车上的使用率已达到 100%，在中、重型货车以及挂车上也超过 80%，在一些特种车辆（如仪表车、救护车及集装箱运输车）上，空气悬架几乎成了唯一选择。目前汽车工业发达国家已形成几大空气悬架和空气弹簧生产厂家，如美国的威伯科、纽威、罗克韦尔、凡士通、固特异和德国的舍弗勒、BPW 等。

在实际应用方面，高效的空气悬架供给系统和控制系统一直是研究的重点。美国的威伯科公司在这方面无疑走在世界前列，其良好的控制性能赢得了大众、尼桑、三菱、五十铃、日野、中国一汽、中国重汽、郑州宇通、厦门金龙等大批世界各地企业的青睐。最新数据显示，目前威伯科的 ECAS 系统仅在欧洲市场每年销售超过 20 万套。

2008 年，威伯科公司为奥迪 A8 轿车配备了具有突破性的 ECAS 系统及创新性的高效空气供给系统。该空气悬架系统的 ECU 以 FlexRay TM 技术为特色，是车载控制系统数据网络的重大突破。2010 年，威伯科公司为劳斯莱斯最新豪华车型 Chost 开发了包括空气悬架、主动侧倾控制系统及电子可调减振装置的电控空气悬架系统。2012 年德国汉诺威商用车博览会，威伯科公司展示了最新电子挂车空气悬架控制系统。该系统是一种融合"智能挂车程序"与 OptiLevel TM 技术的全新 ECAS 系统，这是全球挂车市场上的首个集传统悬架功能与电子悬架功能于一身的系统。

电控悬架具有控制范围广、响应速度快和耗费能量低等优点，在提高汽车平顺性的同时，还能兼顾汽车操稳性，随着汽车电动智能化的发展，电控悬架技术受到了广泛的关注。电控悬架根据控制带宽和能量消耗可以分为主动悬架和半主动悬架。主动悬架可以提供外部作动力，能量消耗较大；半主动悬架不能提供外部动力，控制带宽有限，但是能量消耗较小。

早在 20 世纪 50 年代，电控主动悬架就在雪铁龙的某车型上应用，随后各大汽车厂商乃至 F1 赛车也都开始采用电控悬架技术，到目前为止，主动悬架技术已经广泛出现在奔驰、宝马、保时捷和蔚来等品牌汽车中。

奔驰发布的全新 GLE 车型，配备了 48V E-Active Body Control（E-ABC）主动悬架系统，分为弯道、舒适和运动几个模式。具体来说，图 1-17a 展示了传感器将汽车悬架系统的信息输入控制器，由控制器为电动机提供控制信号，从而驱动液压泵改变液体的流动，推动活塞杆上下移动，进而改变车身高度的详细过程。图 1-17b 则说明了 E-ABC 悬架系统配备的魔毯车身控制系统的工作原理，即通过车辆摄像头预先扫描前方路面，获取道路起伏的路面信息，并自动调整悬架的高度来减弱车身振动和路面噪声的影响。

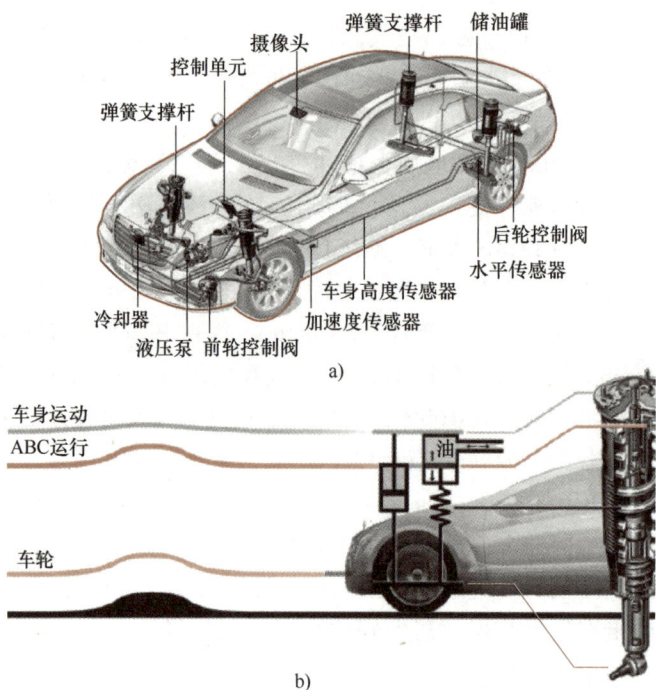

图 1-17　48V E-Active Body Control（E-ABC）主动悬架系统

a）传感器将汽车悬架系统的信息输入控制器　b）魔毯车身控制系统的工作原理

博世公司早在 20 世纪 80 年代就开始研究车用主动悬架技术，但是由于高效的线性电动机和功率放大器的缺乏，以及控制算法的不成熟，研发的主动悬架与被动悬架的舒适性相差不大。直到 2004 年，博世公司研发的高带宽主动悬架应用在第一代雷克萨斯 LS400 上，在轮侧安装线性电磁电动机，取代了传统的减振器和弹簧，如图 1-18a 所示。由于电动机响应速度快，基本没有执行延迟，通过电流控制可以快速地控制电动机的拉伸和压缩，对于车辆的垂直振动和侧倾均能很有效地抑制。但由于该悬架系统过重且成本极高，因此需要进行优化才能实现量产。

奥迪公司的机电耦合主动悬架如图 1-18b 所示，每个车轮都配备了一个 48V 电动机，电控底盘系统根据悬架及车身状态，发出对应的控制信号，发送频率为 200Hz，电动机接收到

控制信号之后，通过传动带带动传动轮，再通过扭力轴和扭力杆调节转向节与车身相对位置，从而调节车身高度。在这种主动悬架的力矩传递模式下，奥迪 A8 的每个车轮都可通过增加载荷和减小载荷来适应各种不同的道路和不同的汽车工况，并且在车辆控制中也拥有更大的控制裕度，让机电耦合的优势得到充分发挥。另外，奥迪 A8 也配备有 ADAS（高级驾驶辅助系统），可通过 ADAS 的摄像头来对车辆前方路面进行扫描，控制系统根据前方路面起伏程度提前对车辆悬架进行调节，改变悬架的高度，从而获得更好的平顺性；并且，在转弯和制动工况下，控制系统也会根据车辆的状态来抑制汽车的侧倾和俯仰，获得更好的稳定性。和大多数高端车上配置的主动悬架一样，蔚来的 ET7 车型，主动悬架为 CDC（持续减振控制）电控阻尼器加空气悬架，并且蔚来的超算平台 Adam 配备了四颗英伟达 Drive Orin 芯片（4D 车身智能控制），超算平台融合摄像头和高精地图的大数据，提前感知路面颠簸，并主动调节悬架阻尼，带给乘员更好的舒适性，如图 1-18c 所示。

a)

b)

c)

图 1-18　各类主动悬架

a）博士公司研发的高带宽主动悬架　b）奥迪公司的机电耦合主动悬架　c）蔚来的 ET7 车型的主动悬架

相比于主动悬架，半主动悬架的发展则较晚。美国通用汽车公司和德尔福公司在洛德公司的 MR（电磁行驶）阻尼器的基础上，研发了车用 MR 阻尼器，2002 年首次在凯迪拉克 STS 车型上应用了这一技术，而后凯迪拉克的一系列车型也都相继使用该技术。由于半主动悬架能够以低能耗实现较好的舒适性，所以半主动悬架是当下最值得研究发展的悬架系统。

2. 国内研究现状

我国对空气弹簧进行研究始于 20 世纪 50 年代。1957 年，长春汽车研究所与化工部橡胶工业研究所合作制造出我国第一辆装有空气悬架的载货汽车，而后又设计了公共汽车、无轨电车以及轨道车辆等的空气悬架。20 世纪 90 年代，国内客车厂纷纷从国外购置空气悬架，发展大致经历了"引进国外空气悬架的整车→引进国外空气悬架系统→自主研发空气悬架系统"三个阶段。

据统计，2005年在全国销售的8万多辆大、中型客车中，配置空气悬架的客车已占总量的8%左右。近年来，为满足市场需要，国内已有一些企业正在开发生产空气悬架及零部件，主要有上海科曼车辆部件系统股份有限公司、东风汽车悬架弹簧有限公司等。2002年8月，我国实现中型公共汽车6气囊全空气悬架装车试验并通过国家检测中心（襄阳汽车试验场）多项性能试验，开始批量装车上市。2003年12月，我国研制出第一套大型公共汽车用独立悬架全空气悬架系统。2004年12月，我国完成重型载货汽车6×4产品配套的首台双驱动桥8气囊空气悬架产品试制。2006年，我国自主研发的大中型旅游客车、一级踏步的公共汽车空气悬架系统远销马来西亚、印度、埃及、澳大利亚等国。2010年，空气悬架在国内客车上的使用率已经达到10%。

虽然我国已经在空气悬架的研发与应用方面取得了很大的进步，但我国仍处于ECAS的起步阶段，ECAS系统的控制策略和控制器的国产化道路还有很长的路要走。

线控悬架系统在技术上基本成熟，但受限于成本，绝大多数应用于高端车型，未来随着消费升级和国产替代降低成本，预计有望快速提升装配率。

第2章 线控转向系统

汽车转向系统概述

汽车在低速转向时，往往需要相当大的转向力，仅凭借传统的纯机械式转向机构转向，既费力又效率低下。考虑到这一问题，后来研发出转向助力机构，以帮助驾驶人轻松地转动转向盘进行转向，即汽车助力转向系统。汽车助力转向系统由开始的液压助力转向系统，发展到后来的电液助力转向系统，再发展到现在的电动助力转向系统。现今，线控技术的出现为汽车转向系统的发展带来了重大革新，线控转向系统取消了转向盘与转向轮之间的机械连接，完全由电能实现转向，摆脱了传统转向系统的各种限制，不但可以自由设计汽车转向的力传递特性，而且可以设计汽车转向的角传递特性，给汽车转向特性的设计带来无限的空间。在介绍线控转向系统之前，先来回顾一下电液助力转向系统和电动助力转向系统的相关知识。

2.1.1 电液助力转向系统

电液助力转向（Electro-Hydraulic Power Steering，EHPS）系统是借助液压动力，通过电控或电动操纵的转向系统。

1. 电液助力转向系统的类型

根据动力源的不同，电液助力转向系统可分为电控液压助力转向（Electronically Controlled Hydraulic Power Steering，ECHPS）系统和电动液压助力转向（Electronically Powered Hydraulic Steering，EPHS）系统。电控液压助力转向系统是在传统的液压助力转向系统的基础上增设了控制液体流量的电磁阀、车速传感器和 ECU 等，ECU 可根据检测到的车速信号控制电磁阀，使转向助力放大倍率实现连续可调，从而满足高、低速时的转向助力要求。电动液压助力转向系统是将直流电动机作为动力源，ECU 根据各种信号，控制电动机转矩的大小和方向。电动机的转矩由电磁离合器通过减速机构减速来增加，然后加在汽车的转向机构上，使之得到一个与工况相适应的转向作用力。

2. 电液助力转向系统的特点

为满足现代汽车对转向系统的要求，电液助力转向系统具有以下特点。

1）良好的随动性：转向盘与转向轮之间具有准确的一一对应关系，同时能保证转向轮可维持在任意转向角位置。

2）高度的转向灵敏度：转向轮对转向盘应具有灵敏的响应性能。

3）良好的稳定性：具有很好的直线行使稳定性和转向自动回正能力。

4）助力效果能随车速变化和转向阻力的变化做相应的调整：低速时，有较大的助力效果，以克服路面的转向阻力；高速时，要有适当的路感，以避免因转向过轻而发生事故。

5）效率高：与传统助力转向系统相比，效率明显提高。

3. 电控液压助力转向系统

电控液压助力转向系统是在传统的液压动力转向系统的基础上增设了电子控制装置而构成，如图 2-1 所示。它主要包括传感器（车速传感器和转向盘转角传感器，转向盘转角传感器也称转角速度传感器）、ECU、转向助力泵、普通动力转向系统（转向盘、转向柱、转向器及转向横拉杆）等。ECU 根据车辆的行驶速度和转向角度等输入信号计算出理想的输出信号，通过控制动力转向助力泵的流量（有的车型是控制流量电磁阀）向普通动力转向装置的转向器提供适当的液压助力，使转向动力的放大倍率连续可调。

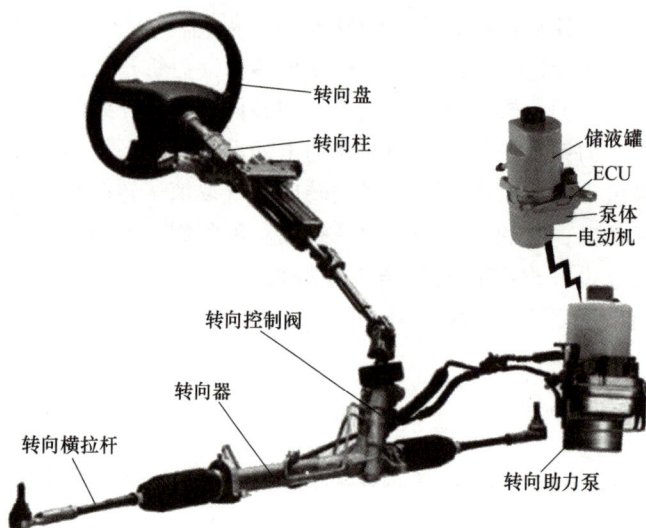

图 2-1　电控液压助力转向系统

电控液压助力转向系统根据控制方式的不同，可分为流量控制式、反力控制式和阀灵敏控制式三种形式。

4. 电动液压助力转向系统

（1）基本组成　电动液压助力转向系统主要由转矩传感器、转向盘转角传感器、车速传感器、电动机、减速机构、ECU 等组成，如图 2-2 所示。

（2）工作原理　电动液压助力转向系统的工作原理是根据汽车行驶速度（车速传感器输出信号）、转矩及转向角信号，由 ECU 控制电动机及减速机构产生助力转矩，使汽车在低速、中速和高速下都能获得最佳的转向效果。

（3）特点

1）质量轻。电动液压助力转向系统通常把电动机、离合器、减速装置、转向轴等各部

件装配成一个整体，使得系统结构紧凑、质量小，与电控液压助力转向系统相比，质量可减轻25%左右。

2）能耗少。电动液压助力转向系统仅在需要转向时，才接通电动机，使其参加工作，动力消耗和燃油消耗比电控液压助力转向系统少。

3）"路感"好。由于电动液压助力转向系统内部采用刚性连接，系统的滞后特性可以通过软件加以控制，使汽车在各种速度下都能得到满意的转向助力，获得较好的"路感"。

4）污染少。电动液压助力转向系统没有电控液压助力转向系统的液压软管和接头，不存在油液泄漏问题，对环境几乎没有污染。

图 2-2　电动液压助力转向系的基本组成

1—转向盘　2—转向轴　3—ECU　4—电动机　5—电磁离合器（可选）　6—转向齿条　7—转向齿轮　8—转向横拉杆　9—转向车轮　10—输出轴　11—扭力杆　12—转矩传感器

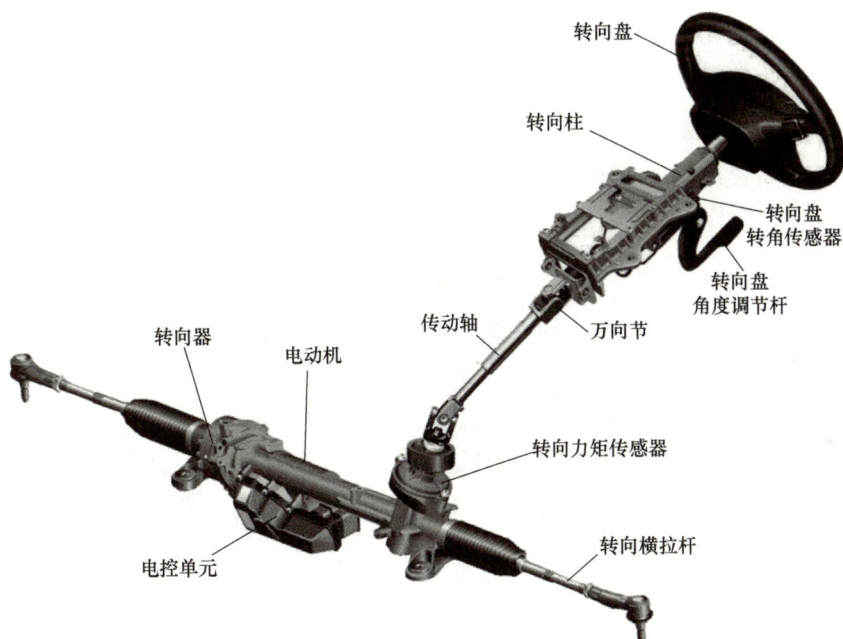

5）应用范围广。电动液压助力转向系统可适用于各种汽车，而且特别适用于环保型的纯电动汽车。

6）装配性好、易于布置。因为电动液压助力转向系统零件数目少，整体外形尺寸比电控液压助力转向系统小，且电动泵可以独立于发动机工作，易于整车布置和装配。例如，大众车系的电动液压助力转向系统组件，如图2-3所示。

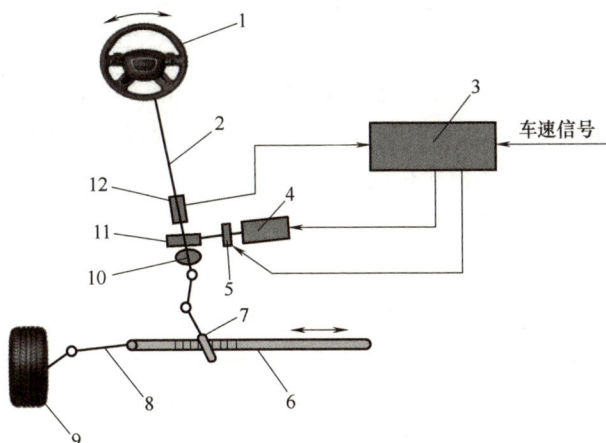

图 2-3　大众车系的电动液压助力转向系统组件

2.1.2 电动助力转向系统

电动助力转向（Electric Power Steering，EPS）系统是在机械转向系统基础上加入电动机作为动力源，其原理是驾驶人转动转向盘，转矩传感器检测转向轴的转矩，将驾驶人的意图转化为数字信号传到 ECU，ECU 经过判断分析，选择合适的助力特性来控制电动机以最佳的助力特性助力。

1. 电动助力转向系统的结构原理

电动助力转向系统的基本结构如图 2-4 所示。

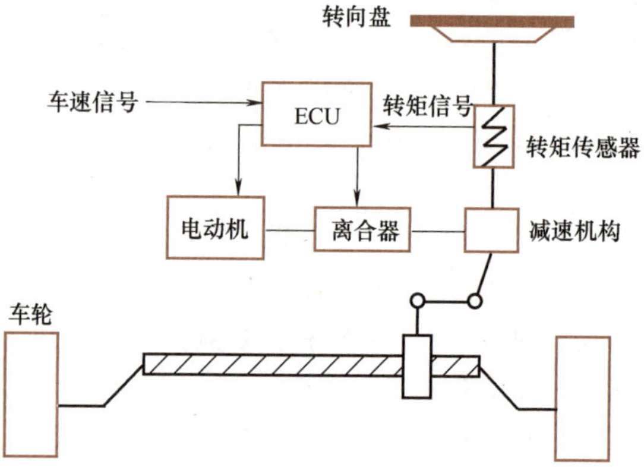

EPS 系统由助力电动机提供转向助力矩，转向助力矩的大小由 ECU 进行实时调节与控制，因此该系统能在各种工况下能获得最佳的转向助力矩，有效地改善了汽车的转向特性，可以较好地解决传统转向系统操纵时"轻"与"灵"的矛盾，从而提高转向的灵敏度和安全性；EPS 系统与液压助力转向系统及电液助力转向系统相比，由于它去除了液压泵、传动带、带轮、液压软管、液压油及密封件等零件，因此结构更紧凑，质量更小，更适合总布置设计；EPS 系统取消了液压回路，有效

图 2-4 电动助力转向系统的基本结构

消除了液压助力转向系统中液压油泄漏问题，可大大降低保修成本，减小对环境的污染；同时由于是电动机助力，仅在需要转向时电动机才提供助力，因此能减少燃料消耗；电动机由动力蓄电池供电，因此电动助力转向系统能否助力与发动机是否起动无关，即使在发动机熄火或出现故障时也能提供助力。

2. 电动助力转向系统的类型及特点

根据电动机布置位置的不同，电动助力转向系统可以分为转向轴式、转向齿轮式和转向齿条式三种类型，如图 2-5 所示。

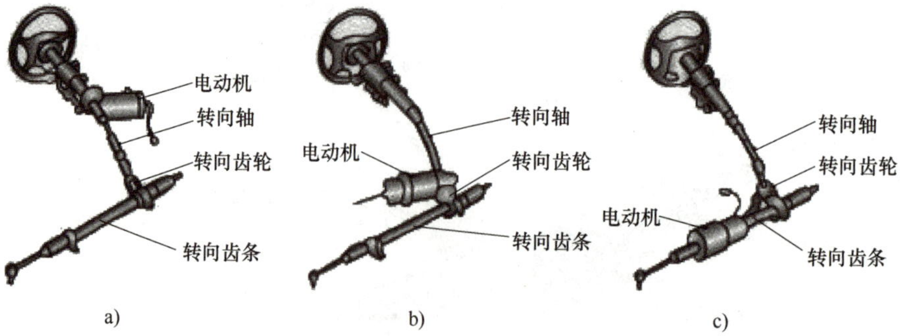

图 2-5 电动助力转向系统的类型
a）转向轴式 b）转向齿轮式 c）转向齿条式

EPS 系统的特点及应用见表 2-1。

EPS 系统由传统的机械结构和电子元器件构成，其关键部件为转矩传感器、车速传感器、助力电动机、减速机构、ECU。

表 2-1　EPS 系统的特点及应用

EPS 系统的类型	转向轴式 EPS 系统	转向齿轮式 EPS 系统	转向齿条式 EPS 系统
特点	电动机固定在转向轴的一侧	电动机和减速机构和小齿轮相连，驱动齿轮助力转向	电动机和减速机构直接驱动齿条提供动力
应用	Alto 轿车	Minica 微型汽车	Mira 微型汽车

3. 电动助力转向系统控制原理

EPS 系统的控制原理：ECU 获取转矩传感器上的转向盘转矩信号与速度传感器上的车速信号，根据这两个信号，控制器确定助力电动机转动方向与助力转矩的大小，控制器的输出数字信号经过 D/A 转换器转换成模拟量，传至电流控制电路。电流控制电路将此电流值大小与助力电动机电流大小相比较得到差值，将差值信号传至电动机控制电路，对电动机实施控制，从而完成助力转向过程。助力过程根据速度不同而不断调整，实时性非常高，所以其输出力矩能够适合各种工况下的行驶条件。电流控制原理如图 2-6 所示。

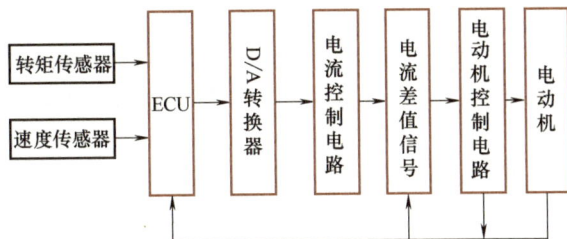

图 2-6　电流控制原理

4. 电动助力转向系统的工作原理

汽车在转向时，转矩传感器检测到的驾驶人施加在转向盘上的力矩和转动方向的信号，以及车速传感器测出的车辆速度信号，将通过 CAN 总线发给执行机构 ECU，ECU 根据系统的控制策略、控制逻辑，向电动机控制器发出动作指令，电动机就会根据具体的需要输出相应大小的转向力矩协助驾驶人控制车辆方向，电动机的转矩由电磁离合器通过减速机构减速增扭后，施加在汽车的转向机构上。EPS 系统的工作原理如图 2-7 所示。

（1）EPS 系统的助力特性与控制策略的研究　助力特性是指电动助力跟随汽车车速和转向盘转动变化而变化的规律。对于 EPS 系统，提供的助力与电动机输入的控制电流成比例关系，用控制电流与转向盘力矩、汽车车速变化关系曲线来表示 EPS 系统的助力特性。但选用不一样的助力特性对于转向轻便性和路感有不同的影

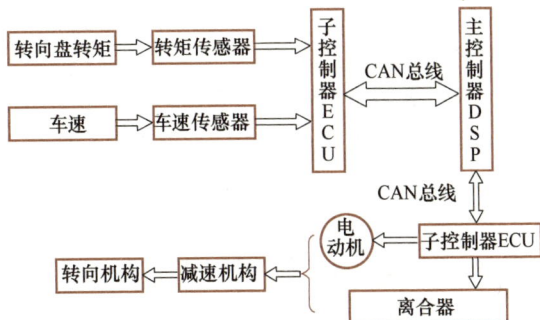

图 2-7　EPS 系统的工作原理

DSP—数字信号处理器

响。EPS 系统的助力特性曲线是反映了转向盘力矩与电动机助力力矩之间关系的曲线，其中包括直线型、折线型、曲线型三种形式。

EPS 系统的控制策略：作为 EPS 系统的两大关键技术之一，控制策略的研究直接影响系统效果的好坏，因此如何选择适当的转向助力控制策略至关重要。如今 PID、Fuzzy-PID、自适应控制、人工神经网络、最优控制等控制策略已开始应用于汽车电动助力转向系统。转矩传感器测试转向盘和转向轮之间的转矩，并根据转矩信号的大小，通过 PWM（脉冲宽度调制）驱动直流电动机，并检测电动机的电流作为反馈量，其原理如图 2-8 所示。

目前，运用比较多的为 PID 控制，PID 控制以其简单、高效性，被广泛用于工业控制上。它主要包括以下三个方面的控制。

1）比例控制。不重合的信号之间，是成倍数比例关系的，控制系统的稳定破坏就在偏差的信号源之间。为了防止偏差过大，造成不稳定结果出现，就会出现控制动作来使得信号吻合，减少偏差的出现。

2）积分控制。输入信号越大，输出信号则越大；输入信号越小，输出信号也越小。当系统中存在稳态误差时引入积分项，当没有任何干扰时，这个数级是越变越大的，所以系统存在偏差时，积分控制会将信号的输出越来越大，最终会使稳态误差消失，以达到目的。

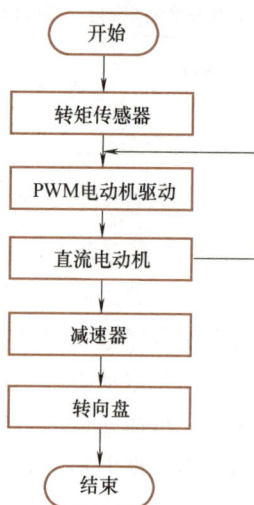

图 2-8　PWM 驱动直流电动机的原理

3）微分控制。偏差信号的变大变小趋势是可以提前预知的，通过微分的控制模式可以实现。为了能够更早地预知偏差，做出反应，可以在系统中加入一个早期更改信号。通过提前预测偏差，从而接下来紧急抑制偏差的变化。

（2）EPS 系统的控制方式　EPS 系统基本的控制方式有三种：助力控制、回正控制和阻尼控制。

1）助力控制。助力控制是转向过程中（转向角增大），为减轻转向盘的操纵力，通过减速机构把电动机转矩作用到机械转向系统上的一种基本控制模式。

EPS 系统对助力特性的要求是保证助力转向系统的转向轻便性、回正性以及路感。由于EPS 系统由电动机提供助力，助力大小是根据助力特性曲线通过软件调节和控制的，从而可以有效地处理好路感与助力大小的关系。曲线型 EPS 系统的助力特性曲线如图 2-9 所示。对助力转向系统的要求如下：

① 转向盘输入力矩小于设定的特定值（通常设为 $1N \cdot m$）时，不提供助力。

② 转向盘输入力矩较小时，提供助力较小，以保持较好的路感。

③ 转向盘输入力矩较大时，为转向轻便，助力效果要明显。

④ 车速为低速时提供的助力较大，随着车速的升高，助力减小。

助力特性曲线反映转向盘力矩、车速、电动机驱动电流三者之间的关系，在助力特性研究过程中，主要保持低速轻便、高速稳定的效果，在实际的传感器与手感调试标定中，可能对手感、力矩死区、不同车速的差值进行主观评价。

2）回正控制。回正控制是为改善转向回正特性，更好地符合汽车动态特性的一种控制

模式。

3）阻尼控制。阻尼控制是汽车运行时为提高高速直线行驶稳定性和快速转向收敛性的一种控制模式。

5. 电动助力转向系统的特点

1）良好的通用性：当遇到不同的工况时，不需要更换硬件，只需调整 ECU 中的控制策略。

2）强集成性：EPS 系统可以与其他系统进行联合开发，比如与车道保持辅助系统集成开发、与 ABS 集成开发等。

3）可靠性与安全性高：在电路系统中，可以通过添加安全监测模块，实时地对系统进行监控，当系统出现问题时，EPS 系统关闭，转换为纯机械转向并及时提醒驾驶人。

4）效率高、环保：与之前的液压式助力转向系统相比，EPS 系统采用芯片程序操控，实时性更强，并且无漏油等现象，更环保。

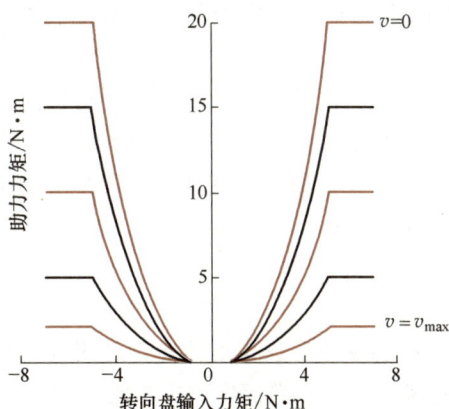

图 2-9　曲线型 EPS 系统的助力特性曲线

2.2　线控转向系统的结构及原理

线控转向系统的架构如图 2-10 所示。总体上，线控转向系统由路感反馈总成、转向执行总成、控制器及传感器等组成。车轮转向执行总成执行驾驶人转向指令，执行电动机推动转向器使前轮转到指令角度，实现转向功能。路感反馈总成实时模拟轮胎与地面作用产生的转向手感，通过转向盘将路感反馈给驾驶人。路感电动机控制器与转向执行控制器之间通过

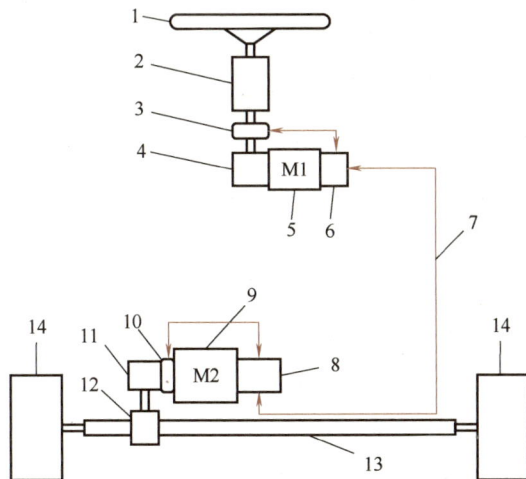

图 2-10　线控转向系统的架构

1—转向盘　2—管柱安装与调节机构　3、10—转矩/转角传感器　4、11—减速器　5—路感反馈
电动机 M1　6—路感电动机控制器等部件　7—CAN FD 通信线　8—转向执行电动机控制器
9—转向执行电动机 M2　12—转向执行机构　13—齿条拉杆　14—前轮

CAN FD 通信线 7 实现信号的双向传递，CAN FD 可保证信号传输的短周期、低延迟、高速率。

线控转向系统取消了转向盘与转向轮之间的机械连接，完全由电能实现转向，摆脱了传统转向系统的各种限制，不但可以自由设计汽车转向的力传递特性，还可以设计汽车转向的角传递特性，通过控制算法实现智能化车辆转向，而且比传统转向系统更加节省安装空间，重量更轻。

2.2.1 路感反馈总成

路感反馈总成包括转向盘总成（转向盘、转向柱等）、相关传感器（转角传感器、转矩传感器等）以及路感电动机总成（包括路感电动机以及减速机构）等。路感反馈总成的主要作用：一方面，由于路感反馈总成由驾驶人直接操纵，因此驾驶人在转动转向盘时，相关传感器将转角以及力矩信号以电信号的形式传递给 ECU，ECU 根据预设的控制方案产生相应的电信号传递给转向执行模块；另一方面，ECU 接收相关的反馈信息，发出电信号控制路感电动机输出相应的力矩，使驾驶人感受到相应的路感力矩。线控转向力矩计算框图如图 2-11 所示。

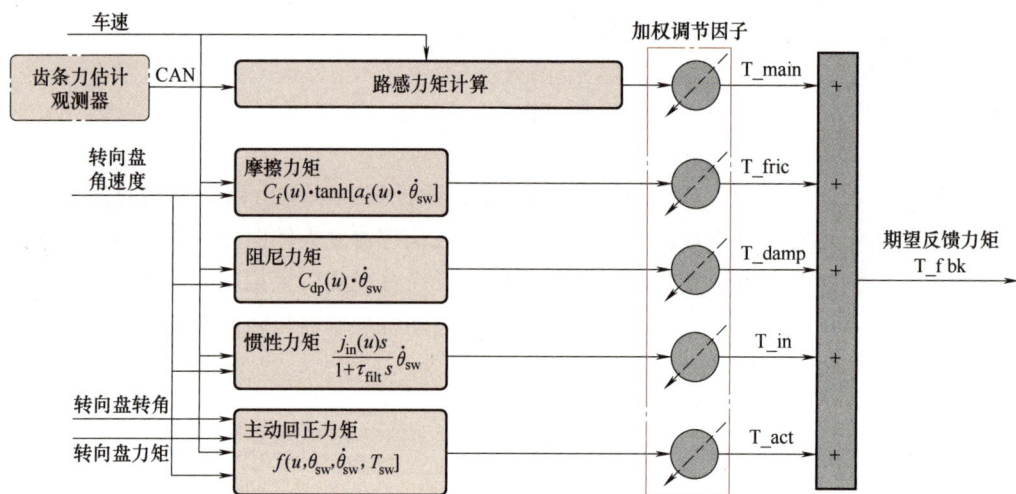

图 2-11 线控转向力矩计算框图

1. 转向盘传感器

转向盘转动时带动转角传感器的大齿轮转动，大齿轮带动装有磁体的两个小齿轮转动，产生变化的磁场，通过敏感电路检测这种变化产生的转角信号，通过 CAN 总线将数据发送出去。转向盘传感器如图 2-12 所示。

2. 路感电动机

路感电动机将主控制器传来的回正信号转化为回正力矩，向驾驶人提供路感。

车轮转向执行模块包括转向执行电动机总成（转向执行电动机以及减速机构）、传感器（位移传感器、电流传感器等）、齿轮齿条转向器、相关机械机构以及车轮等。其主要作用：接收 ECU 经过处理之后的转向指令，控制转向执行电动机工作，通过齿轮齿条转向器以及相关机械机构，使车轮转动相应的角度；同时将相关传感器采集到的反馈信息以电信号的形

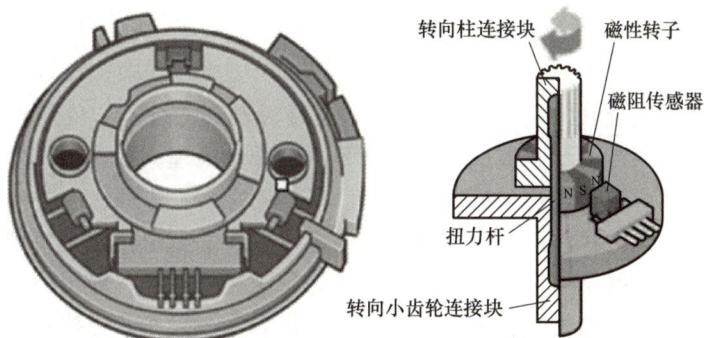

图 2-12 转向盘传感器

式传递给 ECU，作为路感模拟力矩的控制方案的输入信号。

ECU 的作用与预设的控制方案息息相关，其基本功能：一方面控制转向执行模块，保证汽车能够根据驾驶人对转向盘的输入控制车轮完成相应的转向；另一方面则是根据相关的反馈信息，控制路感电动机使驾驶人感受到合适的路感力矩、路面信息以及车辆相关参数的变化，更好地帮助驾驶人完成转向。

电源系统主要起到为 ECU、路感电动机、转向执行电动机以及其他汽车电器设备供电的作用。但是，以后汽车上的用电设备越来越多，传统的 12V 电源逐渐开始负担不起所需的电能，因此，对于未来的汽车，电源系统同样需要进行进一步研究。

2.2.2 转向执行机构

根据目前市场主流产品形态，转向执行机构按执行元件的不同可以分为电气式执行机构、液压式执行机构两种。电气式执行机构主要由电动机及其控制器和各种电气-机械转换装置等组成，其优点是成本低、体积小、可靠性好、控制调节方便；缺点是定位刚度及负载能力比不上液压执行元件。液压式执行机构主要由液压缸、液压马达等组成，其优点是输出功率大、快速性好、动作平稳，但是受到其结构复杂、成本高和维护难等缺点影响，其应用较电气式执行机构困难。根据减速机构方式的不同，又可分为齿轮齿条式转向执行机构与摇臂式转向执行机构，对于辅助助力或主动助力的结构方式，齿轮齿条转向执行机构的代表产品为小齿轮式与滚珠丝杠式等，摇臂式转向执行机构（其原理见图 2-13）以循环球式减速机构为主。

图 2-13 摇臂式转向执行机构原理

考虑到线控转向系统的实际使用情况以及车辆总布置局限，转向执行机构一般选用电气式执行机构。转向执行机构包括转向执行电动机及其控制器、转向器及前轮转向组件和前轮转角传感器等。转向执行机构的主要功能是依照车辆状态信息及驾驶人的转向意图，完成前轮转向的动作。转向过程如下：首先，前轮转角传感器将测得的前轮位置信号反馈给主控制器，主控制器将接收到的转向盘总成的信息经过了一定运算后发送给转向执行电动机控制器部分，转向执行电动机控制器驱动转向执行电

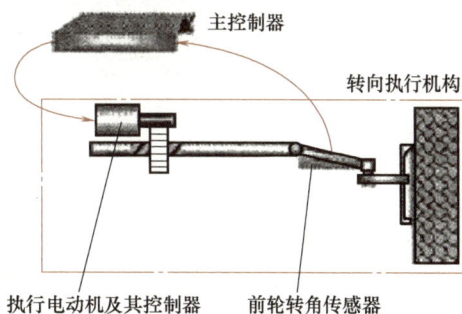

动机完成指定动作。

1. 主控制器

主控制器相当于线控转向系统的"大脑",是最关键的部分,它决定着线控转向系统的控制效果,其主要作用是对传感器所采集的信号进行分析处理,判别汽车的运动状态,形成决策,并输出相应的响应输入信号的控制信号。具体而言,一方面,主控制器对采集到的信号进行分析处理,向转向执行电动机和路感反馈电动机发送指令,使其协调工作,以实现车辆的转向功能和驾驶人路感的模拟,保证车辆在各种工况下都具有理想的转向响应特性,减少驾驶人由于汽车转向特性的变化而进行的补偿工作;另一方面,主控制器还可以对驾驶人的操作和车辆的实时状态进行监控,实现汽车的智能控制。当系统检测到驾驶人的转向操作不合理,系统指令出现错误或汽车处于非稳定状态时,主控制器能及时屏蔽错误指令,并以合理的方式自动驾驶车辆,使汽车尽快恢复到稳定状态。另外,当线控转向系统出现故障时,主控制器能及时、准确地采取措施进行补救,使驾驶人有效控制车辆。

在结构上,主控制器包括输入处理电路、微处理器、输出处理电路和电源电路等部分。其中,微处理器是主控制器的核心,需要对各种传感器所采集的信号进行实时处理,必须具有高速解算、实时输入和输出、多中断响应等特性;输入处理电路和输出处理电路是微处理器与外界联系的通道;电源电路则是主控制器的能量来源,负责整个系统的能量供给。线控转向系统的硬件架构如图 2-14 所示。

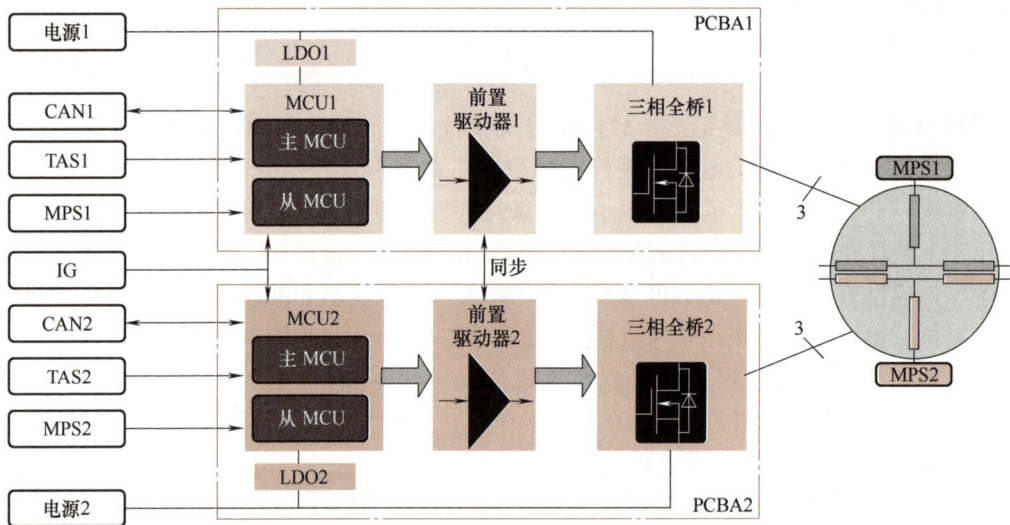

图 2-14　线控转向系统的硬件架构

主控制器容易受到电磁环境的干扰,在设计时必须要采取必要的抗干扰措施来保证其正常工作,通常采用的办法是硬件抗干扰和软件抗干扰,例如屏蔽、接地和数字滤波技术等。

2. 自动防故障系统

汽车的速度越来越高,作为日常使用最多的交通工具之一,其安全性越来越受到重视。自动防故障系统是线控转向系统最重要的组成部分,它包括一系列的监控和实施算法,当线控转向系统出现某一故障时,能够按照事先设定好的程序采取不同的处理措施,以此消除或者减小这一故障带来的危害,最大限度地保持汽车的安全行驶,极大地提高汽车转向系统的

安全性能。

根据目前的研究，在线控转向技术方面，应用最多的自动防故障系统是冗余系统，即为一些主部件设计一个功能完全相同的冗余部件，当某一主部件出现故障时，冗余部件能够快速地取代故障部件，以实现其同样功能，提高系统的安全性。需要说明的是，主部件和冗余部件是相对而言的，没有固定哪个部件是主部件，也没有固定哪个部件就是冗余部件，它们的工作是一个交替的过程，主部件可以变成冗余部件，冗余部件也可以变成主部件，主部件、冗余部件是动态的。

自动防故障系统可分为硬件自动防故障系统和软件自动防故障系统两大类。

图 2-15 所示为一种硬件自动防故障系统，该结构由爱信精机公司设计，采用"线控转向系统+机械转向系统"的冗余设计方法。该系统同时具有线控转向系统和机械转向系统，两者均能实现汽车转向的功能，但机械转向系统是作为备用件存在的，通常情况下不使用机械转向系统，只使用线控转向系统。该系统采用行星齿轮作为故障离合器和减速机构，当线控转向系统出现故障时，主控制器立即检测到故障信号，并向冗余设计的控制单元发出指令，行星齿轮参与工作，实现线控转向系统向机械转向系统的转变，驾驶人仍可操纵汽车转向，保证车辆的转向功能。采用该系统的缺点是当线控转向系统出现故障时，转为机械系统工作，车辆性能会出现很大的变化，可能引起驾驶人不适应。

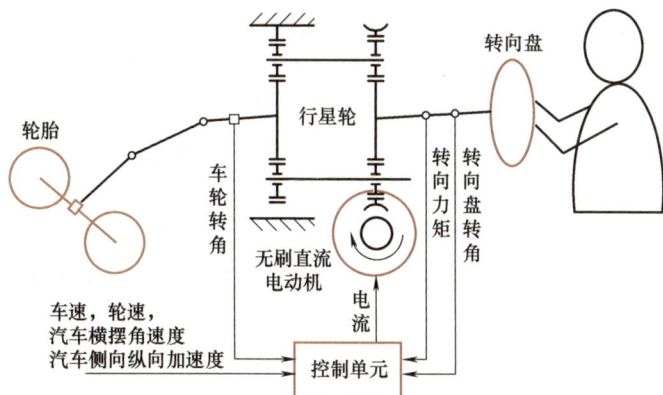

图 2-15 硬件自动防故障系统

图 2-16 所示为一种软件自动防故障系统，采用实时分发的 CAN 总线技术作为通信网络，采用 CAN 通信总线（CAN1、CAN2）和微处理器（微处理器1、微处理器2）的冗余设计方法。从图 2-16 中可以看出，微处理器1、微处理器2分别和 CAN1、CAN2 通信总线相连，任意一微处理器和任意一 CAN 通信总线均能构成一条独立的控制回路，当一条控制回路出现故障时，另一条控制回路可完全取代其功能。

假定图 2-16 中转向盘转角传感器、转矩传感器、微处理器2、CAN1、转向执行电动机、转角传感器、微处理器2、路感反馈电动机为主部件组成一回路，当转动转向盘时，转角传感器和转矩传感器将测得的模拟数据转换成数字信号后传给微处理器2，微处理器2根据预先设定的程序对数据进行处理并同时对通信总线 CAN1 和 CAN2 输出信号。此阶段，微处理器1也对数据进行处理，并和微处理器2的结果进行对比，检测其正确性，当检测到微处理器2数据错误时，微处理器1就代替微处理器2工作。转向执行电动机从通信总线 CAN1 上接收信号，电动机带动前轮执行转向动作，完成转向。转角传感器测量前轮的位置，并将信号通过通信总线 CAN1 和 CAN2 同时对微处理器 2 发送反馈信号，最终微处理器 2 结合车辆状态将路感反馈信号和转向反馈信号传送给路感模拟电动机和转向执行电动机。

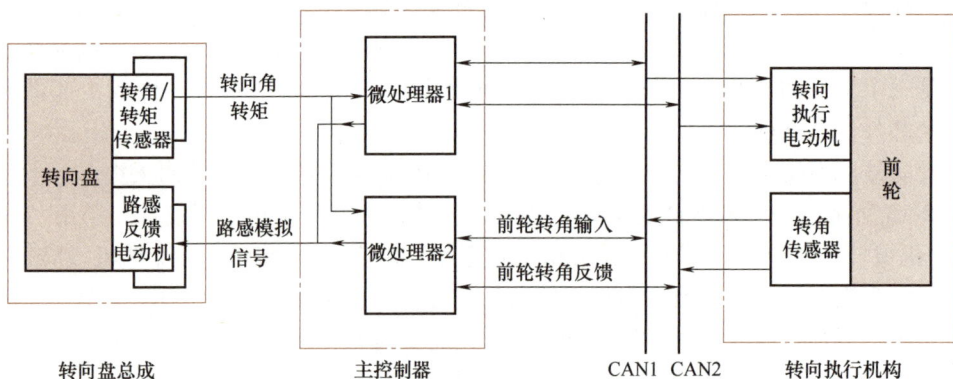

图 2-16　软件自动防故障系统

3. 电源

当前汽车上使用的电源普遍为 12V 电源，其提供的功率远远不能满足日益增多的汽车电器的用电需求。一方面，根据计算，线控转向系统前轮转向执行电动机的最大功率就已经达到了 500~800W，再加上路感反馈电动机消耗的功率，线控转向系统的最大功率将突破 1000W，汽车电器消耗的功率大幅度提高；另一方面，随着线控转向系统等电气设备在汽车上的运用，精密电子元器件也越来越多，对电源的稳定性也提出了更高要求，因此线控转向系统在汽车上的应用将对电源的负荷和品质提出了一大挑战。于是，42V 供电系统应运而生，并为线控转向系统的应用创造了条件，在 42V 供电系统中，电源的负荷和品质问题将得到圆满的解决。

2.2.3　线控转向系统的基本结构类型

现有的线控转向系统根据转向电动机的布置情况及控制方式的不同，可以分为前轮线控转向、后轮主动转向和四轮独立转向；其中，前轮线控转向又可根据转向电动机的数量不同，分为单电机前轮转向，双电机前轮转向和双电机独立前轮转向。

前轮线控转向系统由传统的前轮旋转机械系统开发，主要结构包括转向盘与转向管柱集成部分。根据转向机构的执行位置差异，前轮线控转向系统可分为线控电动转向系统和线控电液复合转向系统。

在不同的线控转向系统中，转向盘和运动控制转向管柱集成部分的结构组成基本相同，如图 2-17 所示。

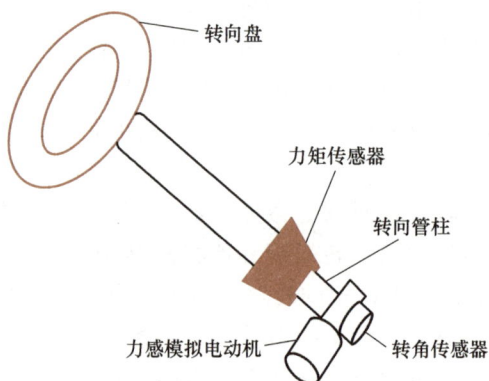

图 2-17　转向盘及转向管柱集成部分

2.3 线控转向系统的关键技术

2.3.1 线控转向系统的稳定性控制

与传统的机械转向系统相比,线控转向系统具有很多优势。最显著的就是在转向系统中实现力传递和位移传递之间的完全解耦,简而言之,转向系统的力传递特性和位移传递特性能够单独设计。线控转向系统的位移特性中有两种控制方法,如图2-18所示。

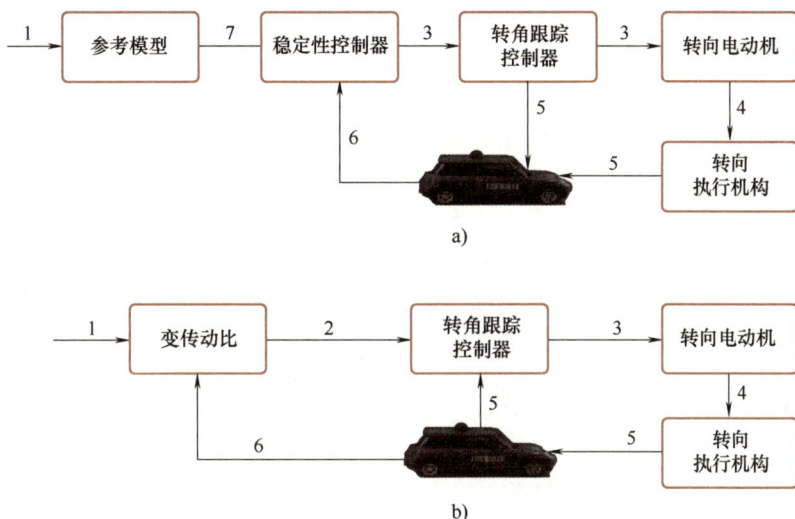

图 2-18 线控转向系统位移特性的两种控制方法

a) 稳定性控制方法　b) 变传动比控制方法

1—驾驶人输入转角　2—理想前轮转角　3—电动机控制电流/电压　4—转向电动机输出转矩　5—前轮转角
6—横摆角速度、质心侧偏角、侧向加速度、车速等　7—理想横摆角速度、质心侧偏角、侧向加速度等

第一种是稳定性控制方法。实施过程可概述如下:由车辆状态和转角/转矩输入指令,计算车辆当前运行状态下质心侧摆的理想角速度、偏差、横向加速度等控制目标,设计稳定性控制器根据控制目标求解所需的前轮转角。以前轮转角为目标,转角跟踪控制器求解转向电动机所需的电流/电压,输出转矩带动转向执行机构对转角进行跟踪。第二种控制方法是一种基于导线和系统旋转角度输入的变传动比控制方法,即传动比是根据前轮角度计算的,然后设计转角跟踪控制器控制转向电动机输出转矩对参考前轮转角进行跟踪。

在这两种控制方法中,有以下几个问题需要重点关注。

1) 线控转向的稳定性控制,即通过驾驶人的输入选取何种参考模型完成汽车有关稳定性位移特性控制问题。

2) 线控转向系统的变传动比设计,就是根据何种规则得到驾驶人转角输入与前轮转角输出的对应关系。

3) 前轮转角的跟踪问题,即已知参考前轮转角的前提下,如何控制转向电动机输出转矩对参考值进行跟踪。

2.3.2　线控转向系统的故障类型

线控转向系统由于其信号传输方式和控制方式，对组件故障和信号干扰非常敏感。线控转向系统有许多组件，其重要性和操作时间各不相同，并可根据故障影响时间范围分为瞬时故障、永久故障或间歇故障。瞬时故障通常被认为是一种系统中断，原因是存在不确定性、操作时间短，影响范围有限，而且通过主动抗干扰控制可以恢复正常状态。永久故障及间歇故障由于影响范围大、时间长，严重时会导致转向系统失效，需要通过故障诊断、隔离及重构等容错控制，甚至启用容错硬件冗余的手段，以消除对系统设备的影响。

从结构上看，线控转向系统的故障类型可以分为执行器故障、传感器故障、控制器故障和通信故障。执行器故障具体指转向电动机和电动机故障。电动机故障可在控制系统中描述如下：①卡死故障，即转向电动机在执行指令过程中停滞在某一个位置不再转动；②部分故障，即电动机保留了部分工作能力，但输出转矩不能达到要求的水平，大多数情况下是由于给定绕组中的开路故障；③完全故障，即电动机完全故障。传感器故障通常有两种类型，即噪声导致的信号失真与故障导致的失效，前者可以通过融合来自多个传感器的信息或滤波估计进行校正；而后者只能通过备用传感器或其他传感器的解析冗余进行信号重构。控制器故障包含两个方面：一方面是控制器硬件故障，通常是由于电磁干扰、高温或振动造成的；另一方面是控制器的算法和逻辑故障。通信故障也分为两种：一种是非法入侵导致系统数据无法正常、准确传输；另一种是硬件故障（接口腐蚀、松动、驱动电路故障等）。

2.3.3　线控转向系统执行器容错控制

提高线控转向系统的可靠性，实现容错控制最直观的方式就是重要元器件的冗余备份。研究人员对线控转向系统的可靠性进行了分析，所研究的线控转向系统包含3个转向盘转角传感器、2个路感电动机、2个路感控制 ECU、3个前轮位置传感器、2个前轮转向电动机、2个前轮转向控制 ECU 以及双通道 FlexRay 总线，在此基础上，建立了线控转向系统的故障概率模型，用马尔可夫（Markov）状态转移矩阵计算整个系统的故障率，结果显示这种方式组成的线控转向系统的故障率显著低于没有冗余备份的系统，可靠度达到99%，再辅以一些容错控制算法，其可靠性还能进一步提高。线控转向系统冗余架构及协作机制如图 2-19 所示。

冗余是一种较为简单、直观且更具容错能力的控制手段，一些研究采用了备份执行器的方式来提高转向系统的可靠性。但是，无论是在转向器齿条上还是转向管柱上安装多个执行器的弊端之一就是，执行器之间存在不同步的问题，导致力矩冲击或不平衡。为了解决这一问题，研究人员对双电动机 SBW 系统的同步问题进行了详细的研究。一些研究人员提出的转角跟踪控制策略同样采用了双电动机执行结构，其主体包括转速转角电流的三个闭环控制系统，外加双电动机的同步速度补偿控制，以完成双电动机的一致性控制。在本书提出的控制策略中，一个电动机作为主作动电动机来响应参考转角的闭环控制，一个辅助作动电动机根据主作动电动机的转角响应计算相应的力矩，并利用 PID 控制跟踪力矩完成协调控制。SBW 系统双电动机冗余同步控制结构如图 2-20 所示。通过在电动机电流控制环附加转速同步控制器，采用滑模控制算法计算附加控制电流，使两个转向电动机转速差为零，完成电动

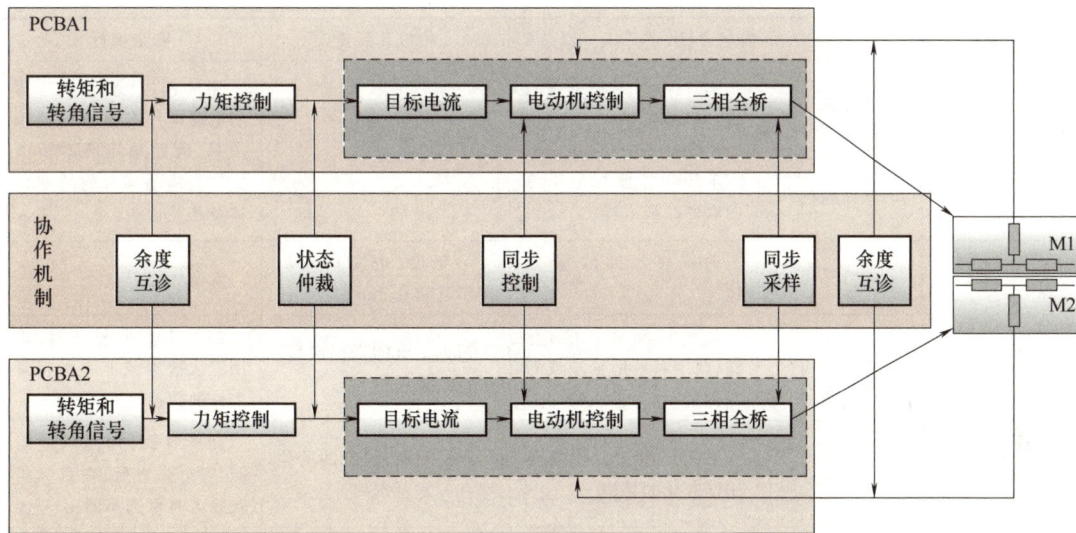

图 2-19 线控转向系统冗余架构及协作机制

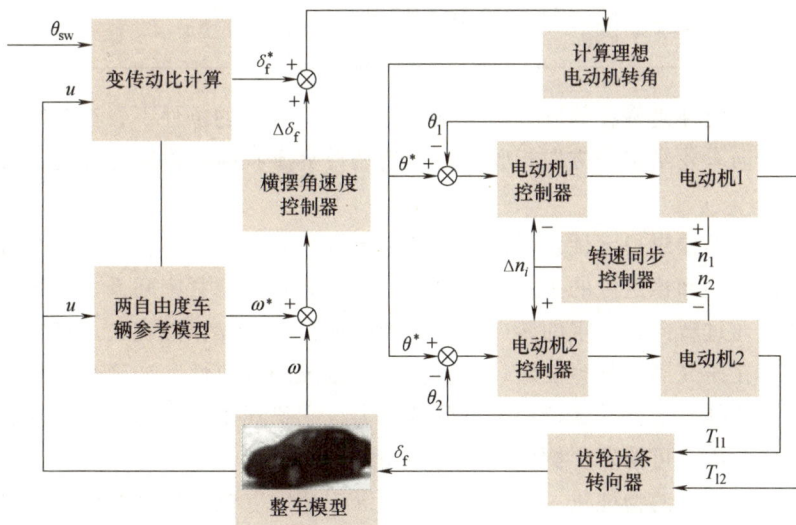

图 2-20 SBW 系统双电动机冗余同步控制结构

机的同步控制，该策略能对系统噪声及不确定保持较好的鲁棒性能，算法有效，易于实践。

异构设计是指采用不同的硬件或软件方式实现同一功能，以最大可能降低故障发生率。线控转向系统常用的异构设计方法见表 2-2。异构设计方法主要有如下几步：

1）以产品功能分类，寻找实现具体功能的关键路径或最短路径。

2）对关键路径进行硬件或软件的异构设计。

3）对两种异构方案的结果分别进行相似度评价，对照理论值或安全值的边界或容错空间。

4）根据功能安全的安全等级进行仲裁及执行。

表 2-2　线控转向系统常用的异构设计方法

关键路径	异构设计		相似度评价	安全执行
直流电路电压采样	硬件异构	多点采样(电源电压与驱动桥电压)	容错度:在合理压差范围内 0.3~1V	主从调用:驱动桥电压与电源电压有直接的继承关系,因此采用驱动桥电压作为驱动部分的效率计算及相关诊断
	软件异构	采用中位值与平均值的软件滤波采样		
增强曲线	并行异构	曲线多点插值/函数计算	容错度:余度 0.5nm,同步互诊 0.3nm	安全优先
非易失性存储器(NVM)	方式异构	多区(2 区或 3 区)存储,调用时采用轮流或对照调用	根据上电的奇偶次数,进行结果评价	当发生数据异常时,采用默认数据或上一次正常工作的数据
力矩斜度	并行算法异构	采用定步长变化与等比例变化的异构	限值对照:设定的变化率在一定范围内	功能优先,因是限值对照,安全隐患低,在目标阶跃较大时可选择调用
角度计算	并行算法异构	转向盘角度传感器采集;轮速+横摆角传感器	容错度:冗余度 5°	安全优先(偏小)
转矩传感器	硬件	同步采样	容错度:冗余度 0.3N·m	安全优先(偏小)
车速传感器	硬件+软件异构	车速+轮速:脉宽调制频率计算	容错度:冗余度 5°	安全优先(偏低速)

汽车的操纵稳定性是指在驾驶人不感到过分紧张、疲劳的条件下,汽车能遵循驾驶人通过转向系统及转向车轮给定的方向行驶,且当遭遇外界干扰时,汽车能抵抗干扰而保持稳定行驶的能力。

通常认为汽车的操纵稳定性包括操纵性和稳定性两方面的内容,这与汽车转向系统的功能是一致的,操纵性和稳定性的关系是密不可分的,相互有着紧密联系。操纵性指汽车能准确地按照驾驶人通过转向盘给定的转向指令行驶的能力。若操作性丧失,将导致汽车操作失灵,整车失控,在研究其控制算法时,着重被控量跟随的快速性和准确性。稳定性指汽车受到外界干扰时抵抗外界干扰并保持稳定行驶的能力,它描述了汽车运行状态的稳定程度。若稳定性丧失,汽车就有可能发生侧滑、急转甚至翻车的危险。

描述汽车运动状态的物理量主要有四个,即纵向速度、侧向速度和横摆角速度、质心侧偏角,其中,在汽车稳定性控制系统中,与汽车的稳定性关系最为密切的是横摆角速度,它是用来保持侧向稳定性的控制变量。

在汽车的质心侧偏角比较小的情况下,汽车的横摆角速度体现了汽车的转弯能力。当汽车的速度一定时,横摆角速度越大,则转弯半径越小,转弯越迅速,也就是说横摆角速度大的汽车,通过同样的弯道时,可以允许更高的车速,可见,横摆角速度代表汽车的转向特性。当汽车的质心侧偏角逐渐增大时,驾驶人对汽车横摆角速度、侧向运动的控制能力逐渐降低,直到不能控制汽车而发生事故。路面附着系数越低,允许的最大汽车质心侧偏角越小。

随着电子产品、控制系统在汽车上的普及,出现了很多改善汽车操纵稳定性的控制方法。首先,出现最早的控制汽车操作稳定性的技术是通过控制车轮的制动力或者驱动力来实现的,如 ABS、TCS(牵引力控制系统)、ESP(电子稳定程序)和防滑差速器等,这类控

制方法已经大众化，在很多汽车上得到了应用，并且获得了满意的效果；其次，是通过控制车轮上的垂直载荷来改变车轮的侧偏刚度，以达到改善汽车操作稳定性的目的，如主动悬架系统。

　　线控转向系统也是一种改善汽车操作稳定性的控制技术，该技术最大的特点就是可以实现转向系统的变传动比，并且可以实现独立于驾驶人之外的转向干预，从而达到主动转向的目的。当车速较低时，系统采用较小的传动比，使转向灵敏度增加，以减少驾驶人对转向盘的操作，提高车辆的灵活性和操控性；当车速较高时，系统采用较大的传动比，提高车辆的稳定性和安全性。由于线控转向系统具有变传动比的特点，主动转向便成为可能，系统能够在驾驶人输入转角的基础上增加一个根据车辆状态进行改变的补偿转角，从而实现转向系统响应的优化和稳定性的提高。

　　转向系统是否具有良好的性能直接决定了汽车的操纵稳定性的好坏，特别是在高速行驶时，汽车的操纵稳定性对转向系统的要求更高。具体说来，对转向系统的要求是：汽车低速行驶时，转向系统的角传动比要小，以满足操作轻便性，即小的转向盘转角可以产生大的前轮转角；汽车高速行驶时，转向系统的角传动比要大，转向应该"迟钝"些为好，以满足操作稳定性要求，即大的转向盘转角可以产生小的前轮转角；汽车直线行驶或者小转弯时，转向系统要具有较小的传动比，转向比较灵敏，汽车大转弯时，转向系统具有较大的传动比，转向比较轻便。另外，转向系统还应满足摩擦阻力小、系统迟滞性小、回正后残留转角小等要求。

　　在实际的汽车转向系统中，若无法满足转向性能的上述要求，汽车的转向系统将长期一直存在"轻"与"灵"的矛盾，即使将转向器设计成变传动比，也只是缓和了"轻"与"灵"的矛盾，无法从根本上解决问题，并且转向器的变传动比不能随车速变化。因此，传统的机械转向不能在车轮转角全范围内以及各种车速下同时解决"轻"与"灵"的矛盾。线控转向是转向系统发展的高级阶段，目的就在于通过变传动比的设计解决"轻"与"灵"的矛盾，实现降低驾驶人负荷的目的。

　　驾驶人负荷是评价汽车易操纵性的重要指标，近似于驾驶人消耗的能量。就转向系统而言，可以用体力负荷和精神负荷两个指标来考查驾驶人负荷。体力负荷与驾驶人操作转向盘时的力矩大小密切相关，力矩越大，则驾驶人体力消耗越大，负荷越重。精神负荷可以理解成驾驶人的忙碌程度，汽车转向盘的转角和转动角速度的大小直接影响驾驶人的忙碌程度，驾驶人越忙碌则精神负荷越大。

　　图 2-21 所示为驾驶人的操作负荷与传动比的关系，驾驶人的操作负荷可用转向能量表示。从图 2-21 中可以看出，传动比变小时，转向能量降低，但转向能量不与传动比成比例关系。当传动比小于某一值时，转向能量反而变大，这是因为在太小传动比的情况下，转向系统的控制能力将变差，驾驶人就必须增加转向校正量来保持车辆的操作稳定性，因此增加了精神负荷。从以上分析中可以看出，小传动比可以降低驾驶人的操作负荷，但传动比的值

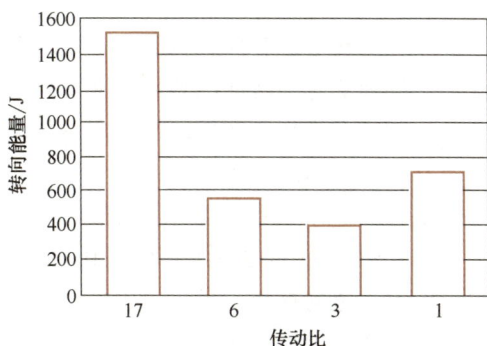

图 2-21　驾驶人的操作负荷与传动比的关系

必须设置恰当，不应过小。

要使汽车转向系统获得最佳的操作稳定性，其角传动比与两个方面的因数有关。一方面，要满足驾驶人对转向系统轻便性和灵敏性的要求，这与转向盘的转角密切相关；另一方面，要使汽车的转向响应不随车速的变化而变化，那么线控转向系统的角传动比就必须是车速的某一函数，也就是说角传动比还与车速密切相关。

不同的工况下，驾驶人对转向系统的要求不同。当汽车在泊车或者低速行驶转向时，往往需要完成较大的转向任务，此时，转向车轮的转角很大，若采用传统的转向系统，驾驶人转动转向盘的范围很大，增加了驾驶人的负担；当汽车高速行驶转向时，往往弯道比较平缓，转向盘转角主要集中在中间转向区左右较小的角度范围内。

线控转向系统的角传动比需要设计成随转向盘转角而变化的变传动比，也就是说变传动比是关于转向盘转角的函数。具体而言，转向盘在中间位置时，系统的传动比设计成较大值，使转向系统的响应"迟钝"一些，降低车辆在高速行驶时转向横摆角加速度增益，减小车辆对驾驶人输入误差的影响；汽车大转弯，即转向盘需要大转角时，系统的传动比设计成较小值，使转向系统的角传动比随着转向盘转角的增大而迅速减小，这样就可以减少驾驶人转动转向盘的范围，降低驾驶人负担。

通过以上分析，可以设计出线控转向系统角传动比随转向盘转角变化的大致曲线，如图2-22所示。从图2-22中可以看出，转向盘从0°到60°的转角范围内，系统具有较大的转向系统角传动比，以满足直线行驶时的要求，继续增加转向盘的转角至180°，在此范围内（60°~180°）转向系统角传动比迅速减小，随着转向盘转角的进一步加大，角传动比开始趋于稳定直至一定值。

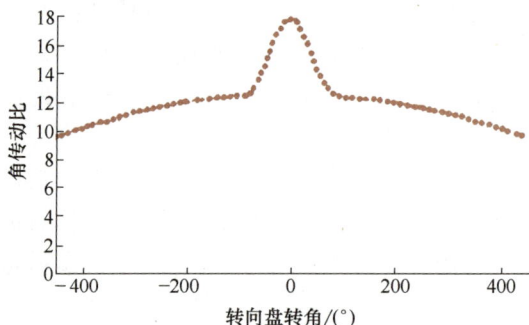

图2-22　转向系统角传动比随转向盘转角变化的大致曲线

在车辆结构中，转向机构具有一定的弹性，外加轮胎的非线性，使得车辆的转向增益随车速的不同而变化，转向时驾驶人就要根据车速的不同，对转向操纵加以修正补偿。为了简化驾驶人的转向操作，使得线控转向系统车辆的转向增益不随车速的变化而变化，据此来研究角传动比与车速的关系。

假设转向盘输入和路径行驶轨迹之间的关系不随车速变化，在这个假设条件下，可以得到如图2-23所示的转向系统角传动比与车速的关系。可以看出，低速时，采用较小的角传动比，随着车速的提高，角传动比逐渐增大。这也符合低速时小角传动比减少驾驶人对转向盘输入，降低驾驶人的体力负担，高速时大角传动比降低车辆对转向盘转角输入的灵敏度，增加车辆稳定性的要求。

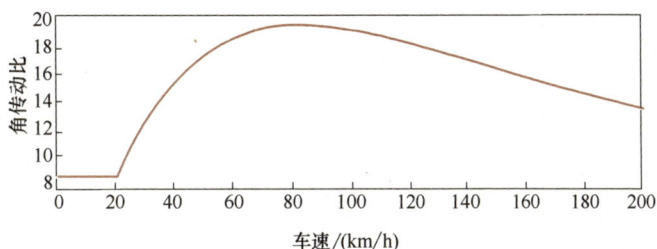

图 2-23 转向系统角传动比与车速的关系

2.4 线控转向系统的典型应用

通过主动转向功能，线控转向系统的控制模块可以在低速时增加驾驶人输入的转矩水平，以使车辆更好地响应驾驶人的转向命令。在较高的车速下，控制模块可以通过在与驾驶人转向指令相反的方向上操作动力辅助电动机，从而减去驾驶人转向输入的转矩，以此提高转向的稳定性。

除了调节转向比外，主动转向功能还能够独立于驾驶人来调节道路车轮的转向角度。控制模块接收来自车辆动力学传感器的输入，如偏航率和横向加速度。这些额外的传感器数据有助于转向系统根据车辆的动态变化来调整转向，并拒绝干扰。例如，主动转向功能可以调整转向角度以补偿道路因素的影响，消除驾驶人连续反向转向的需要。根据系统设计，这些转向角度的调整可能会通过转向盘传递给驾驶人，该功能可使驾驶人远离某些类型的道路干扰。

我国长安汽车以长安 CX30 为平台，将传统的液压转向系统改装为 SBW 系统，是国内第一种装备 SBW 系统并进行了场地试验的乘用车。SBW 系统采用了自主开发的转向盘模块、转向执行模块以及 SBW 控制器，实现了转向盘与转向车轮间转矩与位置的耦合控制，具有可变的转向系统角传动比和力传动比特性，这些特性可以根据驾驶人的不同需求通过软件进行在线调整。

日产汽车公司生产的英菲尼迪 Q50 汽车，采用线控主动转向系统，改变了汽车转向的格局，其结构如图 2-24 所示。

从图 2-24 中可以看出，线控主动转向系统基本上还是延续了传统转向系统的结构，只是增加了一套离合器以及三组 ECU 和一个转向力度回馈器。当车辆起动时，离合器会自动切断连接，转向的任务交由电控系统。由于采用电子信号控制，因此其传动响应更为迅速，也更为轻松。此外，由于隔断了传统的机械结构，导致来自路面的颠簸振动感不会传至转向盘，进而使得驾驶人能更平稳地把控转向盘。极端复杂路况下，还能减少因路面反馈过于明显而造成车辆失控等危险。

对于一项新技术的推出，其可靠性、稳定性是人们最为关心的话题，这一点英菲尼迪 Q50 汽车生产厂家也有考虑。首先，单是处理信号的转向系统 ECU 就安装了三个，这三个 ECU 中，其实只有一个工作，而另两个监控其工作状态，如果出现问题它们会自动接管。其次，就算这三个 ECU 都失效了，最后还有传统的机械结构可以自动介入，确保汽车的转向功能。

转向的功能特征与自动驾驶等级的需求密不可分，应根据美国汽车工程师协会（SAE）的 5 级驾驶等级分类，设计不同的转向系统架构。不同自动驾驶等级的转向需求见表 2-3。

表2-3 不同自动驾驶等级的转向需求

SAE分级	名称	SAE的定义	主体				转向系统的特点														
			驾驶操作	周边监控	支援	系统作用	电动机相数	电源	转矩和转角信号	转速信号	ECU	核	异构冗余	功能安全等级	预期功能安全(SOTIF)	相保护	通信	网络安全	机械耦合	转向盘	机构冗余
0	无自动化	由驾驶人全权操作汽车,在行驶过程中可以得到警告和保护系统的辅助	驾驶人	驾驶人	驾驶人	无	0/2/3	0/1	0/1	0/1	0/1	0/1	×	QM/C	—	×	不适用	不适用	√	√	×
1	驾驶支援	通过驾驶环境对转向盘和加、减速中的一项操作提供驾驶支援,其他的驾驶动作都由驾驶人进行操作	驾驶人系统	驾驶人	驾驶人	部分	3	1	1	1	1	2	×	C	—	√	1	不适用	√	√	×
2	部分自动化	通过驾驶环境对转向盘和加、减速中的多项操作提供驾驶支援,其他的驾驶动作都由驾驶人进行操作	驾驶人系统	驾驶人	驾驶人	部分	3	1	1	1	1	3	×	D	—	√	2	不适用	√	√	×
3	有条件自动化	由无人驾驶系统完成所有的驾驶操作,紧急状况下,驾驶人必须应答系统请求	系统	系统	驾驶人	部分	6	2	2	2	2	3	√	D	√	√	√	硬件安全模块	×	√	×
4	高度自动化	由无人驾驶系统,根据系统要求,驾驶人不一定对所有的系统请求进行应答,限定道路和环境条件等	系统	系统	系统	全域况	6	2	2	2	2	3	√	D	√	√	√	硬件安全模块	×	可屏蔽	√
5	完全自动化	由无人驾驶系统完成所有的驾驶操作,驾驶人在可能的情况下接管,在所有道路和环境条件下行驶	系统	系统	系统	全域况	6	2	2	2	2	3	√	D	√	√	√	硬件安全模块	×	屏蔽	√

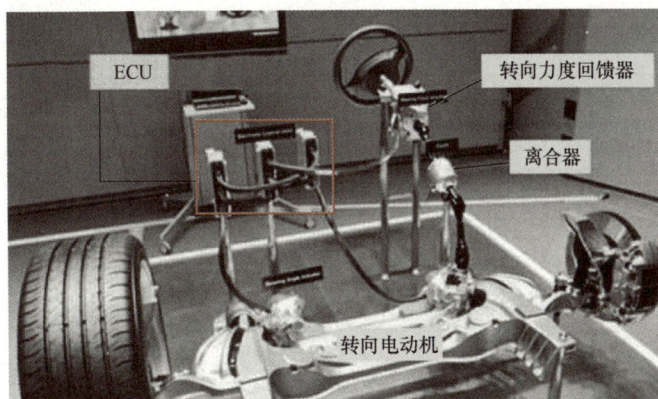

图 2-24　英菲尼迪 Q50 汽车线控主动转向系统的结构

2.5　线控转向测试与评价

2.5.1　线控转向测试与评价的方法论

　　线控转向测试与评价的方法是在转向与整车稳定性的基础上进行的补充，增加了自动驾驶功能对转向的具体指标要求以及保证驾驶安全的功能安全需求。线控转向测试评价的具体内容见表 2-4。线控转向测试评价的关键指标见表 2-5。

表 2-4　线控转向测试评价的具体内容

横向控制性能测试	FS（功能安全）和 SOTIF（预期功能安全）测试内容	ADAS 测试内容
正反向空载力矩测试	传感器信号数据溢出测试	角度阶跃指令响应测试
对称度/力矩平顺性	传感器信号传输延时特征测试	角度连续调节动态响应测试
主动助力/回正测试	电压范围超限测试	最大调节角度测试
横向力估算测试（≤30Hz）	电压扰动注入测试	车速/轮速反馈信号检测
路感协同测试	FAIL-OFF（失效）测试	感知传感器模拟信号测试
保护与限值测试	Fail-operational（失效处理）测试	横向控制响应性测试
跟随/响应特性	转向 FTT（故障容忍时间间隔）测试	LKA（车道保护辅助）执行性能测试
角度/力矩叠加测试	机电极限特征 SOTIF 测试	AEB（自动紧急制动）执行性能测试
手/自驾驶工况转换特征	手/自转换过程故障注入测试	APA（自动泊车辅助）执行性能测试
紧急转向测试	手/自驾驶工况 SOTIF 测试	手/自驾驶工况转换特征测试
底盘域的横纵协调控制	远程客户端测试	远程客户端测试
Switch Ramp（道岔坡道）时序测试	孪生仿真（模拟+实际）	孪生仿真（模拟+实际）

表 2-5　线控转向测试评价的关键指标

性能参数	1	转速要求	540°/s
	2	转角分辨率	≤0.1°

（续）

	3	转角速度分辨率	±0.5°/s
	4	转向响应延时 Δ_{T_1}	≤160ms
	5	控制响应及反馈周期	≤10ms
	6	0°~10°稳态误差（响应精度）Δ_{θ_1}	≤1°
	7	0°~60°稳态误差（响应精度）Δ_{θ_1}	≤2°
	8	0°~500°稳态误差（响应精度）Δ_{θ_1}	≤3°
	9	0°~10°最大超调量 Δ_{θ_2}	≤1°
	10	0°~60°最大超调量 Δ_{θ_2}	≤2°
性能参数	11	0°~500°最大超调量 Δ_{θ_2}	≤3°
	12	0°~10°执行时间 Δ_{T_2}	≤200ms
	13	0°~60°执行时间 Δ_{T_2}	≤300ms
	14	0°~500°执行时间 Δ_{T_2}	≤1200ms
	15	0°~10°超调时间 Δ_{T_3}	≤100ms
	16	0°~60°超调时间 Δ_{T_3}	≤100ms
	17	0°~500°超调时间 Δ_{T_3}	≤100ms
	18	齿条力估算精度	30Hz/85%

2.5.2 线控转向的测试与评价方法举例

（1）**转角控制精度** 台架测试中，示例性地选择 0km/h、30km/h、60km/h、90km/h、120km/h 车速下，CAN 总线发送转向盘角度指令，实际情况下转向机构传感器测得的转角响应与目标角度之间偏差不超过 0.5°。非线控传统电动助力转向助力状态不存在角度控制精度问题，驾驶人给转向盘多少角度，前轮通过管柱和转向器即可响应多少角度。检测方法：台架试验，检测转向盘角度指令下，实际情况下转向机构传感器测得的转角与目标转角响应之间的偏差。

（2）**转向延时** 台架测试中，示例性地选择 0km/h、30km/h、60km/h、90km/h、120km/h 车速下，CAN 总线发送转向盘角度指令，实际情况下转向机构传感器测得达到稳定的指定角度响应时间不超过 200ms。这也是专门针对线控转向的指标，如果耦合的机械管柱，理论上转向盘转多大角度，车轮就响应多大角度，即使有延迟，也是惯量引起的延迟。线控转向延迟是转向盘产生角度指令后，车轮响应的时间可能因信号传输存在延迟，因此有此指标。检测方法：台架试验，检测转向盘角度指令与实际情况下转向机构传感器测得达到指定角度之间的时间差。

（3）**齿条力估计精度** 台架测试中，转向盘在转速为 30r/min、180r/min、360r/min 的工况下，15Hz 带宽内预估的转向机构齿条力和实测齿条力误差不超过 15%。齿条力反映路面与轮胎之间的作用，有中、低、高各种频率分量，15Hz 以内是路感反馈主要来源，高频率部分多为路面或机械系统振动噪声。

（4）**可变转向比**　可随车速和转向盘角度实现多段式转向比按需切换，实现低车速时小转向比，减少转向盘操作圈数；高速时大转向比，提高转向稳定性。

（5）**主动回正**　基于受控角速度的回正，转向盘从 90°、60°、30°角度分别回正，回正残余角不超过 3°（车速为 15km/h），避免转向盘回正过快或过慢。受控角速度可避免转向盘回正过快或过慢，回正残余角指标一般针对一个低车速，如 15km/h。

（6）**路感反馈**　可对低频、中频、高频三个频段分别控制，手感模拟度达到齿条力的 90%。低速下，大角度范围平均手力值可在实际车辆上测试；大侧向加速度手力值考虑到车速高之后的安全性，可在台架测试。标定手力值大小即手感的轻重，可将对标带有耦合的机械管柱作为参考依据，有利于克服驾驶人操作线控转向的陌生感。静态力感对称性：在 0km/h、30km/h、60km/h、90km/h、120km/h 车速下，40% 最大位置和 90% 最大位置左右手力值差不超过 0.5N·m，主要通过台架测试验证。

（7）**动态响应性阶跃测试**　台架测试中，利用 CAN 总线发送目标角度指令，最大转角速度为 540°/s（转向盘端），以下列指令检测响应性：当角度指令分别为 1°、5°、10°，稳定时间分别在 5ms、15ms、30ms。

（8）**动态响应性正弦测试**　台架测试中，利用 CAN 总线发送目标角度指令，最大转角速度为 540°/s（转向盘端），以下列指令检测响应性：根据最大转角速度 540°/s 发送正弦指令，无振荡与稳态误差。

（9）**转矩波动**　台架测试中，齿条力负载 1kN 条件下，转向盘转速 30r/min，在整个行程内的转向盘转矩最大值与最小值之差不超过 0.2N·m。

第3章 线控制动系统

3.1 制动技术概述

汽车主动安全技术是指能够使汽车主动采取措施，避免或降低事故发生的安全技术。2000年欧盟发布的车辆主、被动安全技术应用对交通事故发生率的影响表明，随着更多安全技术的应用，交通事故发生率逐步降低，如图3-1所示。

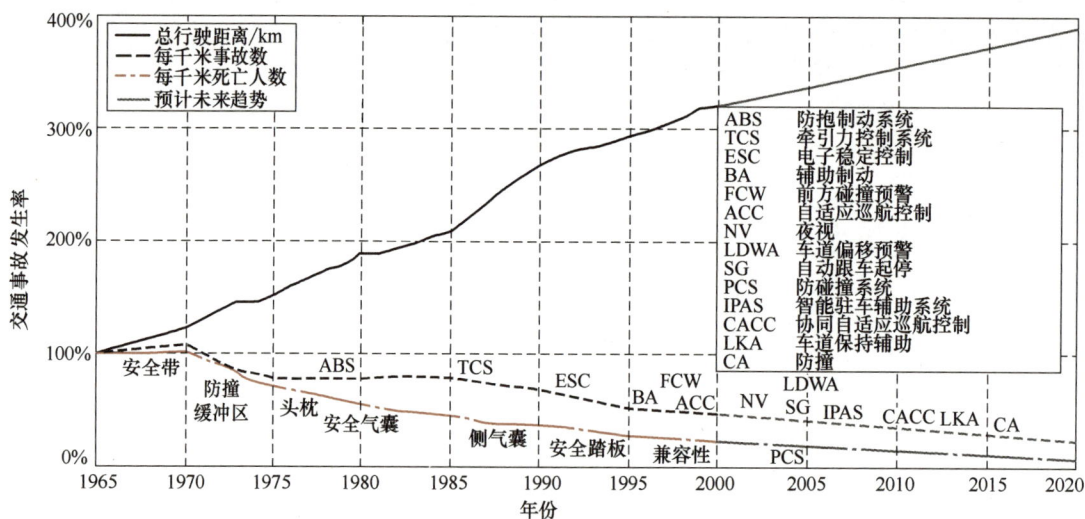

图3-1 车辆主、被动安全技术应用对交通事故发生率的影响（欧盟）

3.1.1 制动技术的发展

制动技术在保障汽车的流畅操控以及安全上发挥着决定性的作用，并随着工业技术的变革以及汽车行业的发展持续进化。整体来看，制动系统主要由供能装置、控制装置、传动装置和制动器四部分组成，如图3-2所示。从汽车制动系统的升级趋势来看，本质即是对供能装置、控制装置、传动装置电子化升级的过程。

在机械制动时代，气体/液体压力制动成为传统汽车制动系统的核心解决方案。压力制

供能装置+控制装置+传动装置+制动器

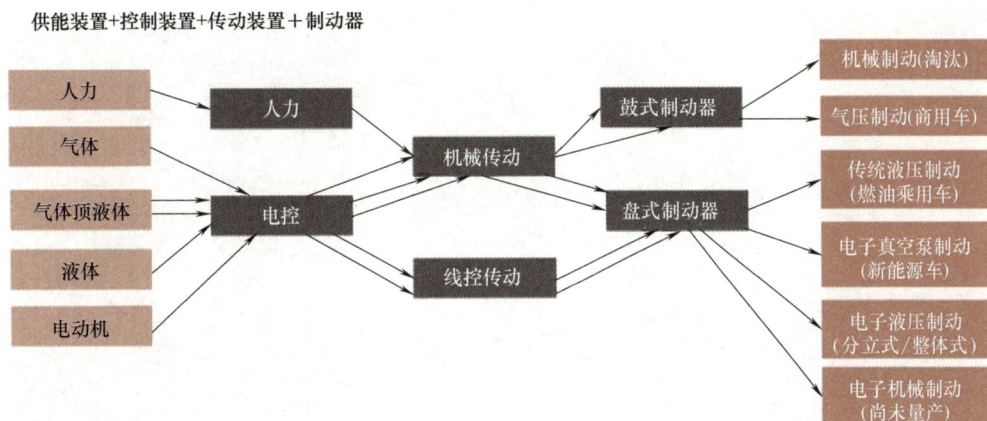

图 3-2　制动系统的组成

动包含气压制动和液压制动两种，其中，气压制动反应慢、制动力大、结构复杂，通常应用于重型货车、中型货车等；液压制动反应更为灵敏、制动力小、结构灵活不受管路限制，通常应用于乘用车。早在 20 世纪 30 年代，Duesenberg Eight 车率先使用了轿车液压制动器，而通用和福特分别于 1934 年和 1939 年采用了液压制动技术。后续历经多次迭代，到 20 世纪 50 年代，液压助力制动器已开始规模化量产，成为后机械制动时代的主流制动方案。

以一辆配备液压制动系统的乘用车为例，其制动系统主要包括制动踏板、真空助力器、制动液、制动油管、制动主缸、制动轮缸以及车轮制动器，当驾驶人踩住制动踏板时产生作用力，推动真空助力器的后腔进气控制阀打开，随即后腔充气使压力大于前腔形成压力差，从而将制动力放大形成对制动主缸推杆向前的推力，推动制动主缸内的液体进入制动管路形成车轮制动力，由此车轮制动器得以执行制动操作。

此外，随着汽车电子技术的发展，人们以液压制动系统为基础，增加了很多制动辅助系统，例如 ABS（1978 年博世首发）、TCS（1986 年博世首发）、VDC 系统（稳定性控制系统，1992 年博世首发，并推出同时集成 ABS/TCS/VDC 功能的划时代产品 ESP 系统）、AVH、HDC、BOS（制动优先系统）等，均是在原液压制动系统中增设一套液压控制装置，控制制动管路中容积的增减，以控制制动压力的变化适用于不同场景。液压制动系统工作示意图如图 3-3 所示。

而在新能源汽车时代，由于车内失去了由发动机产生的真空压力来源，倒逼制动系统再次改造升级。目前针对此问题主要有两种解决方案，分别为电子真空泵（EVP）方案和线控制动方案（EMB/EHB）。

（1）**EVP 方案**　该方案是在原有液压制动的真空助力器基础上增加电子真空泵，通过真空传感器监测增压器中真空的变化，可以为助力器提供稳定的真空源。另外，EVP 采用了压电材料作为动力装置，完全摒弃了传统的电动机驱动模式，从控制到驱动实现了电子化，并且对原车底盘改动较小，可以快速将燃油车平台改为电动平台，因此，在新能源汽车发展加速提升的初期，EVP 方案得以快速应用。

（2）**线控制动方案**　相较于传统的液压制动，线控制动以电子助力器替代了真空助力、以导线替代液压/气压管路，如图 3-4 所示。其工作原理为通过加速踏板传感器将驾驶人实际操作转变成电信号传递给 ECU，ECU 对传输来的相关指令实施综合计算（传感器监测加

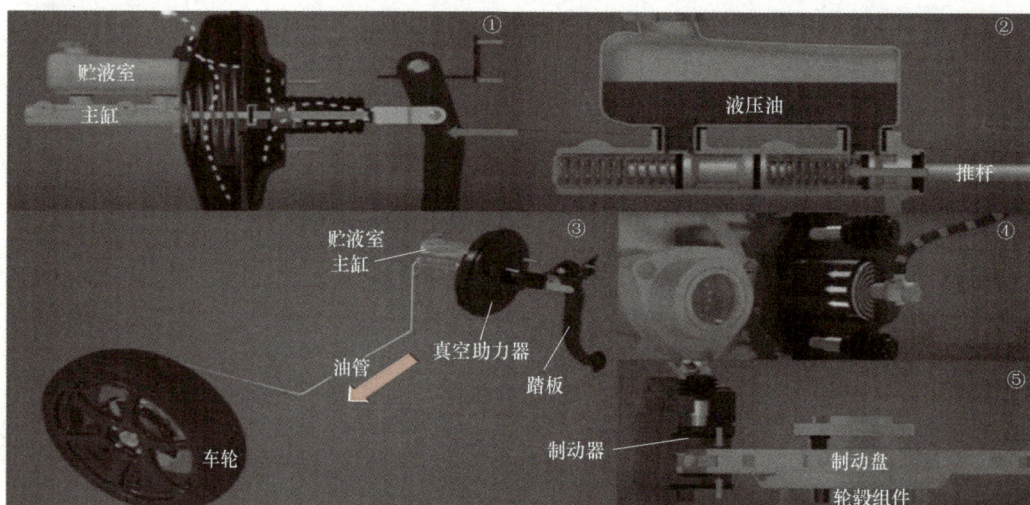

图 3-3　液压制动系统工作示意图

速踏板的行程和力，车速传感器判断汽车是否处于正常减速中），若判定为正常动作，则将信号再次传递给制动执行器，最终实现制动。

线控制动为新能源汽车的最优解，已逐步开始规模化量产。EVP 方案虽然可以解决真空源缺失的问题，但是由于 EVP 仍存在寿命较短、易受环境影响，且能量的回收效率较低等问题，因而也难以成为未来新能源汽车制动系统的核心解决方案。而线控制动方案以电子助力器取代真空助

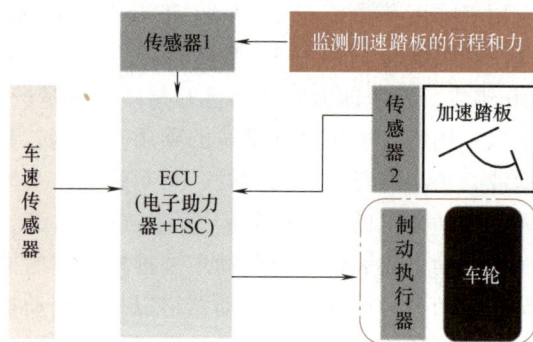

图 3-4　线控制动方案

力直接建压，无须消耗能量建立真空源，可以有效解决新能源汽车真空源缺失的问题；另外，由于其利用电信号控制电动机，一定程度上可以减少能量损失、提升响应速度，从而可以提升能量利用率，进一步提高新能源汽车的续驶能力。

汽车制动技术的发展主要经历了三个阶段。第一个阶段是机械式制动，这个阶段汽车的主要特点是质量小、速度慢，对制动力要求不高，依靠纯机械式制动系统便足以满足制动要求。第二个阶段是压力制动，包括了液压制动和气压制动，这个时期的主要特点是汽车质量越来越大，速度越来越快，对制动系统的要求也越来越高，所以必须借助于相关的助力器装置，通过制动液或者气体传递制动压力。在此阶段还出现了电子制动系统。第三个阶段是线控制动阶段，大约从 21 世纪初开始逐步发展，这个阶段的主要特点是汽车的制动系统完全依赖于电力进行传递，使得汽车的制动系统越来越智能化。因此，汽车制动技术和制动器产品将会是未来汽车电子技术应用领域中的重要发展目标。

3.1.2　制动系统的组成

制动系统是由制动器和制动驱动机构组成的。其中，制动器是基于材料的摩擦理论而产

生阻碍车轮运动或者运动趋势的力的部件，有鼓式和盘式之分。制动系统的控制机构是为了提供汽车所需的制动力而进行供能、控制、传动、调节制动能量的部件，具体包括助力器、制动踏板、制动主缸、制动轮缸、压力调节阀等。制动系统的基本结构组成如图3-5所示。

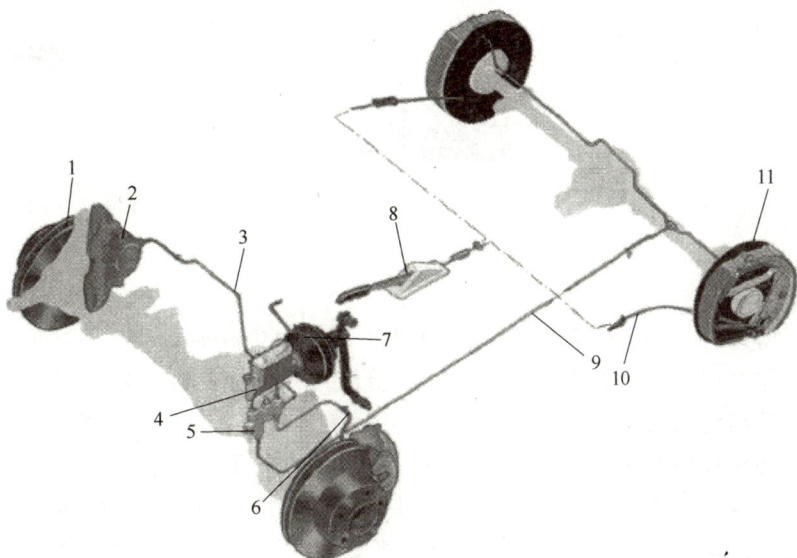

图 3-5　制动系统的基本结构组成

1—前制动盘　2—前制动盘总成　3—右前制动管路　4—制动主缸　5—压力调节阀　6—左前制动管路
7—制动真空助力器　8—驻车制动操纵杆　9—后制动管路　10—驻车制动拉丝　11—后制动器总成

制动系统按照制动能量传输方式，可分为机械式制动系统、液压式制动系统、气压式制动系统、电磁式制动系统。按照制动系统的功用，又可分为行车制动系统、驻车制动系统、应急制动系统以及辅助制动系统。

汽车制动系统至少配备两套独立的制动装置，即行车制动系统和驻车制动系统。行车制动系统用于在汽车行驶过程中，强制性地减速或者停车，以保证车辆在下坡时能够保持适当的车速。驻车制动系统用于使汽车能够可靠且无时间限制地停驻在某个位置甚至斜坡上，为了避免发生潜在的故障，驻车制动系统一般采用机械式驱动机构。

进一步分析线控制动系统，可根据有无液压后备分为 EHB 和 EMB。其中，EHB 实现难度较低，仅用电子元器件替代传统制动系统中的部分机械元件，保留了传统的液压管路，当线控系统失效时备用阀打开即可变成传统的液压制动系统，因此也可理解为线控制动系统发展的第一阶段。同时，EHB 具体又可分为 One-Box 和 Two-Box 两种，如图3-6所示。具体区别在于 One-Box 方案以一个 ECU 同时集成了 ESC 和助力器功能，而 Two-Box 方案则需对助力器和 ESC 单元的关系进行协调。

EHB 部分结构以电子元器件替代，可有效提升响应速度及精度，包括制动踏板单元、液压制动控制单元、执行元件三部分。其中，制动踏板单元是对传统机械连接踏板的升级，主要由制动踏板和踏板传感器组成，会模拟传统制动系统的感觉和行为并给予驾驶人反馈，同时传递驾驶人踩下制动踏板的力度和速度信息。

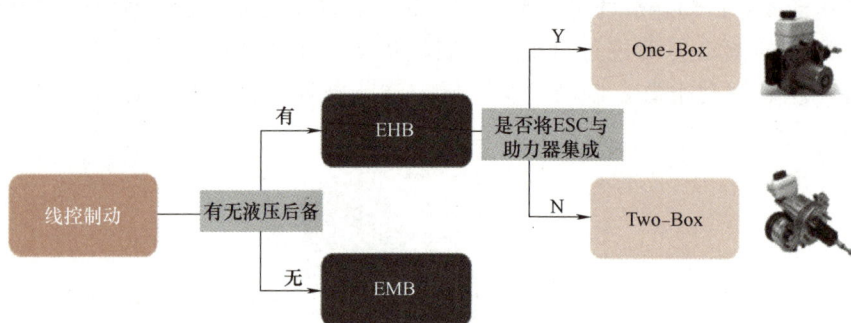

图 3-6　BBW 系统的类别划分

3.1.3　制动系统的功用

下面，以博世的 iBooster2.0 为例（搭配博世 ESP 为 Two-Box 的方案）介绍液压制动系统。其具体工作原理：当踏板接口产生位移，踏板行程传感器将探测到的位移信号传递至 ECU，ECU 计算出电动机应产生的转矩，再由传动装置将该转矩转化为助力器阀体的伺服制动力，随即与源踏板动力共同在制动主缸中转化为制动液压力，最终驱动执行元件（卡钳等）实现制动。同时，当线控系统回路失效时，备用阀打开，制动踏板的液压管路与应急制动管路连通，制动系统整体转为传统液压制动系统。EHB 的工作原理结构图参见图 1-3。

此外，线控制动由于可实现能量回收的特性，成为新能源汽车的重要配置。在电动车的制动过程中，制动力矩来源包括两方面：摩擦片所产生的机械制动力、电动机提供负转矩通过传动轴来实现减速的电制动力。其中，电制动力本质原理是在电动车制动过程中，电动机的电流被切断，电动机减速（也即反向旋转）所产生逆向电动势能。此时的电动机也可认为起到了发电机的作用，将逆向电动势能通过传动轴回传到动力蓄电池中，由此实现电能回收。理论上而言，在制动过程中电制动力的占比越多，能量回收的效率就越好（因为摩擦制动最终会以热能的方式释放、无法回收）。

因此，目前根据电制动力和机械制动力搭配策略的不同，能量回收策略可分为叠加式（串联式）和协调式（并联式）两种：①叠加式，踩下制动踏板，直接开始液压制动，电动机制动叠加在基础制动上；②协调式，踩下制动踏板，控制器通过行程传感器对当前踏板角度和角速度推测驾驶人的制动需求，并计算所需的制动力，然后由电动机作为主要转矩提供源，液压制动作为制动力矩不足的补偿，从而提高制动的占比，进而增加能量回收。

以博世的协调式线控制动方案为例，当所需减速度小于 $0.3g$ 的情况下，由驾驶人脚部传递至制动系统的液压容积暂时保存在低压蓄能器内，制动系统不产生制动转矩，制动力由电动机反转提供；当所需减速度超过 $0.3g$ 时，低压蓄能器中的可用容积转移至车轮制动器，液压制动对电动机反转制动进行补偿，制动系统协同能量回收系统一起提供制动力矩。因此，每次制动 iBooster 可实现最高 $0.3g$ 减速度的能量回收，在制动频繁的城市路况下，续驶里程可增加 $10\% \sim 20\%$。线控制动协调式能量回收逻辑如图 3-7 所示。

短期内 Two-Box 方案占据主流，长期看 One-Box 将为确定性趋势。上文所提到的博世 iBooster2.0+ESP 即为典型的 EHB Two-Box 技术方案，iBooster2.0 与 ESP 为两个相连且独立的 ECU，当 iBooster2.0 失效时，ESP 系统会接管并提供制动助力。该方案与 ESP HEV 系统

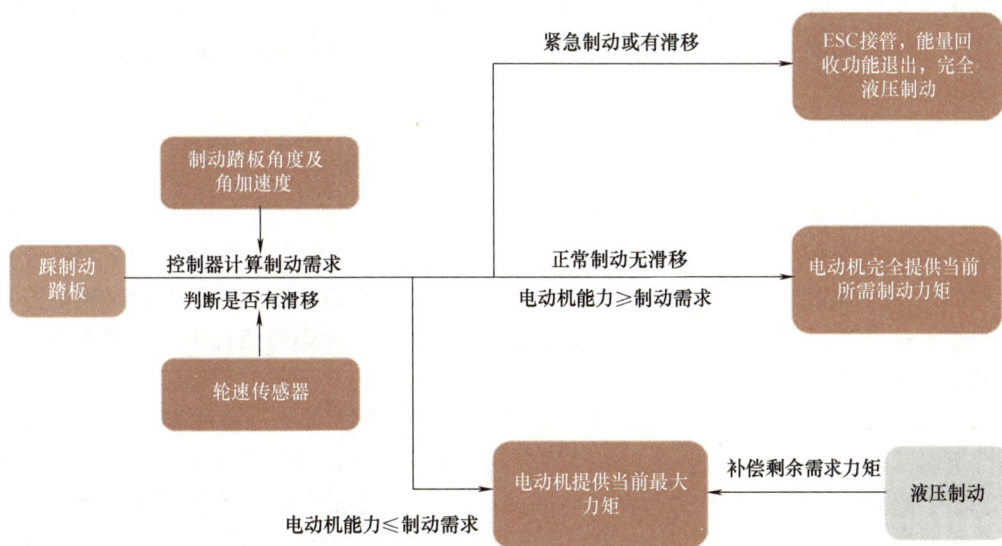

图 3-7 线控制动协调式能量回收逻辑

组合使用时可实现最高达 $0.3g$ 减速度的能量回收。已经得到验证的是，受益于 iBooster 本身强大的助力能力、电控化的半解耦控制方式以及双冗余安全备份，iBooster 在智能汽车行业发展初期得以快速推广。

目前，特斯拉全系、吉利领克、蔚来、小鹏等众多主机厂均采用以上方案，而 EHB One-Box 与前者相比，减少了一个 ECU 与一个制动单元，将 EHB Two-Box 中的 iBooster 2.0 和 ESP 集成起来，即博世于 2019 年推出的 IPB（集成动力制动器）产品，最显著的优势在于节约空间的同时实现了高度集成化和低成本。

此外，与 Two-Box 需结合踏板输入力与电动机助力不同的是，One-Box 提供的制动力全部来自电动机，没有叠加驾驶人提供的制动力，实现了踏板与制动助力系统的完全解耦，从而理论上可以通过软件调校出任何想要的踏板力或行程对应的减速度关系，是汽车智能化时代背景下的确定趋势。

不过，当前 One-Box 仍然受限于智能汽车整体软、硬件技术瓶颈，需要供应商在 ABS/ESC 集成、控制算法开发、电动机控制参数标的等多方面有所积淀，且在面向自动驾驶领域时仍需外挂 ESP/RBU 作为安全备份，均需满足 ASIL-D 安全功能等级，而 Two-Box 在面向高阶自动驾驶时仅需做 ESP 中 IMU（惯性测量单元）冗余。目前，国内已有比亚迪、奇瑞、吉利等主机厂相继开始搭载 One-Box 线控制动。

EMB 实际是在 EHB 的基础上进一步简化传统制动结构，直接取消了制动主缸与液压管路，将电动机直接集成在制动器之上（以盘式制动器为基体），且经过传动装置使电动机直接驱动制动钳实现制动。由于 EHB 特殊的物理结构，理论上在传动过程中将实现零阻力，具有更高的能量回收效率、更轻的产品重量、更高的响应速度等优势。不过，受限于高企的开发成本与技术难度，EMB 仍存在众多难以攻克的问题，短期内无法实现规模化量产。

例如，由于当前电子制动系统的抗干扰能力较差，当车辆制动时，制动模块温度大幅提升，电动机的磁性将在高温下明显下降，因此工作环境明显受限。由于 EMB 系统必须集成在轮毂之上，而轮毂有限的体积决定了电动机的体积只能相对较小，即功率无法满足制动功率的要求，并且对输入电压也存在更高的要求。此外，面向 L3 以上的高阶自动驾驶领域时，EMB 失效后无法有类似 EHB 的冗余结构顶替，因此其发展还必须解决系统的容错性和安全冗余等问题。

3.1.4　汽车制动性能评价

汽车的制动性能主要从以下三个方面进行评价。

（1）**制动效能**　汽车的制动效能是指汽车迅速减速直至停车的能力，主要的评价指标是汽车的制动距离和制动减速度。制动距离将直接影响汽车行驶的安全性，同时制动距离又取决于制动减速度，所以对汽车制动系统设计的关键是在路面附着条件下，尽可能地提高汽车的制动减速度。

（2）**制动效能的恒定性**　制动效能的恒定性是指汽车在高速行驶或者长时间连续制动的情况下制动效能保持的程度，主要表现在制动器的抗热率性和抗水衰性。制动器在制动过程中，由于摩擦作用温度将升高，在长时间的高温下，制动器的摩擦力矩通常会显著的下降，汽车在涉水行驶时，水进入制动器后，短时间内制动器的效能也会发生显著的降低。

（3）**制动时的方向稳定性**　制动时的方向稳定性是指汽车在制动过程中，不发生制动跑偏、侧滑以及失去转向能力的性能。汽车制动时的方向稳定性与汽车前、后轴间制动力分配有着密切的关系，因此在进行制动系统设计时，对制动力要进行合理分配，应尽量避免后轮比前轮先抱死的工况发生。

3.2　线控制动系统的类型、结构及原理

3.2.1　线控制动系统的类型及应用

线控制动（Braking-By-Wire，BBW）系统也被称为电子控制制动系统，由于该制动系统是由电子控制的，所以系统具有其他电子控制系统应该具备的基本组成单元，比如传感器、ECU 和执行器等。从系统的组成方面来看，线控制动系统的电子元器件取代了传统液压制动系统或传统机械制动系统的部分机械零部件。这样线控制动系统就成为机械结构和电子控制相结合的产品，所以，线控制动系统可以称为一种机电一体化的产品。线控制动系统和其他的电子控制系统类似，传感器负责检测驾驶人的操作信号，检测驾驶人的操作意图，将检测到的信号转变成 ECU 可以接收识别的电信号，这样 ECU 就可以识别驾驶人的意图，ECU 再将接收到的信号结合车辆其他参数进行综合分析判断，再决定要执行的操作，再将执行制动操作的电信号发送给执行机构，控制执行机构的运动，从而实现车辆的制动。

1. 线控制动系统的类型

目前，车辆上使用的线控制动系统主要大致分为以下两种不同的类型，一种是 EHB 系统，该系统是通过电子控制液压系统实现的线控制动，是在传统液压制动系统上增加了电子控制模块实现的；另一种是 EMB 系统，该系统是在传统的机械制动器的基础上创新设计的，由 ECU 机械制动器进行制动操作。

2. 线控制动系统的应用

现阶段国外对线控制动系统的研究主要集中于产品开发阶段。德国博世开发出来的 SBC

（电子感应制动控制）系统是首款被量产的线控制动产品，已经被应用在奔驰 SL500 和 SL350 车型上；博世又于 2013 年又开发出 iBooster 产品，目前已升级到第二代，荣威、蔚来、特斯拉等都在使用其产品，iBooster 实物图如图 3-8 所示；博世的最新产品为 IPB，此款产品将 iBooster 和 ESP 合二为一，已被应用在凯迪拉克 XT4 上。大陆集团的 MK C1 产品，被应用在阿尔法罗密欧上，MK C1 实物图如图 3-9 所示。采埃孚（天合）也拥有 IBC 产品，其核心是一个由无刷电动机驱动的执行器，已被应用在凯迪拉克 CT6 上，IBC 实物图如图 3-10 所示。德尔福、日本的日立和本田及韩国万都等均推出了自研的电子液压制动系统硬件方案及其液压力控制方法，并经历了仿真研究和实车验证。

| 图 3-8 iBooster 实物图 | 图 3-9 MK C1 实物图 | 图 3-10 IBC 实物图 |

在 2011 年，日本日立公司推出一款电液线控制动系统，如图 3-11 所示。其结构主要由中空电动机、滚珠丝杠、改进的制动主缸等组成，电动增力原理主要是由中空电动机带动滚珠丝杠和制动踏板一起推动制动主缸产生制动压力，并且该电液线控制动系统具有制动能量回收功能。

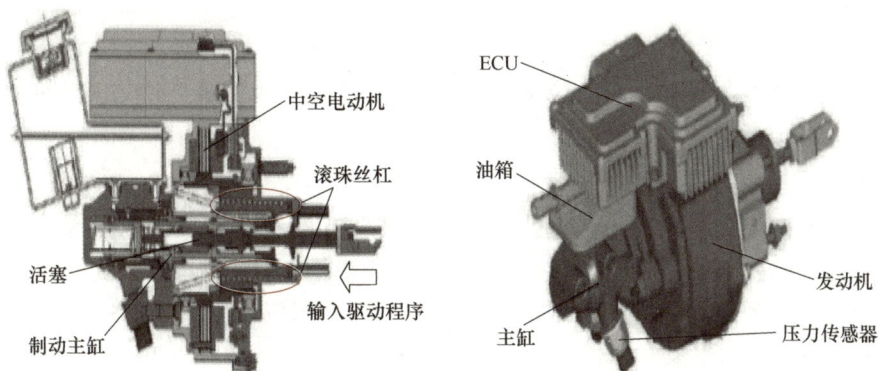

图 3-11 日立公司电液线控制动系统

国内 EHB 技术研究较国外起步较晚，目前我国的产品技术水平和国外相比还有一定差距，但是国内线控制动技术也展现出欣欣向荣的态势。浙江亚太公司研发了一款 IEHB 产品，该系统采用高压蓄能器为油源，通过控制不同阀的开闭实现轮缸压力调节，还开发出一款 eBooster 产品，以电动机带动滚珠丝杠机构运动来驱动制动主缸。同驭汽车科技自主设计的 EHB 产品（图 3-12），由内置踏板行程位移传感器、踏板感觉模拟器、电动机及其减速传动机构、制动主缸和控制器等组成，能够集成 AEB、陡坡缓降以及制动防俯仰等功能。

芜湖伯特利汽车安全系统股份有限公司也开发出一体化的 WCBS，集成了 ABS、ESC 同时兼具能量回收功能，也能够与 AEB、ACC 等功能交互。拿森科技的 NBooster 已经搭载了百度小巴并与北汽新能源完成相关车型搭载协议。NBooster 实物图如图 3-13 所示。英创汇智也有自己的 TBS（电控制动助力系统）产品，如图 3-14 所示。万向钱潮设计开发的一种线控制动系统样机，有较高的踏板行程与踏板力精度，系统功耗较低、可靠性较高。

图 3-12 同驭汽车科技自主设计的 EHB 产品实物图

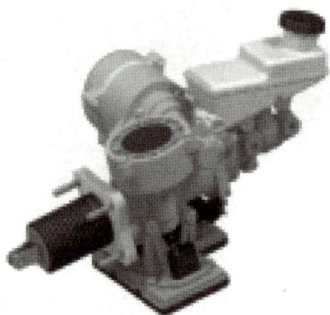

图 3-13 NBooster 实物图

图 3-14 TBS 实物图

3.2.2 线控制动系统的总体结构组成

1. 线控制动系统总体结构

线控制动系统的总体结构如图 3-15 所示，它主要包括制动踏板模块、车轮制动模块、中央控制器、通信网络、电源模块五个部分。

2. 线控制动系统各主要功能模块

（1）制动踏板模块　制动踏板模块用于感测驾驶人的制动需求，并将制动需求转化为电信号。与此同时，制动踏板模块还要能够给驾驶人提供较好的踏板感受。

制动踏板模块的基本结构如图 3-16 所示，它主要包括制动踏板、踏板感觉模拟器、传感器、微控制器等部分。

传感器采用了位移传感器、角度传感器和压力传感器。采用不同类型的传感器可以抵消单一类型传感器共态故障（Common Mode Fault，CMF）的影响，提高可靠性。此外，由于三个传感器的信号之间存在一定的对应关系，因此通过对这三个传感器的信号进行对比还可以识别出传感器的故障。

驾驶人制动需求的感测对于制动功能的实现非常关键，为了提高可靠性，不仅对传感器进行了冗余，对微控制器也进行了冗余，采用两个微控制器来处理传感器的信息。制动踏板模块与通信网络之间的连接如图 3-17 所示。

与此同时，制动踏板模块又必须能够给驾驶人提供合适的踏板反力，可以采用橡胶或弹

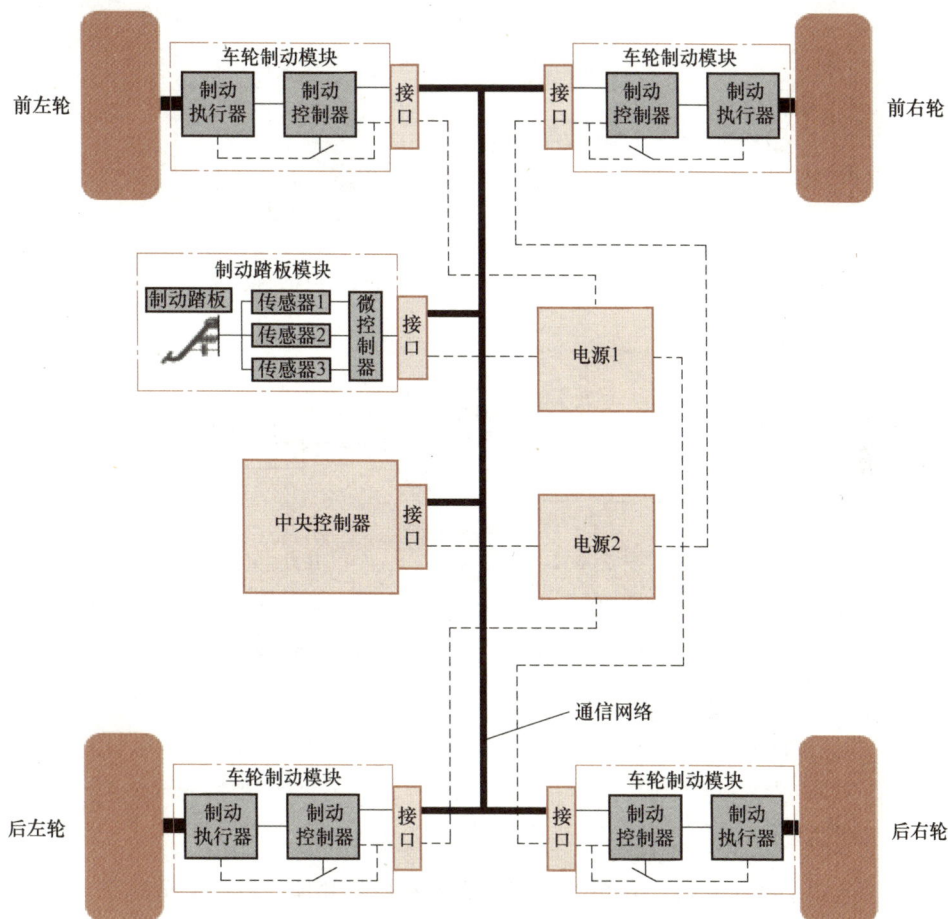

图 3-15　线控制动系统的总体结构

簧等弹性元件来产生踏板反力，图 3-18 所示为采用不同的弹性元件时所得到不同的踏板反力。也可以利用作动器来产生踏板反力，如图 3-19 所示，这样踏板感受就可以根据驾驶人的喜好进行调节。

（2）车轮制动模块　车轮制动模块用于产生制动压力，它主要由制动控制器和制动执行器两大部分组成。

制动控制器接收来自制动踏板模块以及中央控制器的制动压力需求信号，并控制电动机产生相应大小的制动压力。

针对无自增力电子机械盘式制动系统进行研究，其制动执行器主要由制动电动机、行星齿轮、滚珠丝杠、集成的驻车制动器四个部分组成。

制动电动机是制动压力的来源，它将电能转化为机械能。制动电动机采用无刷直流电动机，它具有效率高、起动转矩大、中低速转矩性能好、调速精度高、调速范围广、过载能力强、噪声低、振动小等特性。

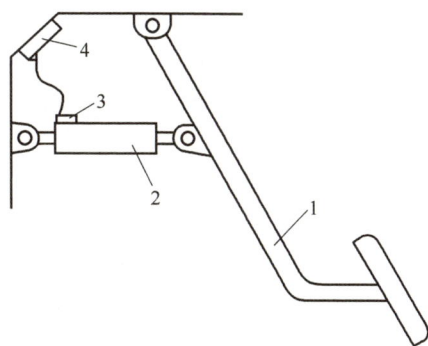

图 3-16　制动踏板模块的基本结构

1—制动踏板　2—踏板感觉模拟器
3—传感器　4—微控制器

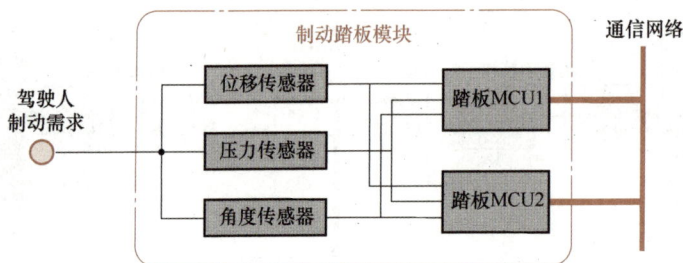

图 3-17 制动踏板模块与通信网络之间的连接

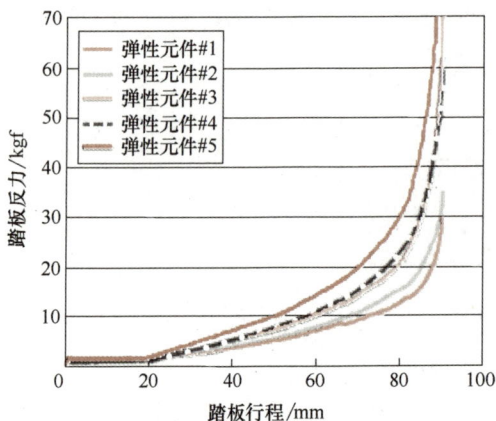

图 3-18 采用不同弹性元件来产生踏板反力

注：1kgf=9.8N

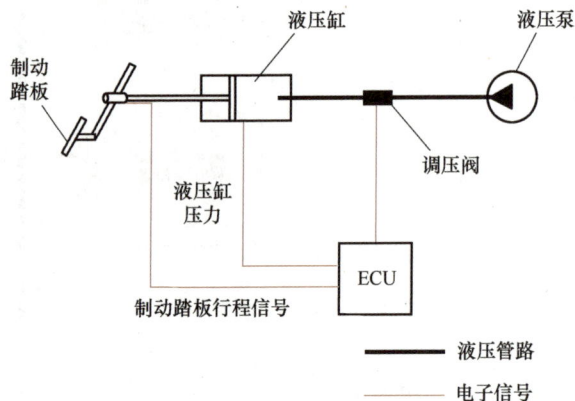

图 3-19 利用液压缸来产生踏板反力

行星齿轮起到了减速和增大转矩的作用，它能在质量和体积较小的情况下，实现较大的传动比，且有传动效率较高、运动平稳等优点。

滚珠丝杠用于将电动机的回转运动转换为直线运动，从而推动摩擦片压紧制动盘来实施制动。滚珠丝杠具有摩擦系数小、振动小、传动平稳、耐磨性好、成本低等优点。

车轮制动模块的控制框图如图 3-20 所示，它是由最外层的制动压力控制环、中间层的转速控制环以及最内层的电流控制环叠加而成的。

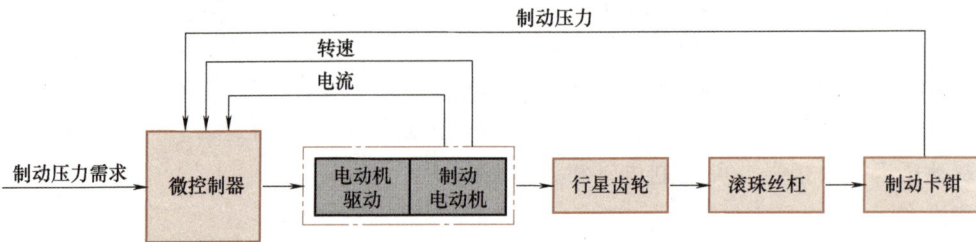

图 3-20 车轮制动模块控制框图

（3）中央控制器 中央控制器负责对整个线控制动系统进行监管。它接收来自制动踏板模块的制动请求信号以及各个车轮的轮速信号，以实现 ABS 以及电子制动力分配（EBD）的功能。另外，中央控制器还与汽车上的发动机、变速器、转向系统、悬架系统等进行通信，并通过控制制动来实现驱动防滑控制（TCS）、自动巡航控制（ACC）、车辆稳定性控制

（VDC）等更加高级的控制功能。

（4）通信网络 通信网络负责各个功能模块之间的通信。SAE 将车载网络分为 A、B、C 三类。线控制动系统由于对于整车的安全性来说非常关键，对实时性和可靠性的要求非常高，因此通信网络采用 C 类中的 FlexRay 网络，即面向高速、实时闭环控制的多路传输网络。FlexRay 是由摩托罗拉、戴姆勒-克莱斯勒、宝马和飞利浦等公司制定的功能强大的通信网络协议，具有确定性、高吞吐量、高容错性等特性。

3.2.3 电子液压制动（EHB）系统结构及原理

EHB 系统是在传统的液压制动系统的基础上发展起来的。该系统将电子元器件和传统的液压制动系统进行结合，是线控制动系统发展的前期产物，为电子机械制动系统的发展奠定了一定的基础。

电子液压制动（EHB）系统是一种先进的机电一体化系统，它使用电子元器件代替某些机械元器件。EHB 系统将传统的调压器和 ABS 模块替换为集成制动模块。集成制动模块由电动机、泵、动力蓄电池等部件组成，可产生和储存制动压力，独立调节四轮的制动力矩。同时，在 EHB 系统中设计了相应的程序，通过激活电子控制元件来控制各轴的制动力和制动力分布，ABS 和 ASR 的功能可以充分实现。

1. 线控制动系统与传统制动系统的对比

线控制动系统与传统制动系统之间的对比如图 3-21 所示。

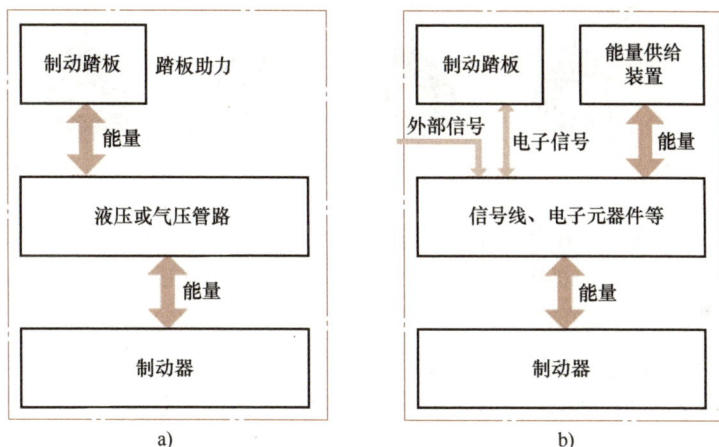

图 3-21 线控制动系统与传统制动系统之间的对比
a）传统制动系统 b）线控制动系统

EHB 系统取消了真空助力器、真空泵和调压器，取而代之的是各种电气元件，用传感器来检测驾驶人踩制动踏板的力度和速度，还使用传感器检测制动主缸内的压力，将传感器采集到的数据信号传输给 EHB 系统的 ECU，ECU 结合车速传感器、轮速传感器等传感器检测到的信号，通过分析车辆此时的运动状态，根据不同的驾驶条件自动调整各轮制动力，实现车辆制动力的准确分布，实现更加高效、安全、可靠的制动效果。为使驾驶人感到类似传统液压制动系统的制动感受，工程师们开发了一种特别的模拟器，使其和制动主缸相连，并使用弹簧的压力和制动液压力使制动踏板运动，使驾驶人能感受到车辆制动。在车辆制动过程中，制动执行机构与制动系统的其他部分完全分离，制动执行机构仅负责 ECU 指令的接收，从而进行相应的制动操作。当 EHB 系统发生故障时，容错机制发挥作用，此时，在制动踏板和制动执行机构之间迅速通过制动液进行连接，保证车辆仍然能够安全减速直至停车，不至于发生交通事故。

线控制动系统是将传统制动系统中制动踏板与制动器之间的液压或气压管路用信号线和电子元器件来替代，线控制动系统通过传感器来感测驾驶人的制动命令，由控制器控制电动机来产生制动压力。

2. EHB 系统的主要组成部分及功能

EHB 系统的结构框架如图 3-22 所示。

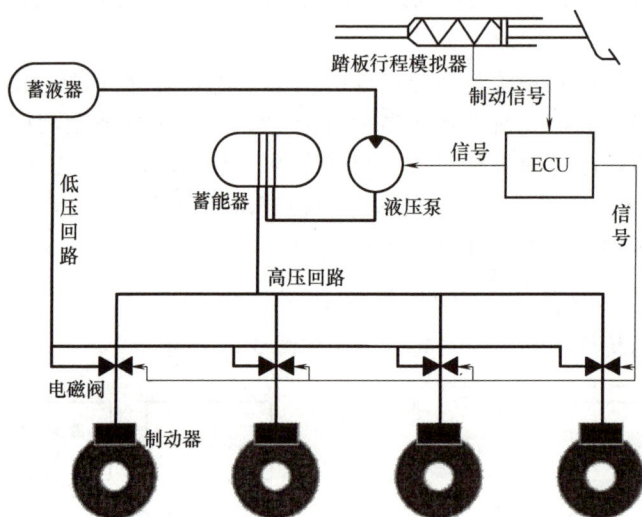

图 3-22 EHB 系统的结构框架

EHB 系统的主要组成部分及其主要功能如下：

(1) 踏板行程模拟器 也称角度位置传感器，当驾驶人制动时，用来识别驾驶人的制动意图，检测制动踏板行程和速度，并将检测到的信号转换为电信号传输给 ECU。

(2) ECU 接收踏板行程模拟器、车速传感器和轮速传感器等传递的各种电信号，根据接收到的信号综合分析判断车辆的运动状态和驾驶工况，并对制动执行机构发出指令，实现车辆准确可靠的制动。

(3) 车速、轮速、压力传感器 检测车辆的行驶速度、车轮的转速和制动液压力的大小，并将检测到的信号以电信号的形式传输给 ECU。

(4) 电动机 能够及时、连续不断地为 EHB 系统提供高压制动液。

(5) 电源 为保证 EHB 系统的正常工作提供能量来源。

3. 典型 EHB 系统的结构组成

图 3-23 所示为博世公司研发的 EHB 系统。制动力由一个高压蓄能器来提供，高压蓄能器中的压力是由一个液压泵产生的，类似于现在的 ABS。每个车轮的制动力都由闭环压力控制系统单独控制，闭环压力控制系统是由液压阀、压力传感器以及相应的控制算法组成的。在正常的情况下，制动主缸连接到一个踏板行程模拟器，该模拟器能够给驾驶人合适的踏板

感觉。为了使 EHB 系统更容易被大家接受，该系统还附带了一个传统的液压制动装置作为后备，该后备装置仅在 EHB 系统失效的时候起作用，它通过控制备用开关来接通或者断开，且仅对前面两个车轮实施制动。EHB 系统中有两个 ECU，一个 ECU 用于实现制动过程中基本的压力调节（图中没有显示），另外一个 ECU 通过 CAN 总线与汽车上的其他系统如转向系统、发动机、变速器、悬架系统等进行通信，以实现更加高级的控制功能，如 ABS、ASR、ESP、ACC、PCS、HDC、BAS 等。

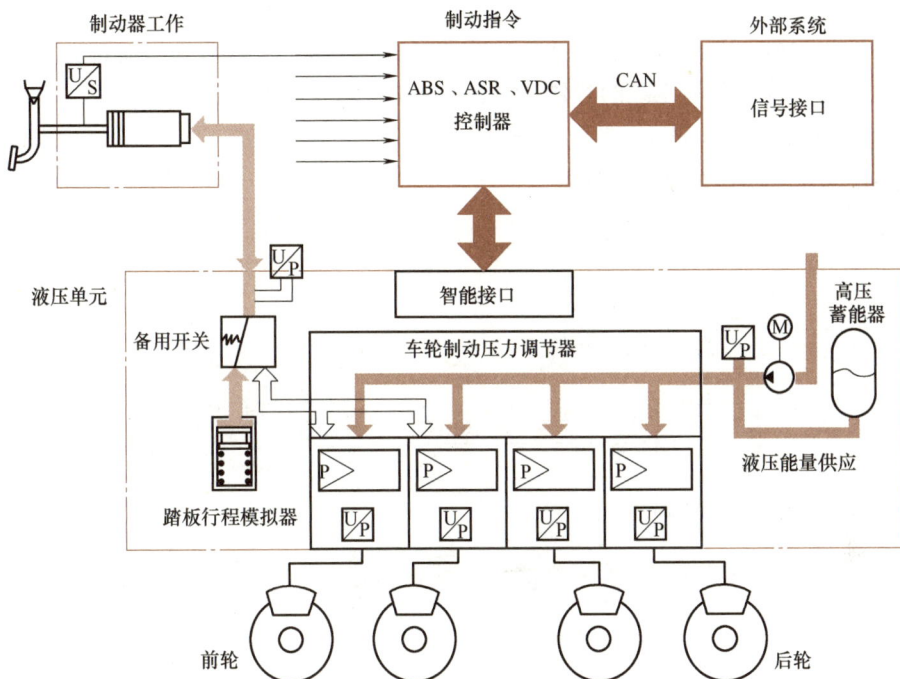

图 3-23　博世公司研发的 EHB 系统

4. EHB 系统的工作原理

EHB 系统主要由电子控制系统和液压执行机构两部分组成。与传统制动系统不同的是，EHB 系统的制动液是由电子控制的电动机提供的，其反应更迅速。此外，EHB 系统还采用了精密的电子传感器（如踏板位移传感器），其功能是能够测量主缸内的制动压力以及制动踏板的运动速度，为了让驾驶人有足够的制动踏板感觉，在 EHB 系统中，将制动踏板行程模拟器连接到 EHB 系统中的制动主缸上，制动踏板位移传感器便能够检测到踏板转角，然后将检测到的转角信号传递给 EHB 系统中的 ECU，ECU 对接收到的信号进行分析计算，然后对执行机构发出相应的指令。汽车制动系统的安全可靠性是最重要的，因此在 EHB 系统中加装了一套独立传统的液压制动装置作为后备，该后备装置只对汽车前轴的两个车轮起制动作用，且它通过一个控制开关来接通或者断开，仅在 EHB 系统失效的时候起作用。简单来说就是，执行机构是完全独立的，只有在 EHB 系统制动失效时，后备装置才会起作用。此外，EHB 系统的传感器还有轮速传感器和制动压力传感器，它们的作用是准确地检测到车辆的车轮速度和制动液压力的大小，然后将其转化为电信号及时地传送到 ECU。

电子控制系统和液压制动结合形成了 EHB 系统，所以，EHB 系统需要由踏板传感器、

ECU 和执行机构组成。踏板传感器一般是集成的模块，包括制动踏板和踏板行程模拟器等。

3.2.4 电子机械制动（EMB）系统结构及原理

EMB 系统和 EHB 系统的制动原理类似。在 EMB 系统中，动力来源由液压源变为了车载电源，执行器由液压制动器变为了机电制动器，车轮部分制动装置的主要部分与 EHB 系统相同。

EMB 系统是将传统的液压或气压系统（制动主缸、真空助力器、液压管路等）完全用电子机械系统去代替，并由电动机来产生制动力。由于没有机械或者液压后备，因此系统的可靠性非常关键，为了提高系统的容错能力，需要对一些关键部件进行冗余，并采用可靠性非常高的通信网络（如 FlexRay、TTP/C 等）。

1. EMB 系统结构框架及工作原理

EMB 系统的结构框架如图 3-24 所示。

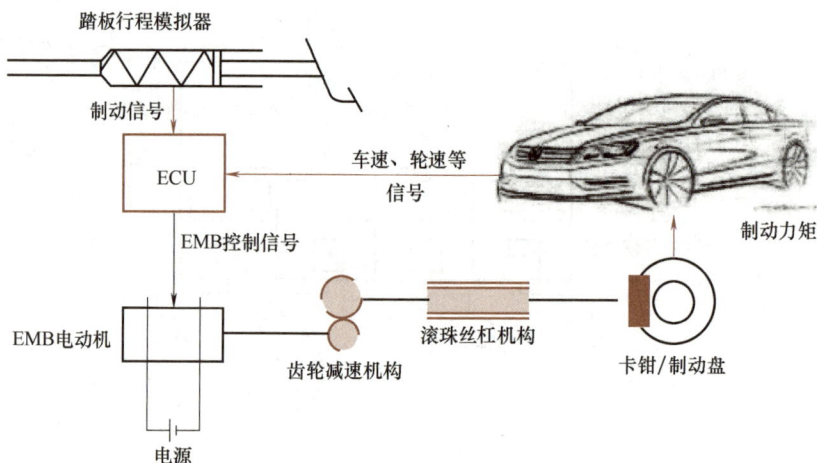

图 3-24　EMB 系统的结构框架

EMB 系统相对传统的机械制动系统来说，属于一种全新的制动系统，在制动安全性方面，有着传统制动系统不可比拟的优势，因此，EMB 系统是汽车制动系统未来的发展方向。EHB 系统因为需要使用制动液，因此 EHB 系统也被称为"湿式"线控制动系统，相对来说，EMB 系统完全不需要制动液和液压部件，因此也被称为"干式"线控制动系统。EMB 系统的制动由安装在车轮上的电动机驱动制动执行器实现，因此就不需要任何的制动液和液压管路等液压部件。这样的设计很大程度上简化了汽车制动系统的结构，节省了车辆底盘的空间，便于布置其他总成，便于车辆的装配和维修保养。

基于上述原因，EMB 系统的结构显得更简洁了，因其结构取消了制动系统的液压备份部分，踏板信号与执行器之间完全靠电子信号传输，与 ABS、TCS、ESC 等模块配合实现车辆底盘的集成控制，因此是真正的线控制动系统。

EMB 系统工作原理简图如图 3-25 所示。

踏板信号以及车辆信号首先传导到 ECU，经 ECU 分析计算后再向四个车轮制动模块发出制动指令。车轮制动模块上的电动机驱动制动摩擦块，然后实现摩擦制动。每一个车轮都

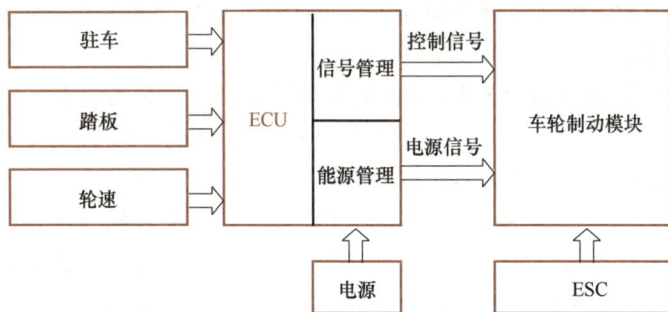

图 3-25 EMB 系统工作原理简图

有一个制动模块，可以单独控制，每个模块的驱动电动机也都有单独的电动机控制器，在四个制动模块作用下，实现制动力分配、制动稳定性控制等功能。轮边执行机构系统集成了转角传感器、转矩传感器，结构上又有将电动机转动转化为直线运动的机械机构，轮边工作环境恶劣，是 EMB 系统开发的难点。

2. EMB 系统的结构组成及工作原理

EMB 系统主要是由电子制动踏板、ECU、4 个 EMB 执行器、车载电源、车速和轮速传感器、数据传输总线等组成。EMB 系统的组成如图 3-26 所示。

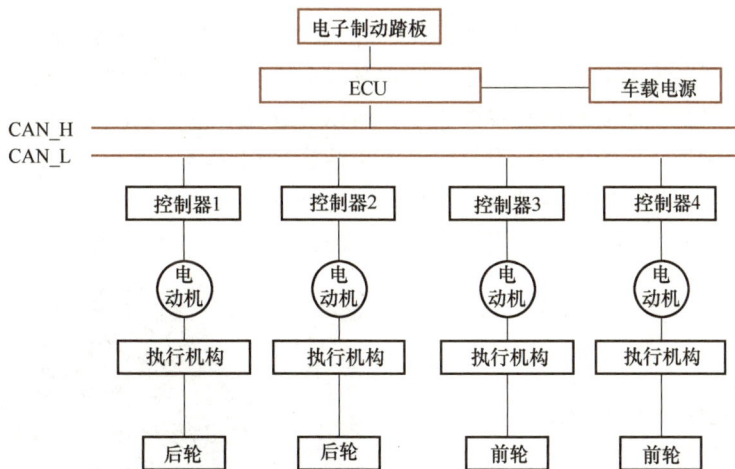

图 3-26 EMB 系统的组成

（1）电子制动踏板 电子制动踏板主要是用来检测驾驶人的制动动作，从而分析驾驶人的制动意图，将检测到的制动强度和速度转换为电信号，传输给 ECU。

（2）ECU ECU 主要是用来接收电子制动踏板和车速、轮速等其他传感器传来的电信号，根据传来的这些电信号，综合分析车辆的行驶工况，计算出每个车轮的最佳制动力的大小，并对 EMB 执行器发出制动的指令，对每个车轮实现最佳的制动力分配，不仅可以实现车辆简单的减速停车，还可以实现 ABS、ASR、TCS 和 ESP 等多种功能。

（3）执行器 执行器主要包括电动机控制器、直流电动机和制动执行器。直流电动机产生驱动力来驱动制动执行器，制动器需要能够平滑地将直流电动机的旋转运动转换成推动制动垫块的轴向运动或制动蹄的张开运动，并可以自动补偿由于制动器使用次数过多造成磨损从而产生的制动间隙。控制部分应精确地控制直流电动机的转速和旋转角度，从而能够实现 ABS 和 ASR 等功能。

（4）**车载电源** 车载电源为 EMB 系统提供能量来源，并和其他需要电源的系统共用。

（5）**车轮和轮速传感器** 车速、轮速传感器要实现准确、可靠、实时地检测车辆的速度信息，并将这些信息以电信号的形式传给 ECU。

（6）**数据传输总线** EMB 系统以车载电源为制动的能量来源，由直流电动机驱动制动蹄或制动垫块，制动系统内没有任何液压管路和制动液，减少了大量的机械连接。该系统的能量传输是通过导线来实现的，电信号的传输是通过数据传输总线技术来实现的。

当车辆需要制动时，踏板传感器检测踏板踩下的程度和速度，车速传感器等检测车辆的其他的参数，这些传感器检测到的信号传输给 ECU，ECU 综合分析这些传感器信号判断驾驶人的驾驶意图，并根据已经存储好的程序计算出汽车上每个车轮的最佳的制动力，经 ECU 处理后，ECU 将接收到的制动力信号转换为电动机的电压信号，驱动电动机工作，执行器中的制动力执行机构将电动机的旋转运动转换为平动，推动制动蹄张开压紧制动鼓或制动盘，从而完成车辆的减速制动过程。

3. 电子机械式制动器的结构及工作原理

电子机械式制动器按照其结构和工作原理大致分为两大类，一类是无自增力制动器，另一类是自增力制动器。

（1）**无自增力制动器** 无自增力制动器中，直流电动机通过减速增矩机构和化转动为平动的机构，将产生的压紧力直接作用于制动盘或制动鼓上。因为制动力矩的大小与制动盘和摩擦片之间的压力、摩擦系数呈线性关系，所以通过控制直流电动机的电流和转角的大小就可以直接控制制动力矩的大小，因此控制系统结构更加简单，制动系统的工作性能更加稳定，与此同时对直流电动机的要求也就会更高，这种制动器的尺寸也就更大。无自增力制动器的基本结构如图 3-27 所示。无自增力制动器的工作原理如图 3-28 所示。

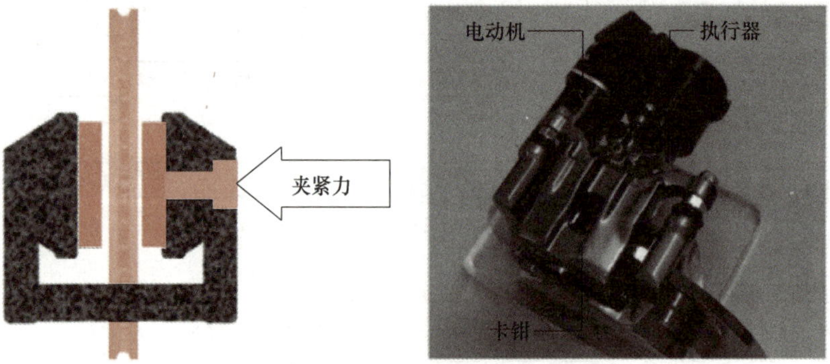

图 3-27　无自增力制动器的基本结构

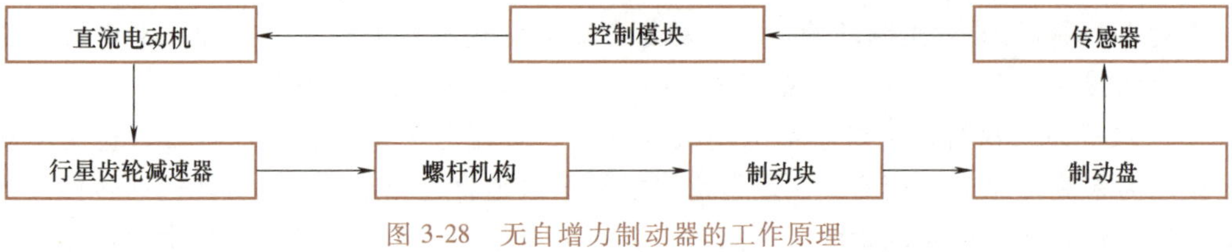

图 3-28　无自增力制动器的工作原理

（2）自增力制动器 与无自增力制动器相比，自增力制动器增加了自增力机构，将产生的压紧力间接地作用在制动盘或制动鼓上。自增力制动器产生自增力的效果，使制动压力增加，产生更加优异的制动效能，因此对直流电动机的功率要求相对更小，这种制动器的体积和质量也更小，而且很大程度上降低了制动系统的能耗，还减轻了驾驶人的劳动强度。自增力制动器的基本结构如图 3-29 所示。自增力制动器的工作原理如图 3-30 所示。

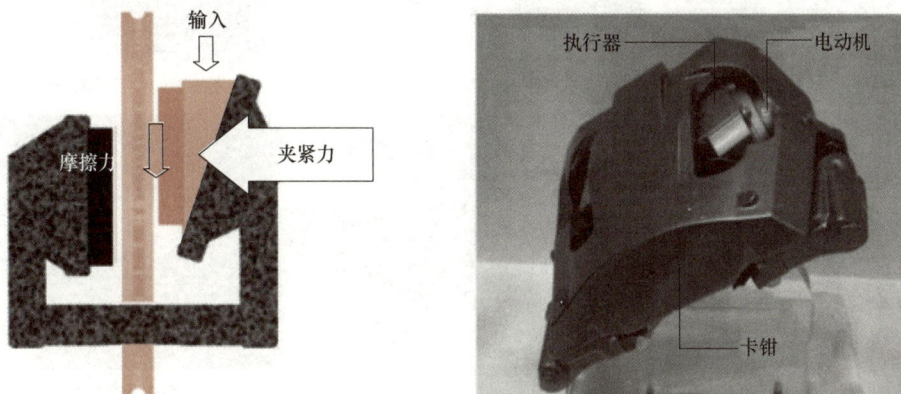

图 3-29 自增力制动器的基本结构

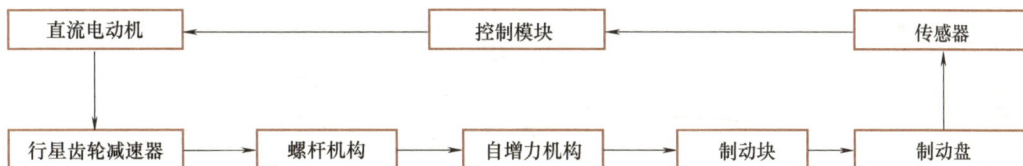

图 3-30 自增力制动器的工作原理

4. EMB 执行器的结构及控制算法

自 20 世纪 90 年代初开始，国外许多著名的汽车零部件厂商就陆续对 EMB 系统进行研究，如美国的德尔福、天合，德国的大陆集团、西门子、博世，瑞典的斯凯孚、瀚德，韩国的万都、现代，澳大利亚的 PBR 等均相继开展了对 EMB 执行器的相关研究，并已经各自研发出成熟的 EMB 执行器产品，如图 3-31 所示，并进行了相关实车试验。部分公司的 EMB 技术已经相继应用到概念车产品中，距离批量产品化已经日臻完善。

（1）EMB 执行器的结构组成 从机构体积、安装布置、维修维护和成本考虑，尽管 EMB 执行器的核心组成均由力矩电动机、减速增矩装置、运动转换装置和制动钳体等组成，但各大汽车零部件厂商设计制造的 EMB 执行器结构各不相同，主要体现在减速增矩装置、运动转换装置以及零部件的空间布置上。其中，以大陆集团为代表的多数公司选用行星齿轮减速器搭配滚珠丝杠机构的解决方案和西门子选用的楔形自增力机构的解决方案最为经典。

大陆集团的 EMB 执行器结构如图 3-32 所示。在进行制动时，电动机定子通电，在电磁效应下驱动转子旋转，经过行星齿轮减速机构实现减速增矩的作用，滚珠丝杠机构实现旋转运动到直线运动的转换，推动制动衬片做直线运动，使其压紧制动盘，从而产生制动压力。驱动电动机反向旋转实现制动的解除。

大陆集团的EMB执行器　　　　　博世的EMB执行器　　　　　斯凯孚的EMB执行器

天合的EMB执行器　　　　　德尔福的EMB执行器　　　　　西门子的EMB执行器

图 3-31　各厂商的 EMB 执行器

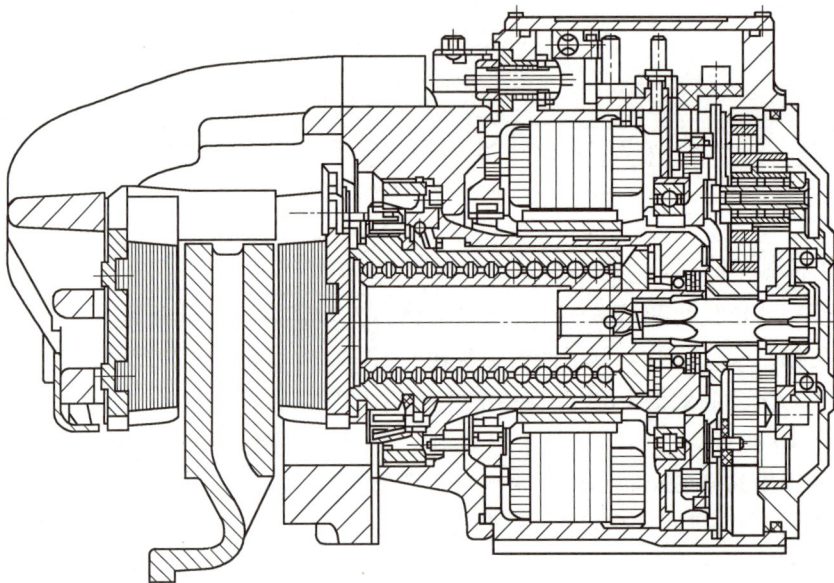

图 3-32　大陆集团的 EMB 执行器

　　西门子则独辟蹊径，选用一种形式巧妙、结构独特的楔形自增力机构，减速增矩效果明显，其机械结构如图 3-23 所示。由于其结构特征独特，该执行器起动制动时，电动机 1、2 同时驱动两侧的滚珠丝杠 8 向相同的方向运动，带动推块 6 使传动壳体连同楔块 5 运动，主动楔块通过滚珠 4 推动从动楔块将制动衬片 3 推向制动盘 7，从而输出制动压力。驱动电动机反向旋转实现制动的解除。通过合理设计楔块的几何参数可以达到自增力的目的。

　　上述两种方案各有利弊，优缺点见表 3-1。

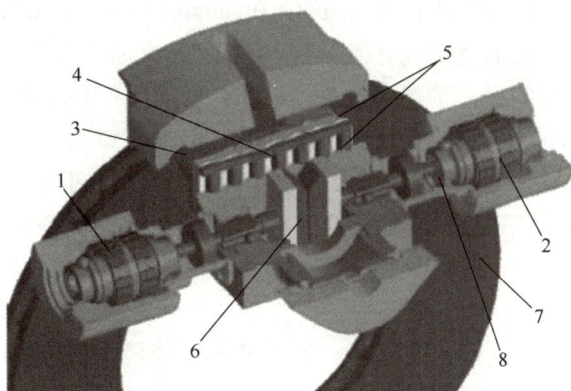

图 3-33 西门子的 EMB 执行器的机械结构

1、2—电动机 3—制动衬片 4—滚珠 5—楔块 6—推块 7—制动盘 8—滚珠丝杠

表 3-1 两种 EMB 结构型式优缺点

厂商	优点	缺点
大陆集团	原理简单,控制容易	减速增矩系数低,依赖电动机性能
西门子	自增力,降低了电动机成本	工艺及精度高,转矩控制苛刻

国内对 EMB 执行器的研究尚处于起步阶段,研究主体主要为各大高校。其中,清华大学在 2005 年设计了一款名为"连杆式电子机械制动装置",通过合理的设计,利用机构的死点位置,可获得非常大的力增益系数;同济大学的刘乙志等人设计了一种通过控制线圈实现齿轮传动比动态可调,快速消除制动间隙的新型 EMB 执行器结构;吉林大学的相关团队设计了一款内置滚珠丝杠机构于空心轴式电动机的 EMB 执行器,结构更加紧凑;北京理工大学的沈沉等人设计了一套 EMB 执行器原理样机试验平台研究电动机在堵转时的工作特性。总体而言,国外对 EMB 执行器的研发起步较早,取得的成果颇丰,一些样品机已经逐渐应用到实车试验中,并在概念车上展出。国外的 EMB 技术愈发成熟,距离批量化应用指日可待,而国内对 EMB 执行器的研发起步较晚,多集中在高校投入,与国外相比差距明显,大多尚处于原理样机试制阶段,距离实现 EMB 产业化和批量装车的目标更是来日方长,还需要汽车行业相关从业人员的共同努力,方能迎头赶上。

(2) EMB 控制算法 EMB 系统安全、高效的工作离不开算法的精确控制。随着国内外的研究者对 EMB 技术的不断深入研讨,EMB 执行器的控制算法也愈发成熟,汽车制动系统的控制品质也不断增强。国内外研究者针对 EMB 系统控制算法的研究重点主要集中在制动压力的控制算法、制动压力的精确估计、临界点的识别等方面。

Line 等人在研发 EMB 系统控制架构和控制算法的过程中,发现制动压力的精确控制是 EMB 系统的关键所在。Line 等人建立了用于验证 EMB 控制策略的 EMB 执行器数学模型,采用串联 PI 控制器的控制架构,外环为夹紧力环,试验结果表明,控制架构对大范围变化的目标夹紧力能够获得良好的跟随性,但是,当目标夹紧力变化范围较小时,控制器的表现不佳,尚需进一步优化。同时试验结果表明,通过建立精确摩擦模型对控制器施加前馈补偿控制能有效改善夹紧力的稳态性能。随后,Line 等人在前期研究的基础上,发现固定增益的 PID 控制器不能在制动压力全范围变化内达到满意的效果,提出了在前馈补偿及线性反馈控制方法的基础上加入基于模型预测控制（Model Predictive Control，MPC）的方法，模拟仿真结果与试验均验证了该算法的优越性。但 MPC 是一种连续动态优化的过程，其计算量是十分庞大的，对控制器的性能提出了新的挑战。Lee 等人针对 EMB 控制的制动抖动问题，提出了两种抑制轻制动期间产生的制动力矩抖动的颤振衰减策略。第一种方法采用线性参数变化（Linear Parameter Varying，LPV）控制算法，该算法利用车轮角速度和加速度信息动态调节控制器输出；第二种方法采用自适应前馈补偿，同样借助车轮角位置、速度和加速度信息对控制量进行合理补偿。两种方法均能实现抑制制动抖动问题，提高制动力的精确控制。

（3）基于 EMB 的四轮同步制动控制　基于 EMB 的四轮独立制动需要在汽车制动过程中对 4 套 EMB 执行器进行独立精确控制，而由于汽车行驶工况复杂，EMB 执行器工作环境恶劣，往往会造成每个车轮制动力响应的不同步，这将对汽车行驶稳定性造成恶劣影响。目前，针对基于 EMB 执行器的汽车四轮独立制动系统的制动稳定性研究多是针对复杂制动工况或者容错控制进行研究。Kim 和 Huh 针对转弯制动工况提出了集成再生制动以及 EMB 制动的制动力动态分配算法，设计滑模控制器重构制动力分配，试验结果表明在 EMB 故障工况下该控制算法能够保证在转弯工况下的制动稳定性。吉林大学的张建针对单移线的典型工况，设计 ESP 系统保证基于 EMB 的制动稳定性。湖南大学的吕以滨针对弯道制动工况，以质心侧偏角和横摆角速度为指标设计了基于模糊 PID 的制动力矩控制算法，保证转弯工况下汽车制动的稳定性。同济大学的韩伟等人针对 EHB 系统采用分层控制的方式实现横摆稳定性控制（Yaw Stability Control，YSC）功能对制动力矩进行优化分配，提高对车辆在低附和高附路面下的横摆稳定性。上述控制算法均是在汽车已经产生较严重失稳的工况下对整车重新施加控制从而改善稳定性，未能从根本上分析 EMB 执行器引起制动失稳的原因。

3.3　线控制动的关键技术

3.3.1　功能安全技术

由于在电子系统中，不可能做到万无一失的绝对安全，也不可能完全消灭危险源，因此只能通过增加一些安全机制来提高安全等级，实现安全目标。

欧美国家已经颁布了针对道路交通的产品设计标准（ISO 26262）。ISO 26262 为汽车安全提供了一个生命周期（管理、开发、生产、经营、服务、报废）理念，并在这些生命周期阶段提供必要的支持。该标准涵盖功能安全方面的整体开发过程（包括需求、设计、实施、集成、验证、确认和配置）。ISO 26262 采用车辆安全完整等级（ASIL）来判断系统的功能安全程度，由 ASIL-A ~ ASIL-D 四个等级组成，等级越高说明功能安全的评估越严格，对于系统的硬件和软件开发也就越复杂。

制动系统是设计汽车安全的关键系统。线控制动系统要求高可靠性，目前需要冗余备份来保障可靠性。以电动助力器来说，当驱动电动机发生故障时，需要有机械系统来做备份，电动机驱动器也需要软件备份及硬件备份。当制动工况比较复杂时，经常会出现长时间制动、制动过热等现象，对机电系统的过载性能、耐高温性能有较大考验，需要充分考虑。

3.3.2 踏板模拟

传统的制动系统中，驾驶人在踩制动踏板时，能够感受到真空助力器以及液压系统的反馈，整车在不同制动压力的驱动下，建立起相应的减速度，给驾驶人建立起制动踏板感。踏板踩踏速度、踏板力、踏板行程以及对应压力和减速度的建立都影响制动踏板感觉。传统的制动踏板感觉是基于制动样件选型来调整的，每个企业也都有基于样件的踏板感觉 DNA。目前制动踏板感觉评价主要是通过主观评价评分和客观数据测试两种方式。

在线控制动系统中，踏板感觉可以从基于样件调整，也可以从零开始设计模拟。从零开始设计模拟时可调整范围相对宽泛，不会受限于样件选型，可以灵活设计调整踏板感曲线。一方面，可以模拟传统制动系统的踏板感觉；另一方面，也可以让驾驶人适应新的踏板感觉。甚至可以将制动踏板和加速踏板集成，完全通过电子化的设计以及能量回收的配合来建立新的踏板感觉。是否需要沿用传统的制动踏板感觉标准和开发模式，这是线控制动系统面临的选择。

3.3.3 汽车动态稳定性控制

汽车上的 ABS、TCS 以及 ESC 都涉及主动安全的控制系统。尤其是 ESC 系统的核心技术和产品，目前应用广泛，但是其核心技术仍然掌控在少数零部件供应商手中，国内想要突破 ESC 系统匹配和量产的技术壁垒一直存在。目前，线控制动的技术装车需求不断增加，少数制动行业的供应商如博世等推动电动助力器和 ESC 技术集成一体化匹配搭载，进一步掌握汽车的核心控制系统。国内制动系统供应商大多只能供应基础制动系统，一旦主机厂开始要求集成稳定性控制的线控制动装车，传统国内制动系统供应商的生存空间就会被进一步挤压。ESC 中用于进行压力调节精度和响应速度调节的电磁阀等液压控制单元设计与生产技术、ESC 的控制技术、底盘综合控制技术以及控制器技术、ESC 评价方法等都是 ESC 的关键所在。

博世的 ESP 最早是通过将 ABS 控制技术扩大至加速、转弯、滑行等汽车行驶工况中得来的，并申请了专利保护。虽然各汽车公司产品叫法不同，但是其功能大多类似。如本田的 VSA（Vehicle Stability Assist），丰田的 VSC（Vehicle Stability Control），宝马的 DSC（Dynamic Stability Control）以及现在欧美官方的 ESC 名称。

国内吉林大学郭孔辉等人对 ESC 开展了高品质汽车动力学建模、策略分析及仿真、实车试验以及硬件在环等一系列工作。中国汽车技术研究中心也对 ESC 的评价方法进行了介绍，提出 ESC 评价系统参数更新的需要以及开展了冰雪 ESC 试验方法的相关研究。此外清华大学、同济大学、吉林大学、上海交通大学等也对 ESC 系统进行了相关分析和研究。

3.3.4 制动能量回收技术

新能源汽车的制动能量回收使得其具有传统汽车无法比拟的优势。在制动过程中，电动机发电将汽车的动能转化为电能储存，电动机发电和基础制动系统协同作用，实现汽车制动过程。能量回收延长了汽车的续驶里程，同时也减少了基础制动系统的消耗和热衰退等，增加了制动器的使用寿命。制动过程中需要考虑驱动轮与非驱动轮的分别控制、动力蓄电池的SOC（荷电状态）、回收电流和功率的实时调节、不同转速下电动机回收能力、汽车行驶工况以及整车制动稳定性和制动踏板感觉。制动能量回收的相关技术目前国内外都有相关的研究。

制动能量回收系统中的协调分配电制动力矩和制动力矩是关键技术之一，控制策略的研究基本围绕这一点展开。丰田的再生电液制动系统已在 Prius 车上实现，同时也兼顾了踏板感觉；美国 A&M 大学提出三种经典的制动能量回收力分配策略并进行了城市循环工况的仿真分析；Lee 等人研究了两轮及四轮驱动仿真模型下，每个转动部件对电动车驱动和制动过程的影响。

清华大学李克强等人提出能量回馈优化与 ABS 集成分层控制方法；哈尔滨工业大学对混合动力车辆提出了新的制动能量回收控制策略。此外，北京理工大学、湖南大学、上海交通大学等都提出了相应的制动能量回收控制模型。

3.3.5　车载网络通信技术

线控系统对车载网络通信提出了新的性能需求。目前，基于事件触发的总线系统将不能满足新的需求，尤其是系统对通信的高速率、可靠性、容错支持以及满足信息传输实时性和确定性的要求。

基于时间触发的确定性的网络通信协议是满足安全关键性实时控制的最佳选择。目前有TTCAN、Byteflight、FlexRay、TTP/C 等网络通信标准。其中，应用最多的是 FlexRay、TTP/C 两个网络协议。目前大众集团和德尔福倾向选择 TTP/C 作为线控网络的协议标准。宝马、恩智浦、博世以及通用倾向选择 FlexRay 作为协议标准。

TTP/C 是专门为安全关键系统的实时控制而设计的通信协议，基于时分多址（Time Division Multiple Access，TDMA）的访问方式，能够支持多种容错策略，提供容错的时间同步以及广泛的错误检测机制。FlexRay 是专为车内局域网设计的一种具备故障容错的高速车载总线系统，基于时间触发的机制，具有高带宽、容错性好等特点，在实时性、可靠性以及灵活性等方面优势明显。FlexRay 有两个信道，最高速率都可以达到 10Mbit/s，能更好地实现冗余，使得信息的传输具有容错能力。

目前，车载网络通信技术应用的商业化还在雏形，CAN 通信仍占主导地位。但是，随着智能汽车的发展，车载网络通信的变革也将很快出现。

3.3.6　传感器技术

汽车传感器是汽车电子控制系统中最为重要的组成部分，没有传感器就相当于人类没有眼睛和鼻子，因此传感器的精度、灵敏度和可靠性极大地影响着汽车线控制动系统的发展。线控制动系统的安全性和可靠性依赖于所使用的传感器的精度和可靠性，依赖于传感器对信号采集和传输的精确程度和速度。传感器技术的发展状况直接影响着汽车 BBW 系统的发展状况，影响着自动驾驶汽车和智能网联汽车的发展状况，影响着整个汽车行业的发展状况。传感器不仅包含制动系统传感器，同时还包括整车速度、转速以环境感知传感器。制动系统传感器如踏板力、行程、转矩、温度、电动机转角位移等传感器，这些传感器对制动系统的控制执行有着至关重要的作用。

未来的制动系统一定是智能主动制动系统，能够依据精确、分辨率高的传感器信息来感知、控制决策、动态执行。因此，成本低、可靠性好、精度高、体积小的传感器是发展线控

制动系统的关键技术之一，多功能化、智能化、集成化的传感器和计算机芯片集成是未来的发展趋势。

3.3.7　总线技术

线控制动系统属于汽车电子技术的范畴，而汽车电子技术需要大量的信息传输和通信，在车辆中信息的通信主要依赖总线技术。总线技术可以对车辆上的多种电子控制技术进行集成，减少了车辆上线束的布置，避免了线束过多造成的维修保养复杂问题。目前，不同国家的汽车公司，甚至同一个国家的不同汽车公司都在使用不同的汽车总线标准，各成一派，没有国际统一的标准，因此，这就使得汽车线控技术得不到更好地推广和发展。目前汽车行业公认的比较好的总线标准主要有 TTP、Byteflight 和 FlexRay。TTP 是一种应用于分布式实时控制系统的通信协议，支持多种容错策略，具有节点恢复和再集成的功能。宝马的 Byteflight 可以用于车辆线路控制系统的网络通信，该通信协议的特点是既能满足某些高优先级信息需要时间触发来保证延时确定的要求，又能满足某些需要事件触发和中断处理的要求。FlexRay 具有较强的容错功能，消息传输时间明确，更适合下一代汽车网络通信系统的应用，能够满足汽车线控制动系统高速通信的要求。

3.3.8　动力电源技术

线控制动系统是汽车电子技术的范畴，而汽车电子技术需要电源来提供能量来源，线控制动系统也就需要相应的电源技术。动力电源的各项性能直接影响线控制动系统的稳定性和安全性，因此，需要提高动力电源的性能，才能保证线控制动系统的性能。

一般地，小型汽车电路中的供电电压为 12V，但是，随着线控制动系统的应用，传感器、执行器等电子元器件和高功耗的零部件数量增多，汽车电路就需要更高的功率。若保持 12V 供电电压不变，则需要提高电流来提高功率，但是电流越大，汽车电路中的热量就会越大，这就给汽车增加了安全隐患，所以，为了提高功率满足线控制动系统等电子系统稳定运行的要求，就需要提高供电电压。在此背景下，42V 电压系统应运而生，为线控制动系统的应用提供了可行的解决方案和奠定了基础，为自动驾驶汽车和智能网联汽车的发展提供了方向。

42V 动力电源的应用可以使电动机的质量减小 20%，线束直径减小 2/3，便于安装其他总成，还在一定程度上减少了汽车的成本和总质量，促进了汽车的轻量化发展，也将促进线控制动系统的广泛应用。

第4章 线控驱动系统

线控驱动（Drive-by-Wire）是一种通过电子信号取代传统机械或液压连接的控制技术，是指根据驾驶人动作和汽车的各种行驶信息，精确控制动力装置（发动机或驱动电机）输出功率和车轮驱动力以提高汽车动力性、经济性和操纵稳定性的技术。传统的汽车驱动系统中，加速踏板与发动机之间采用机械式连接，通过拉杆或者拉线直接控制发动机的节气门开度，从而控制发动机进气量，进而实现对汽车行驶速度的控制。采用线控驱动技术的发动机汽车，加速踏板与节气门之间通过电信号进行控制来取代原来的机械传动，称为线控节气门；对于电动汽车，驱动执行器即为驱动电机，驾驶人操纵加速踏板，经过踏板位置传感器将其信号转化为电信号，通过通信线传递给整车控制器（VCU）等控制模块，实现对车辆电机转速和转矩的控制。

为方便后续内容的讲解，这里先回顾一下节气门的结构与原理的相关知识。

4.1.1 传统节气门的结构和工作原理

图 4-1 所示为传统的机械式节气门结构，它包括节气门、复位弹簧、拉线及加速踏板，加速踏板与气节门阀片之间采用拉线杠杆相连接的机械连接方式。驾驶人通过踩踏加速踏板来实现对汽车速度的控制，当驾驶人给加速踏板的一个相对位移量时，就会产生一个相对应的节气门开度。

传统的节气门（即机械式节气门）具有结构简单、稳定性高、反应延迟小的优点，当驾驶人操纵加速踏板时节气门可以快速地做出相应的反应，但与此同时，传统的节气门也存在着很大的缺陷，驾驶人对加速踏板的控制完全是依据自己的主观判断，所以汽车在复杂道路环境下对节气

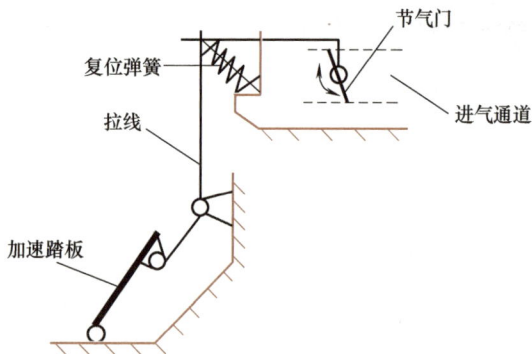

图 4-1 传统的机械式节气门结构

门控制的精确性较差，控制很难达到理想状态。

4.1.2 电子节气门的结构和工作原理

图 4-2 所示为电子节气门系统的结构，它取消了加速踏板和节气门体之间拉索的连接方式，运用柔性连接。其工作原理：加速踏板位置传感器通过检测加速踏板位移量的大小，将位移量转化为电压量传输到 ECU，ECU 根据实时车速、当前档位、发动机负载等工况信息，经过逻辑分析和运算，在节气门驱动电动机的作用下控制节气门阀片的位置，使节气门开度满足需求，并且节气门位置传感器将检测到的位置信号反馈给控制器，形成一个闭环系统，保证在不同道路状况下电子节气门处于最优控制状态，从而使汽车获得最优的整车性能。电子节气门的组成包括加速踏板位置传感器、电子节气门体总成、ECU。

图 4-3 所示为电子节气门体的结构示意图，其组成部分一般包括减速齿轮组、驱动电动机和节气门位置传感器等。

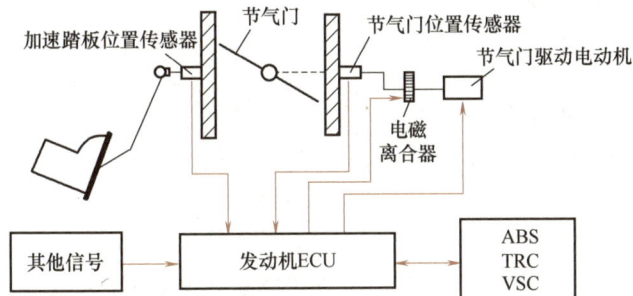

图 4-2 电子节气门系统的结构

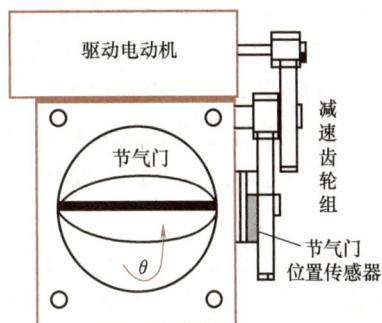

图 4-3 电子节气门体的结构示意图

1. 驱动电动机

目前，电子节气门主要采用步进电动机和直流电动机这两种驱动电动机。

步进电动机直接与节气门轴相连，与直流电动机驱动相比，无减速齿轮机构，结构简单、稳定性好。但步进电动机的缺陷同样十分明显：转速变化范围小、控制精度和低速性能等方面较差，所以应用在电子节气门中会出现响应性能较差，以及在急加速时系统会产生响应迟滞反应等现象。目前在汽车电子节气门系统中还都采用直流电动机。

2. 节气门位置传感器

在图 4-4 所示的节气门位置传感器引脚布置图中，节气门体连接器有 6 个引脚，包括电动机电源线的 2 个引脚，以及节气门位置传感器的信号线和电源线的 4 个引脚。

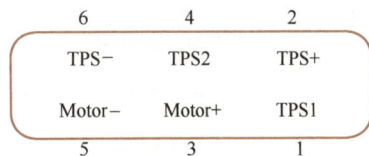

图 4-4 节气门位置传感器引脚布置图

TPS—位置传感器 Motor—电动机

3. 电子节气门驱动模块

目前，节气门驱动电动机采用直流电动机，它通常采用脉冲宽度调制（PWM）技术来控制，具有频率高、精度高、效率高、稳定性高等特点。仅需对脉冲宽度进行控制，即控制占空比，进而使其转速得以有效地控制。

PWM 控制的示意图如图 4-5 所示，可控开关 S 以一定的时间间隔重复地接通和断开，当开关 S 接通时，供电电源 U_s 通过开关 S 施加到电动机两端，电源向电动机提供能量，电动机储能；当开关 S 断开时，中断了供电电源 U_s 向电动机提供能量，但在开关 S 接通期间，电枢电感所储存的能量此时通过续流二极管 VD 使电动机电流继续流通。开关接通时间用 t_{on} 表示、关断时间用 t_{off} 表示，开关通断周期用 T 表示。其电压与电流波形如图 4-6 所示。

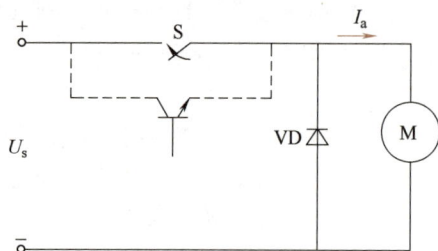

图 4-5　PWM 控制的示意图

用单片机模拟加速踏板位移量。将信号传输给踏板位置传感器模仿驾驶人踩踏加速踏板的动作。其基本原理：在驱动轮上安装速度编码器，实时监测汽车当前车速，根据摄像头和雷达传送来的行驶路况和周围环境，控制单元对这些信息进行分析处理，判断是否需要调整当前车速，当需要对车速进行调整时，单片机将模拟踏板位移量传给加速踏板位置传感器，传感器把具体的位移值转化为电压信号送入控制单元，驱动直流电动机转动，来实现控制节气门开度的目的。

为了实现上述功能并保证控制系统的时效性，可选用飞思卡尔公司生产的 16 位单片机 MC9S12XS128 为主芯片。

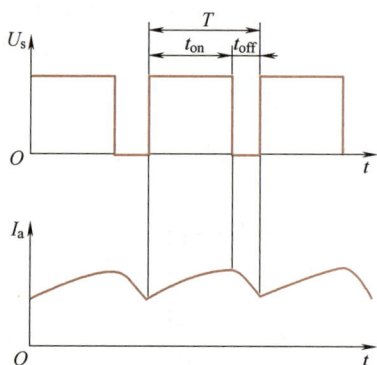

图 4-6　PWM 控制的电压与电流波形

图 4-7 所示为节气门控制系统的硬件结构图，主要包括：加速踏板位置传感器、控制器、驱动电动机、节气门位置传感器和电源模块。电源模块向系统各部分供电，单片机向加速踏板位置传感器输入位移量，节气门传感器将检测到的信号反馈给单片机。

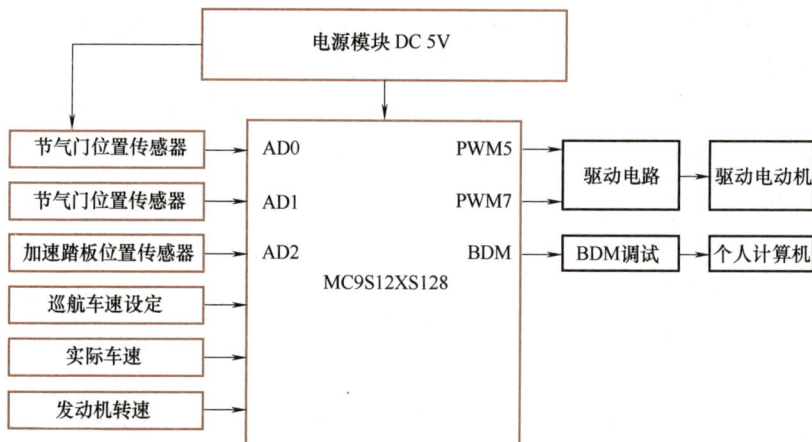

图 4-7　节气门控制系统的硬件结构图

4. 电子节气门控制系统的各项参数

以丰田雅力士的电子节气门为例，电子节气门控制系统各项参数见表 4-1。

表 4-1 电子节气门控制系统各项参数

电子节气门各项参数	数值
齿轮减速机构传动比 N	20
电源电压/V	12
驱动电动机扭转系数K_t/(N·m/A)	0.0119
复位弹簧弹性系数K_s/(N·m/rad)	0.0195
回路中总电感 L/H	0.0015
电源内阻R_{bat}/Ω	0.5
节气门阀片转动惯量$(J_P+N^2J_m)$/kg·m^2	5.0×10^{-5}
驱动电机绕组电阻 R/Ω	1.8
节气门平衡位置转角θ/(°)	1.4
进气通道直径 D/mm	80
加速踏板位置传感器电压/V	5
节气门位置传感器电压/V	5
库仑摩擦系数K_f/N·m	0.007
黏性摩擦系数 K_d/N·m·$(rad/s)^{-1}$	5.0×10^{-5}

4.2 线控驱动系统结构及原理

线控驱动系统由 ECU、功率转换器、驱动电动机及控制器、机械传动系统、驱动轮等组成。线控驱动系统的结构如图 4-8 所示。

线控驱动系统通过 ECU 调整节气门,它将加速踏板产生的位移数据汇总到 ECU 进行处理,将以前单纯以踏板力度控制的节气门变成由数据计算后给出优化好的节气门开合度,以提高燃油经济性。

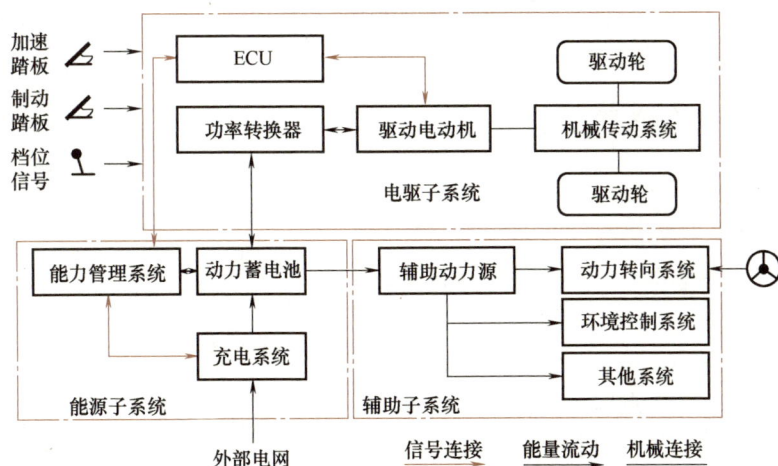

图 4-8 线控驱动系统的结构

纯电动汽车的总体结构与传统汽车基本一致,只是在动力驱动、能源储存与供给等关键系统、关键部件上与传统汽车有着极大的区别。新能源汽车的线控驱动系统按结构主要分为集中式驱动、中央传动驱动及分布式驱动三种类型。目前，电驱动桥技术、轮边减速驱动、轮毂电动机直接驱动技术是主流结构。线控驱动电动机技术路线如图 4-9 所示。

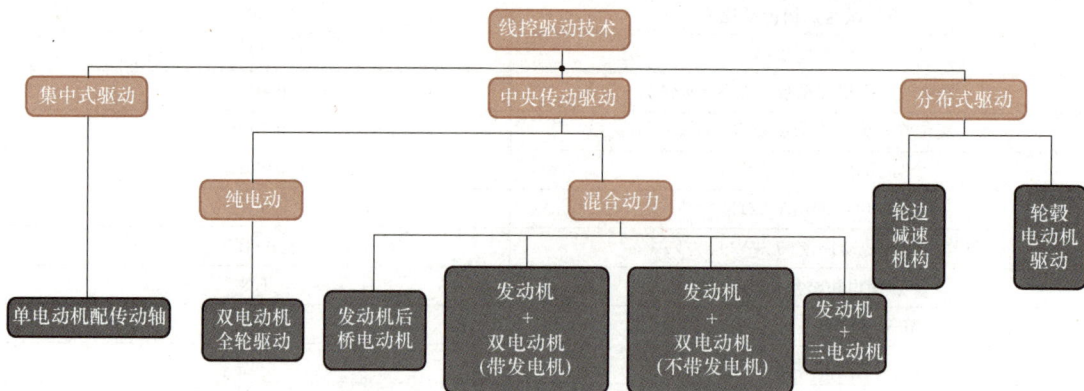

图 4-9　线控驱动电动机技术路线

线控节气门通过电缆或线束来控制节气门的开度，从表面看是用电缆取代了传统的节气门拉线，但实质上不仅仅是简单地改变连接方式，而是能对整个车辆的动力输出实现自动控制功能。线控节气门的组成如图 4-10 所示。

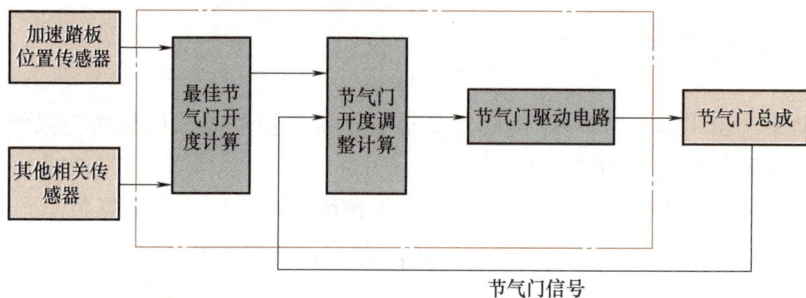

图 4-10　线控节气门的组成

4.3　线控驱动系统关键技术

4.3.1　驱动电动机技术

直流电动机、感应电动机、永磁电动机参数图如图 4-11 所示。

从电动机高效率运行、调速范围、功率密度、控制性能及成本等特点综合考虑，永磁电动机拥有更强的竞争力，是目前新能源汽车电动机的主流方案。

L3/L4/L5 下的线控驱动技术，随着电动车技术的不断成熟，对电气化零部件要求将日益提升，也推进了线控驱动技术由集中式驱动向分布

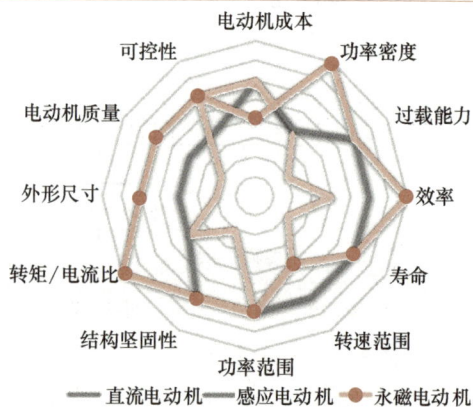

图 4-11　直流电动机、感应电动机、永磁电动机参数图

式驱动不断发展。目前，线控驱动正处于集中式驱动分布的阶段，未来随着自动驾驶及电气化水平的提高，以轮边减速和轮毂电动机为代表的分布式驱动技术方案将得到大量应用。

在 L3/L4 的自动驾驶情况下，新能源汽车线控驱动架构将以中央传统驱动为主。中央传动驱动有四种布置方式：①发动机+后桥电动机；②发动机+双电动机（带发电机）；③发动机+双电动机（不带发电机）；④发动机+三电动机。

在 L5 的自动驾驶情况下，以轮边减速电动机和轮毂电动机为代表的分布式驱动形式将成为主流。

4.3.2　电动机控制器技术

电动机控制器是驱动系统里最核心的器件，也是技术难度最高的部件，它不仅涉及电力电子的硬件，还涉及电动机控制的算法及功能安全软件，以及机械机构和热仿真等。通过电动机控制器可控制驱动电动机的转速、转矩和功率，进而控制车辆的速度、加速度等性能指标，如图 4-12 所示。

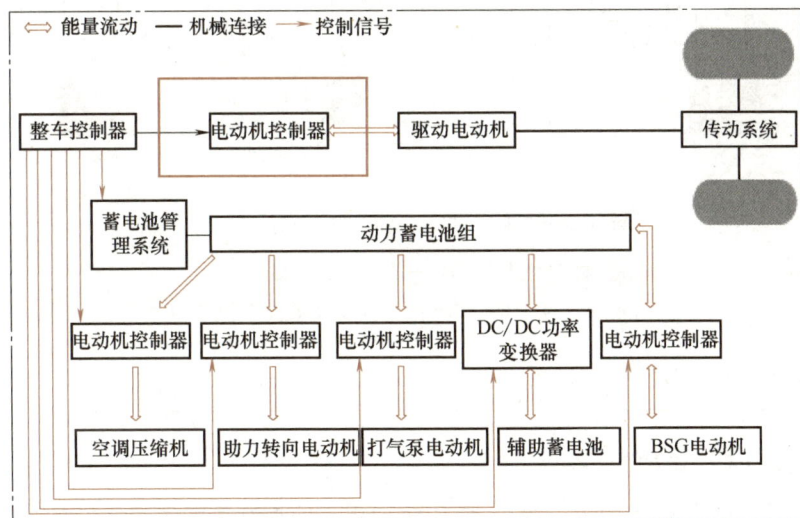

图 4-12　电动机控制器布置示意图

（1）中国电控高功率密度目标　2030 年乘用车电机控制器功率密度达 50kW/L。

主要技术：采用先进功率半导体材料、芯片和封装技术是实现该目标的关键。

1）利用芯片双面焊接。

2）低阻大电流碳化硅芯片及封装在新能源汽车上开始应用测试。

3）高电压电力电子系统开发（从 250~500V 提升至 500~800V）。

（2）功率半导体材料演变　新能源汽车电控功率半导体 IGBT（Si 材料）→现代新能源汽车电控功率半导体 IGBT（SiC 材料/氮化镓材料）。

4.3.3　线控驱动电控系统

基于 FlexRay 的线控驱动电控系统结构如图 4-13 所示，节气门的控制主要由 TBW ECU（线控节气门电子控制单元）完成，FW ECU（前轮电子控制单元）、RW ECU（后轮电子控制单元）负责采集车轮转速或者执行 TBW ECU 的控制指令，TBW ECU 受控于 TCS ECU

（牵引力控制系统电子控制单元），系统包含 4 个 ECU。各个 ECU 的功能如下：

1）FW ECU 负责采集两驱动轮的轮速，同时接收 TCS ECU 的制动指令制动车速。

2）TBW ECU 采集驾驶人意图的踏板位置、节气门实际开度以及发动机的转矩，运行相应的控制算法控制步进电动机，最终完成对节气门的控制。

3）TCS ECU 根据 FW ECU 和 RW ECU 发送过来的速度，判断系统是否处于滑动状态，执行防滑控制逻辑。

4）RW ECU 采集两从动轮的轮速。

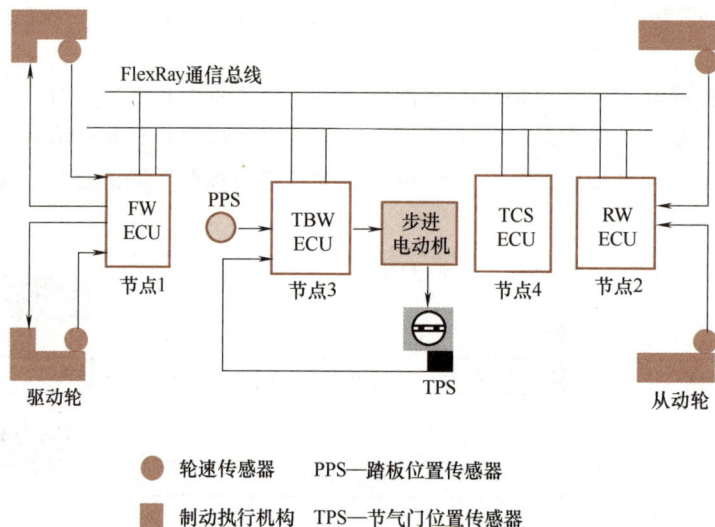

图 4-13 基于 FlexRay 的线控驱动电控系统结构

4.3.4 线控驱动 ECU

1. 线控驱动 ECU 结构

线控驱动系统包含 4 个 ECU，每个 ECU 运行相应的控制逻辑完成特定的功能。

图 4-14 所示为 ECU 的层次结构，每个 ECU 包括 3 层，位于最上面的是应用层，主要包含 ECU 的特定功能任务（如数据采集）；位于中间的是驱动层，主要作用是封装下层的硬件实现细节；处于最下面的是硬件层，主要作用是完成中间驱动层发出的指令动作，实现 ECU 的功能。

2. 线控驱动 ECU 硬件系统

现在线控驱动 ECU 硬件系统多使用飞思卡尔公司生产的 MC9S12XF512 芯片作为节点的主控制器，以恩智浦公司生产的 TJA1080 作为通信接口。在 MC9S12XF512 控制器上运行程序，通过 TJA1080 收发数据。

3. 线控驱动 ECU 软件系统

现线控驱动 ECU 软件系统采用基于平台的开发方法来设计 ECU 的软件层，共分为两层，如图 4-15 所示，位于最上面的是应用层，在应用层的调度程序用来调度各个任务，包括特定功能任务和系统诊断任务。

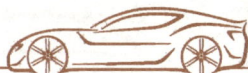

图 4-14　ECU 的层次结构

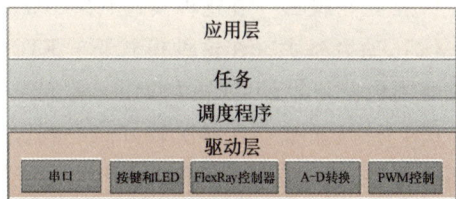

图 4-15　ECU 软件框架

驱动层中的串口组件用来完成与个人计算机的通信或者与其他节点之间的低速通信；按键和 LED 组件在维修时用来完成人机交互，接收人工输入的命令，显示 ECU 节点的状态；FlexRay 控制器中 FlexRay 通信总线为本系统中各组件提供了实时、可靠的通信服务，使得集成了车辆牵引力控制功能的线控节气门系统能够有效地发挥作用；A-D 转换组件用来完成数据的采集，在 ETC 中的多个节点都需要采集相应的数据；PWM 控制组件只存在 TCS ECU 中，这个模块把任务模块中的任务发出的控制命令转换成相应的控制脉冲以完成对电动机的控制。

图 4-16 所示为系统的控制流程，系统被启动后处在一个无限的循环中，不断地接收驾驶人或其他系统的输入，然后对相应的输入做出响应，系统的响应共有下列 5 种模式。

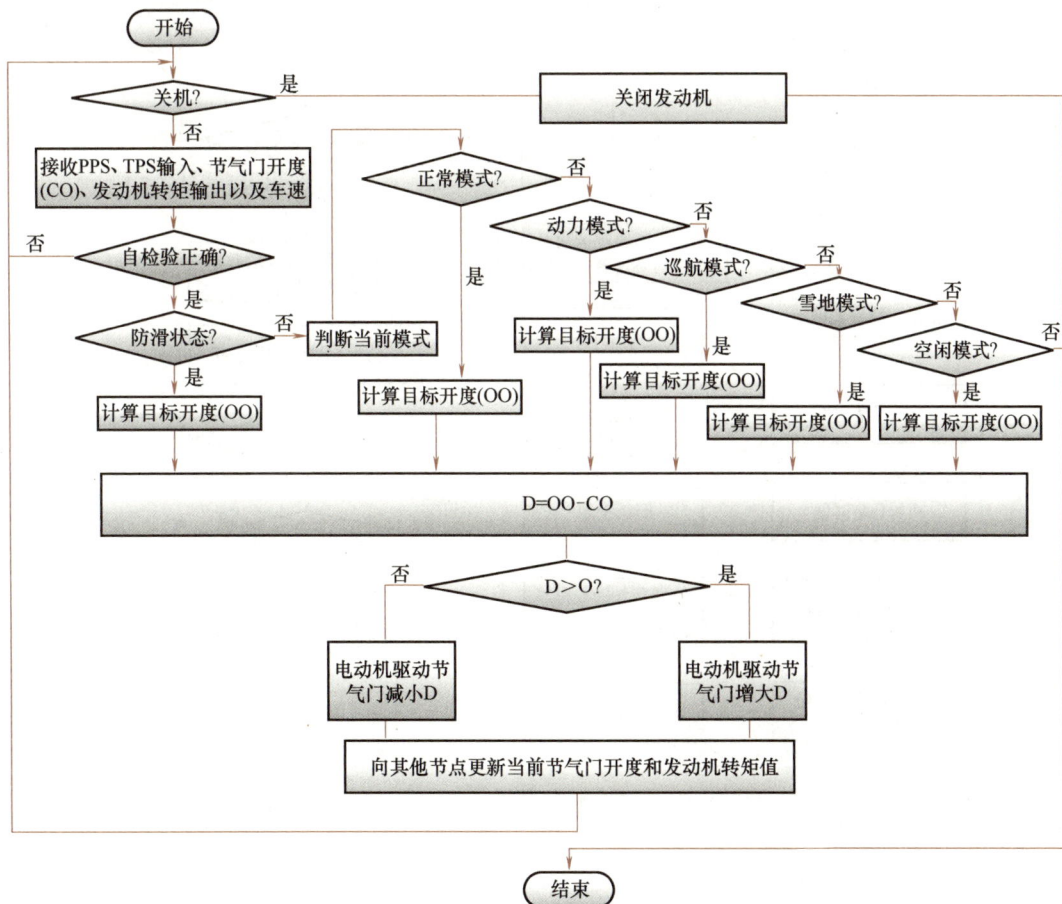

图 4-16　系统的控制流程

(1) **正常模式** 在这种模式下，ETC 的响应灵敏度符合大多数驾驶人以及大多数行驶条件。

(2) **动力模式** 在这种模式下，ETC 系统对驾驶人的驾驶意图反应很激烈，从而能够在短时间内获得足够的动力。

(3) **巡航模式** 在路况较好时，驾驶人设定巡航速度之后，使汽车行驶速度保持一定，从而改善了汽车的燃油经济性和汽车尾气的排放性。

(4) **雪地模式** 在这种模式下，动力输出可以精细地调整，以保证车轮不打滑。这种模式下 TCS ECU 的输出参数对 TBW ECU 的输出影响较大。

(5) **空闲模式** 当没有任何驾驶人的意图输入 TBW ECU 时，发动机处于此模式，这时发动机将处于空转状态，不响应加速踏板的任何动作。这时车辆可能会提供加热、制冷、照明供电，但是汽车是无法驾驶的。

4.3.5 线控驱动电路

线控驱动系统中的所有 ECU 都需要使用 FlexRay 通信。FlexRay 通信模块是 ECU 驱动中的基本模块，功能中须包含收、发数据功能，具有启动、停止 FlexRay 总线的接口。上层任务在收发数据时，下层 FlexRay 的细节对其是不可见的，只使用 FlexRay 驱动模块提供接口对 FlexRay 总线接口启动与停止的控制。FlexRay 驱动接口流程如图 4-17 所示。

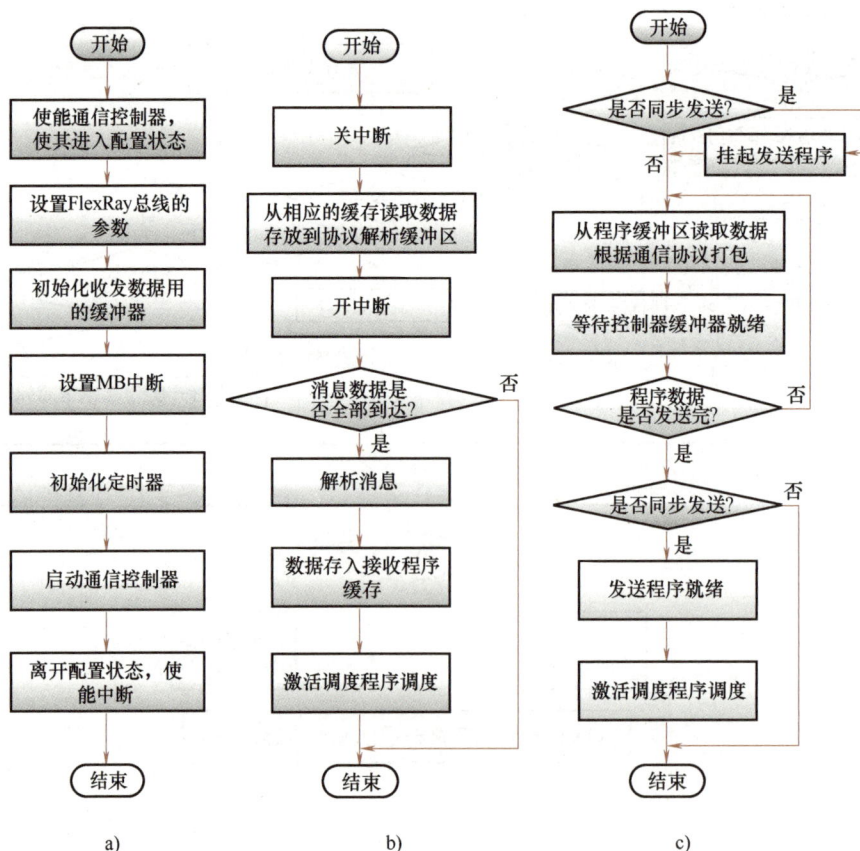

a)   b)   c)

图 4-17　FlexRay 驱动接口流程

4.4 线控驱动系统控制技术

4.4.1 线控驱动控制系统非线性因素分析

驱动系统的控制精度、稳定性受到非线性因素的影响。其中包括 4 类非线性问题：

1）减速齿轮机构接收驱动电动机传递过来的转矩，而减速齿轮中存在着啮合间隙，导致转矩传递过程中产生滞后反应，随之产生了齿轮齿隙非线性的问题。

2）复位弹簧转矩跳跃性变化产生的非线性问题。

3）由于库仑摩擦和黏性摩擦的影响，在节气门阀片转动过程中摩擦力存在阶跃变化，间断不连续，从而产生的非线性问题。

4）在发动机运转过程中，随着节气门开度变化，进气通道内混合气体对节气门的冲击力也会有所不同，从而产生的非线性问题。

1. 减速齿轮机构齿隙非线性

节气门体中采用闭式齿轮来传递动力，减速齿轮采用塑料材质，这样的齿轮重量轻、摩擦力小。

驱动电动机的输入转矩与节气门输出之间有如下的非线性关系：设 x 表示主动齿轮的转动量，代表齿隙非线性关系中的输入值；设 y 表示从动齿轮的转动量，代表齿隙非线性关系中的输出值。在图 4-18 所示的齿隙非线性关系中，x 和 y 关系线则表示输入值与输出值之间的非线性关系。从图中可以看出，在初始运动状态下，两齿处于图 4-19 所示位置，即 $\delta_1 = \delta_2$ 时，那么就需要在主动轴转过 δ_1 以后，从动轴才会随之转动；当反方向转动时主齿轮必须先转过 $\delta_1 + \delta_2$ 的距离后，才会带动从动轴随之转动。

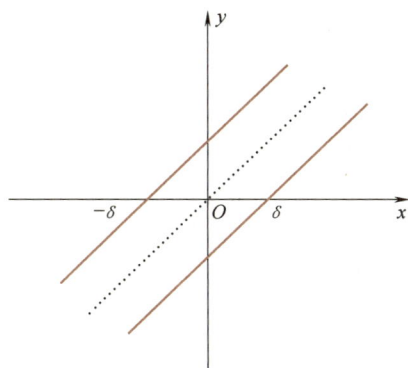

图 4-18　齿隙非线性关系　　　　　　　图 4-19　齿隙示意图

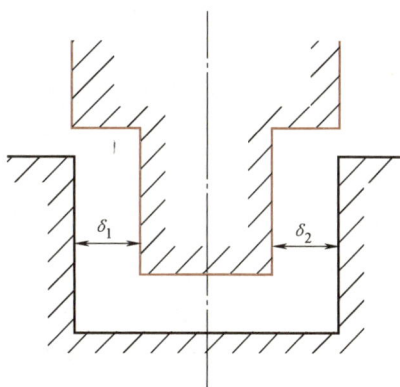

在电动机伺服系统中普遍存在着齿隙非线性问题，用 MATLAB 函数表示其输入与输出的近似数学关系式为

$$V = \mathrm{backlash}(U, \delta_1, \delta_2, m)$$

即

$$V = \begin{cases} m(U-\delta_2) & \text{当 } U > 0 \text{ 且 } V = m(U-\delta_2) \text{ 时} \\ V & \text{当 } U \leqslant 0 \text{ 且 } V \neq m(U-\delta_1) \text{ 时} \\ m(U-\delta_1) & \text{当 } U < 0 \text{ 且 } V = m(U-\delta_1) \text{ 时} \\ V & \text{当 } U \geqslant 0 \text{ 且 } V \neq m(U-\delta_2) \text{ 时} \end{cases}$$

式中　δ_1、δ_2——齿轮啮合时两边齿隙宽度（mm）；

　　　m——曲线的斜率。

2. 节气门复位弹簧及其非线性

电子节气门复位弹簧的作用如图 4-20 所示，从图中可以看出两个扭矩弹簧分别单独作用于节气门上，用来控制节气门的转动。

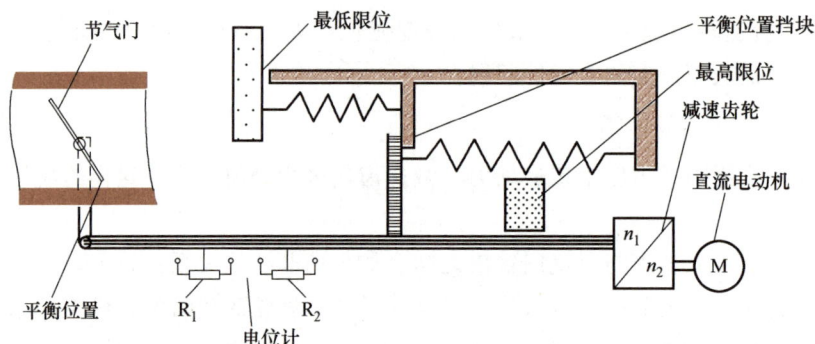

图 4-20　电子节气门复位弹簧

在节气门处于工作状态中，当节气门开度逐渐变小甚至处于关闭状态时，为了让系统在保证有较高可靠性的前提下能快速反应并做出动作，在节气门轴的另一端安装有复位弹簧，在该弹簧扭转力矩的作用下，节气门阀片能够快速准确地到达所要求的开度位置，复位弹簧扭矩曲线如图 4-21 所示。

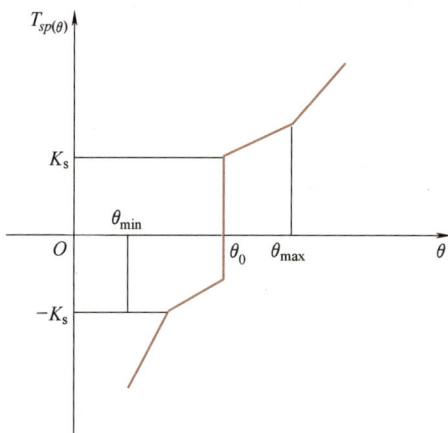

图 4-21　复位弹簧扭矩曲线

3. 节气门阀片运动中摩擦力的非线性

节气门阀片在工作过程中会受到很多摩擦阻力矩的影响，其中主要包括库仑摩擦力矩（静摩擦力矩）和黏性摩擦力矩（动摩擦力矩）。

总摩擦力矩的数学表达式为

$$T_{\text{fri}} = \begin{cases} K_d\omega + K_f\text{sgn}(\omega) & \omega \neq 0 \\ F_s\text{sgn}F_e, |F_e| > F_s & \omega = 0 \\ F_e, |F_e| < F_s & \omega = 0 \end{cases}$$

式中　F_e——节气门阀片所受外力（N）；

　　　F_s——最大静摩擦力（N）；

ω——节气门阀片中心轴的转速（rad/s）；

T_{fri}——总摩擦力矩（N·m）；

K_{d}——黏性摩擦系数 $[\text{N·m·}(\text{rad/s})^{-1}]$；

K_{f}——库仑摩擦系数（N·m）。

在节气门体内部会得到如下关系式：

$$T_{\text{fri}} = T_{\text{d}} + T_{\text{f}}$$

$$T_{\text{d}} = K_{\text{d}} \omega$$

$$T_{\text{f}} = K_{\text{f}} \text{sgn}(\omega)$$

式中　T_{f}——库仑摩擦力矩（N·m）；

T_{d}——黏性摩擦力矩（N·m）。

驱动电动机内部两齿轮啮合处和节气门阀片中心轴上是节气门系统中摩擦力矩主要存在的地方，驱动电动机内部齿轮啮合处的库仑摩擦力矩为

$$T_{\text{fm}} = K_{\text{fm}} \text{sgn}[\omega'_{(t)}]$$

式中　$\omega'_{(t)}$——电动机转速（rad/s）；

K_{fm}——驱动电动机库仑摩擦系数（N·m）。

驱动电动机的黏性摩擦力矩为

$$T_{\text{dm}} = K_{\text{dm}} \omega'_{(t)}$$

式中　K_{dm}——电动机黏性摩擦系数 $[\text{N·m·}(\text{rad/s})^{-1}]$。

节气门阀片中心轴的黏性摩擦力矩为

$$T_{\text{dp}} = K_{\text{dp}} \omega_{(t)}$$

式中　K_{dp}——节气门阀片中心轴的黏性摩擦系数 $[\text{N·m·}(\text{rad/s})^{-1}]$。

节气门阀片中心轴的库仑摩擦力矩为

$$T_{\text{fp}} = K_{\text{fp}} \text{sgn}[\omega_{(t)}]$$

式中　$\omega_{(t)}$——节气门阀片转速（rad/s）；

K_{fp}——节气门阀片中心轴的库仑摩擦系数（N·m）。

4. 进气气流冲击产生的非线性

控制节气门开度的核心是控制驱动电动机的输出转矩大小。本小节通过计算进气通道空气流量来分析进气量随节气门开度的变化规律。

为了简化数学模型、减少计算量，将进气通道的横截面简化为椭圆来计算其面积。由此通过节气门的空气流量 M（kg/s）可以根据稳定流动的连续性方程得到：

$$M = \frac{\mu A_{(\theta)} C}{v}$$

式中　$A_{(\theta)}$——流通面积（m²）；

v——气体的比体积（m³/kg）；

C——气体流速（m/s）；

μ——进气修正常数。

$$A_{(\theta)} = \pi \left(\frac{D}{4}\right)^2 [1 - \cos\theta]$$

式中　θ——节气门转角（rad）；

　　　D——通道直径（m）。

假定空气流动过程中比热容 c 保持恒定，气体的流动是可逆的，由能量守恒定律可知，当 $\dfrac{p_1}{p_0} > \left(\dfrac{2}{\kappa+1}\right)^{\frac{\kappa}{\kappa-1}}$ 时，为超临界流动：

$$M = \left(\frac{2}{\kappa+1}\right)^{\frac{\kappa+1}{2(\kappa-1)}} \mu\pi \left(\frac{D}{4}\right)^2 \left[1-\cos(\theta)\right] \frac{p_0}{\sqrt{RT_0}} \left(\frac{p_1}{p_0}\right)^{\frac{1}{\kappa}} \sqrt{\frac{2\kappa\left[1-\left(\frac{p_1}{p_0}\right)^{\frac{\kappa-1}{\kappa}}\right]}{\kappa-1}}$$

式中，κ 为绝热指数。

进气气流对节气门的影响如图 4-22 所示。当节气门打开时，由于此时节气门存在一定的夹角，造成空气对节气门叶片两边的压力分布不均匀，从而使作用在节气门叶片上的力矩不平衡，反而对节气门产生了空气阻力矩，其大小与内外压差、节气门形状及开度有关。

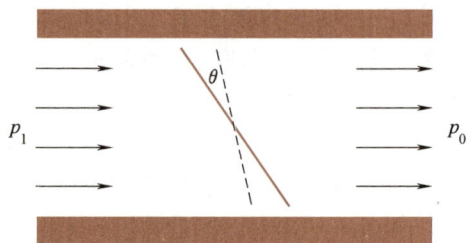

图 4-22　进气气流对节气门的影响

4.4.2　线控驱动控制系统的数学建模

智能汽车驱动控制系统主要包括 PWM 控制驱动模块、驱动电动机、节气门执行机构、传感器等。本小节分别对前三者建立数学模型，以方便读者理解智能汽车驱动控制理论基础。

1. PWM 控制驱动模块数学模型

PWM 通过控制占空比实现对输出电压的控制。在电子节气门系统中，PWM 控制方式包括静态占空比脉宽调制方式和非静态占空比脉宽调制方式两种。

在静态占空比脉宽调制方式中，定义 $p_{(t)}$ 为 PWM 输出、$d_{(t)}$ 为输入占空比、$\mu_{(t)}$ 为输出占空比、d_{L} 为锁止占空比、T 为 PWM 周期。其中，

$$p_{(t)} \in \{0,1\}$$
$$d_{(t)}, d_{\mathrm{L}} \in \{0,1\}$$

输出占空比规则如下：

$$p_0 = 0;$$

如果 $t = nT$，$n=0$，1，2，3，$\cdots$，则 $p_{(t)} = 1$；

如果 $p_{(t)} = 1$，$e < 0$，则 $p = 0$。

当输入值 $\leqslant 0$ 时，输出 $p_{(t)} = 1$。

根据上述表达式可知，PWM 驱动模块的输出占空比 $\mu_{(t)}$ 为

$$\mu_{(t)} = Ep_{(t)} \in [-1,1]$$

2. 驱动电动机的数学模型

通常在 H 桥式电路中，电动机的正转与反转由两个 PWM 驱动模块控制。为了达到便于计算、优化模型的目的，将 PWM 驱动模块简化为一个，则电动机的转动方向由 PWM 输出

的符号确定，当输出 $p_{(t)}$ 为正时电动机正向转动，输出为负时电动机反转。

可逆永磁直流电动机作为电子节气门的执行元件为节气门转动提供转矩，其定子是永久磁铁，转子是线圈。直流电动机的等效电路如图 4-23 所示，图中电感和电阻表示转子线圈。

图 4-23　直流电动机的等效电路

根据直流电动机的等效电路可得电压平衡方程：

$$U_{(t)} = L\frac{\mathrm{d}i_{(t)}}{\mathrm{d}t} + Ri_{(t)} + e_{(t)}$$

$$U_{(t)} = V_{\mathrm{Bat}}\mu_{(t)} = V_{\mathrm{Bat}}Ep_{(t)}$$

式中　　$\mu_{(t)}$——占空比；

　　　　$U_{(t)}$——电枢电压（V）；

　　　　$e_{(t)}$——电枢反向电动势（V）；

　　　　L——电枢回路总电感（H）；

　　　　$i_{(t)}$——电枢电流（A）；

　　　　V_{Bat}——电源电压（V）；

　　　　R——绕组电阻（Ω）。

根据直流电动机的性能，得

$$T_{(t)} = K_T\bar{i} = K_T\left(\frac{1}{R+R_{\mathrm{Bat}}}\right)\left(V_{\mathrm{Bat}}\mu_{(t)} - K_T N\frac{\mathrm{d}\theta_{(t)}}{\mathrm{d}t}\right)$$

式中　　R_{Bat}——电源内部电阻（Ω）；

　　　　$T_{(t)}$——电动机转矩（N·m）；

　　　　N——减速比，即为传动比；

　　　　K_T——电动机转矩系数（N·m/A）；

　　　　$\theta_{(t)}$——节气门转角（rad）；

　　　　$\bar{i}$——回路总电流（A）。

3. 执行机构的数学模型

通过分析节气门系统非线性因素得知，节气门在工作过程中受到五个合力矩的共同作用：电动机提供的驱动力矩、进气气流带来的空气阻力矩、复位弹簧施加的弹簧力矩，以及节气门阀片工作过程中受到的黏性摩擦力矩和库仑摩擦力矩。

图 4-24 所示为电子节气门传动系统结构简图，驱动电动机与节气门之间靠减速齿轮机构传递动力，为了简化传动系统模型方便计算，需进行速比折合。

由牛顿第二定律得，节气门轴上的运动微分方程为

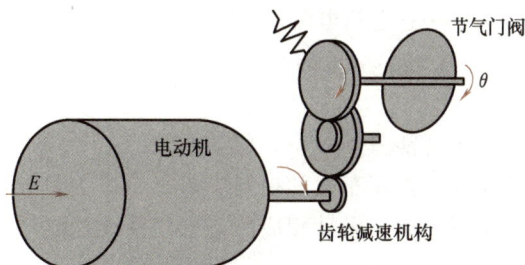

图 4-24　电子节气门传动系统结构简图

$$(J_p + N^2 J_m)\frac{d\omega}{dt} = NT_{(t)} - T_{sp(\theta)} - T'_{fmi} - T_{fp} - T'_{dm} - T_{dp} - T_p$$

式中　J_p——节气门转轴和阀片的总转动惯量（kg·m²）；

J_m——电动机的转动惯量（kg·m²）；

T'_{fmi}——T_{fmi} 从电动机折合到节气门轴处的库仑摩擦力矩（N·m）；

T'_{dm}——T_{dm} 从电动机折合到节气门轴处的库仑摩擦力矩（N·m）。

系统的状态方程为

$$\begin{cases} \dfrac{d\theta}{dt} = \omega_{(t)} \\ \dfrac{d\omega_{(t)}}{dt} = -\dfrac{K_s}{J_p + N^2 J_m}\theta - \dfrac{N^2 K_{dm} + K_{dp}}{J_p + N^2 J_m}\omega_{(t)} + \dfrac{K_s\theta_0 - K_s\theta_0 \text{sgn}(\theta - \theta_0)}{J_p + N^2 J_m} - \dfrac{N^2 K_{fm} + K_{fp}}{J_p + N^2 J_m}\text{sgn}[\omega_{(t)}] + \\ \qquad\qquad \dfrac{NK_T}{J_p + N^2 J_m}i_{(t)} - \dfrac{\Delta P\phi_{(\theta)}}{J_p + N^2 J_m} \\ \dfrac{di_{(t)}}{dt} = \dfrac{V_{Bat}p_{(t)}}{L} - \dfrac{R}{L}i_{(t)} - \dfrac{K_T\omega'_{(t)}}{L} \end{cases}$$

式中　θ——节气门转角；

$\omega_{(t)}$——节气门阀片中心轴的转速（rad/s）；

$\omega'_{(t)}$——电动机转速（rad/s）；

K_s——静摩擦系数；

K_{dm}——电动机黏性摩擦系数［N·m·(rad/s)$^{-1}$］；

K_{dp}——节气门阀片中心轴的黏性摩擦系数［N·m·(rad/s)$^{-1}$］；

K_{fm}——驱动电动机库仑摩擦系数（N·m）；

K_{fp}——节气门阀片中心轴的库仑摩擦系数（N·m）；

K_T——电动机转矩系数（N·m/A）；

J_p——节气门转轴和阀片的总转动惯量（kg·m²）；

J_m——电动机的转动惯量（kg·m²）；

N——减速比，即为传动比；

V_{Bat}——电源电压（V）；

R——绕组电阻（Ω）；

$p_{(t)}$——脉宽调制输出；

$i_{(t)}$——电枢电流（A）。

4.4.3　线控驱动控制系统算法

对于智能汽车来说，驱动系统的主要功能是控制汽车节气门，使其达到所期望的开度，最终实现对汽车车速的控制。本小节将主要对普通 PID、模糊 PID 控制的理论基础、控制原理等进行介绍，设计相应的节气门系统控制器，并确定控制器的三个参数。

1. PID 控制特点

PID 控制具有结构简单、工作可靠、参数易于调整、稳定性好等特点，因此成为当代自

动化控制的主要技术之一。PID 控制是一种反馈控制，它根据系统输入值与输出值之间的偏差，利用比例（P）、积分（I）、微分（D）通过线性组合计算出控制量对系统进行控制。

（1）比例控制 比例控制的作用是放大误差的幅值。

（2）积分控制 在控制系统进入稳态后，系统中会产生稳态误差，为了消除稳态误差，引入积分控制对误差进行积分。

（3）微分控制 微分控制的主要作用是抑制偏差的变化，具有预见性。

2. PID 控制原理

常规的模拟 PID 控制系统原理框图如图 4-25 所示。

其中，输入量 $x_{(t)}$ 与输出量 $y_{(t)}$ 的偏差可表示为

图 4-25 常规的模拟 PID 控制系统原理框图

$$e_{(t)} = x_{(t)} - y_{(t)}$$

基本 PID 控制器控制规律的理想数学表达式为

$$u_{(t)} = K_p \left[e_{(t)} + \frac{1}{T_i} \int_0^t e_{(t)} \mathrm{d}t + T_d \frac{\mathrm{d}e_{(t)}}{\mathrm{d}t} + u_0 \right] \tag{4-1}$$

利用计算机控制来进行仿真和试验，控制量的计算通过记录这一时间的输入与输出的偏差值完成。将积分、微分项进行离散化处理来完成 PID 控制器的设计。将式（4-1）离散化为差分方程，得

$$u_{(n)} = K_p e_{(n)} + K_i \sum_{j=0}^{n} e_{(j)} + K_d \left[e_{(n)} - e_{(n-1)} \right] + u_0$$

从而得到控制器的增量表达式为

$$\Delta u = u_{(n)} - u_{(n-1)} = K_p \left[e_{(n)} - e_{(n-1)} \right] + K_i e_{(n)} + K_d \left[e_{(n)} - 2e_{(n-1)} + e_{(n-2)} \right]$$

由于计算机的取样周期是恒定不变的，所以 K_p、K_i、K_d 的值取定以后，计算控制器增量只需记录当前取样点前后 3 次的偏差值。

设预期电子节气门的开度为 $\theta_{(n)}$，实际节气门的开度为 $\theta_{d(n)}$，则产生的偏差量为

$$e_{(n)} = \theta_{(n)} - \theta_{d(n)}$$

由此得到控制信号为

$$u_{(n)} = u_{(n-1)} + Ae_{(n)} - Be_{(n-1)} + Ce_{(n-2)}$$
$$= u_{(n-1)} + A \left[\theta_{(n)} - \theta_{d(n)} \right] - B \left[\theta_{(n-1)} - \theta_{d(n-1)} \right] + C \left[\theta_{(n-2)} - \theta_{d(n-2)} \right]$$

由以上数学表达式可知，基于 PID 控制得到的控制量在取样周期确定后，仅仅取决于比例、积分、微分系数（K_p、K_i、K_d）所选取的值，通过对比例控制、积分控制和微分控制的分析，可以更直观地得到 PID 控制的优缺点。

综上所述，合理配合使用 K_p、K_i、K_d 能达到良好的效果，但如果取值不合理会影响系统的精确性。

3. 参数整定

通过临界比例法对 PID 控制器的参数进行整定。利用临界比例法对 3 个参数整定的步骤如下：

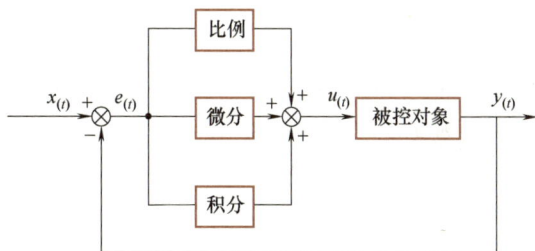

1）初步确定一个足够短的取样周期，记为 T_s。

2）仅使用比例控制，调节 K_p 的值，直到系统对输入阶跃响应产生临界振荡状态，将此时的 K_p 记为 K_r，记录出现振荡的时间 T_r。

3）利用临界比例法参数表对参数进行整定，见表4-2。

4）通过表中的公式得到3个参数的大致取值范围，并通过多次反复试验来确定参数的合理取值。

表 4-2　临界比例法参数表

类型	参数		
	K_p	K_i	K_d
P 控制器	$0.5K_r$		
PI 控制器	$0.45K_r$	$\dfrac{K_p T_s}{0.85T_r}$	
PID 控制器	$0.6K_r$	$\dfrac{K_p T_s}{0.5T_r}$	$\dfrac{0.125K_p T_s}{T_r}$

4.4.4　线控驱动控制系统仿真

图 4-26 所示为智能汽车节气门控制系统总体仿真模型图，根据各个部分的功用不同，分为 6 个子系统：输入模块、位置传感器模块、控制器模块、电动机驱动模块、节气门体模块以及 PWM 驱动模块。下面对前四种模块仿真及仿真结果给予介绍。

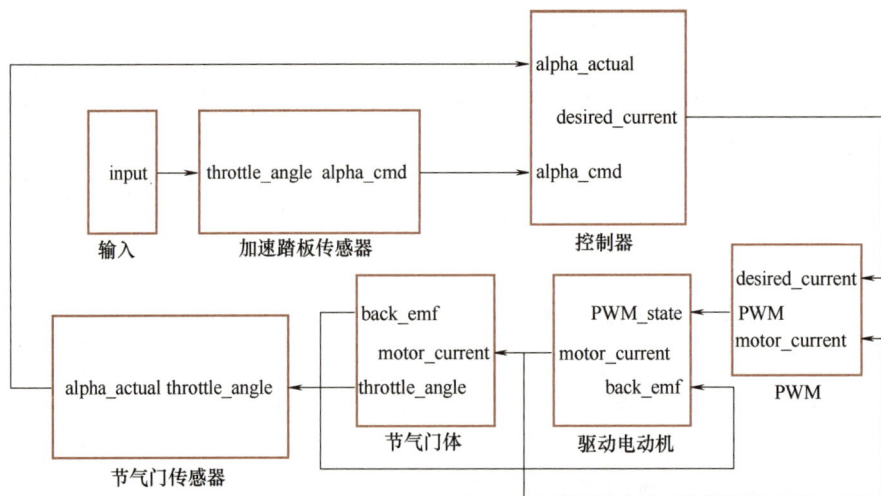

图 4-26　智能汽车节气门控制系统总体仿真模型图

1. 输入模块

输入模块是模拟驾驶人通过踩踏加速踏板来控制进气量的大小，采用单片机代替驾驶人向控制器输入电信号，根据电信号的大小从而实现控制节气门开度，最终达到控制车速的目

的。在 Simulink 模型中用正弦信号、线性信号和阶跃信号模拟驾驶人的输入。图 4-27 所示为输入模块的模型图。

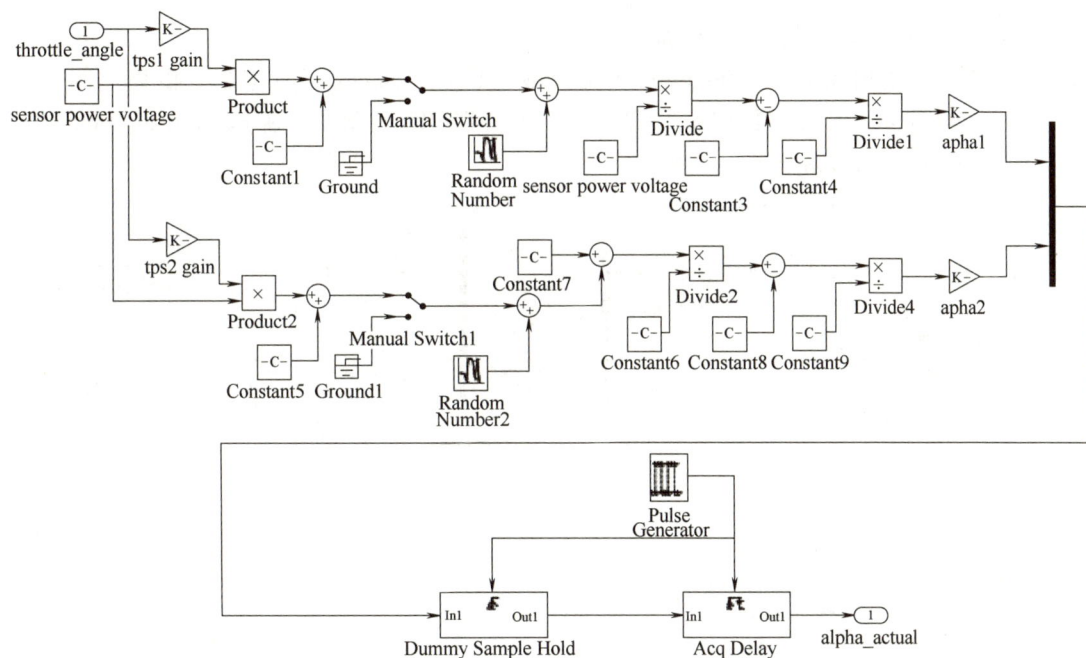

图 4-27 输入模块的模型图

2. 位置传感器模块

位置传感器的作用是采集位置信号，并将这些位置信号进行补偿、增益、信号检测、采样以及延迟等处理，然后把处理好的信号转化为离散值反馈给控制器。用接地模块（Ground）来模拟接收到的信号误差。图 4-28 所示为位置传感器模块的模型图。

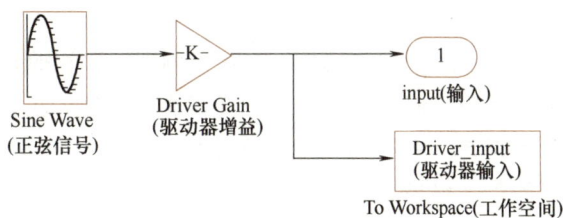

图 4-28 位置传感器模块的模型图

采样保持模块（Dummy Sample Hold）如图 4-29 所示。模型中的触发器（Trigger）的单位为 1 次/ms。

在传感器工作过程中，数模转换会造成一定的延迟，利用 Simulink 中的 Unit Delay 模块虚拟延迟，如图 4-30 所示。

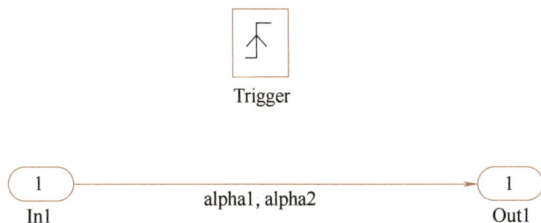

图 4-29 采样保持模块

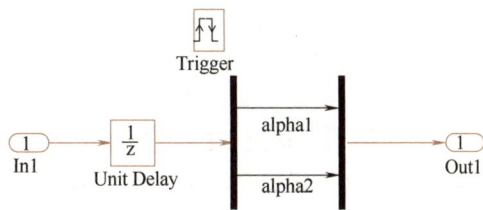

图 4-30 延迟模块

3. 控制器模块

（1）PID 控制器模型　PID 控制器分别接收加速踏板位置传感器和节气门位置传感器采集的节气门预期开度大小和节气门实际开度大小，然后对它们之间的偏差进行分析处理。

根据式（4-1）所表达的 PID 控制器的数学模型，模型的输入是节气门实际转角与期望转角的偏差，即 $e_{(n)} = \theta_{(n)} - \theta_{d(n)}$，在 PID 控制器内运用比例、积分、微分运算后，叠加处控制器作为所要求的控制器。PID 控制器模型如图 4-31 所示。

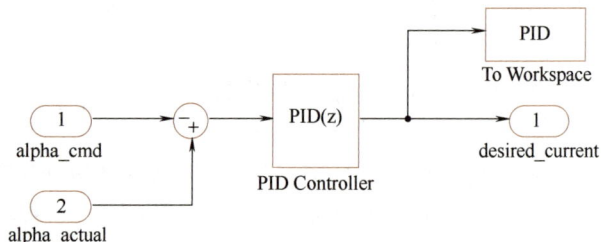

图 4-31　PID 控制器模型

（2）模糊 PID 控制器模型　根据模糊控制规则，使用 MATLAB/Simulink 中的 Fuzzy Logic Toolbox 工具箱建立模糊控制器模型，如图 4-32 所示。此模型运用 4.13 节中设计的模糊 PID 控制器，在 Fuzzy Logic Controller 中调用模糊控制规则对系统进行仿真。

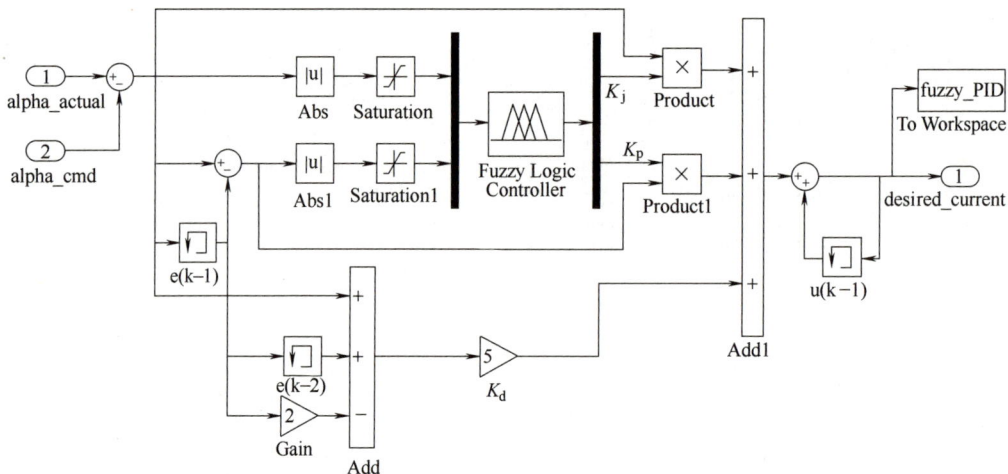

图 4-32　模糊 PID 控制器模型

4. 电动机驱动模块

预期值与实际值两者之间的差值经过 PWM 控制器运算处理，输出的是 PWM 的占空比，模型图如图 4-33 所示。

在此模块中，运用 MATLAB/Stateflow 编写 PWM 控制规则。PWM 控制规则如图 4-34 所示。

5. 仿真结果分析

（1）PID 控制仿真结果分析

1）阶跃信号仿真分析。阶跃信号是针对节气门开度进行控制的，只要求其实际变化的响应速度及其位置控制的准确度与期望位置变化的响应速度及位置控制的准确度处于同一水平。经过分析资料，节气门控制系统的响应与精度要求如图 4-35 所示。

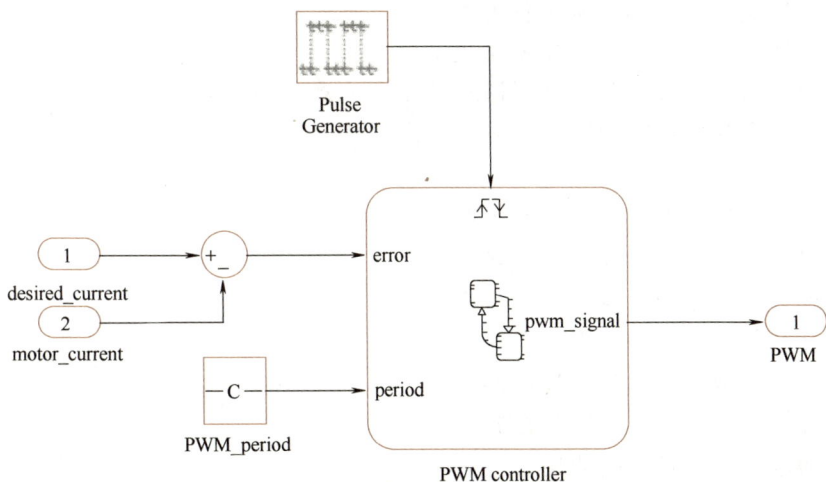

图 4-33 PWM 驱动模块的模型图

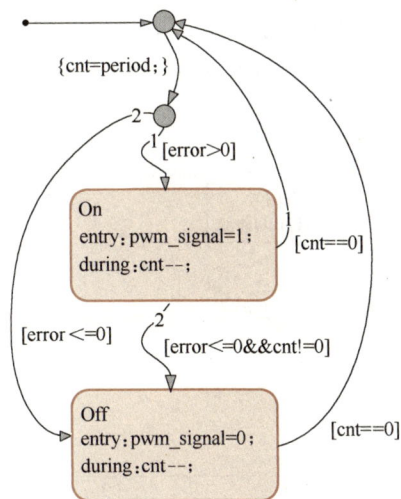

图 4-34 PWM 控制规则

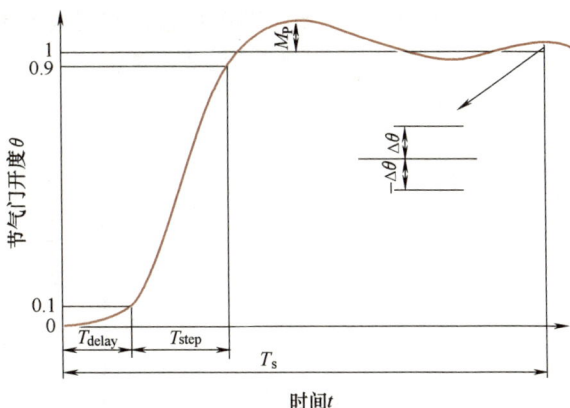

图 4-35 节气门控制系统的响应与精度要求

2）线性追逐响应仿真分析。线性追逐响应仿真分析是指节气门从平衡位置到50%开度位置的线性响应仿真。仿真时输入模块中的输入信号为线性信号。在采用 PID 控制策略时，节气门控制系统的线性随动跟踪响应曲线如图 4-36 所示。

由图 4-36 可知，在系统中存在一定的超调量，且 PID 响应曲线落后于给定的线性信号，存在明显的延迟。

3）正弦追逐响应仿真分析。仿真模型中输入模块的输入信号为正弦信号。在采用 PID 控制策略时，节气门控制系统的正弦随动跟踪响应曲线如图 4-37 所示。各项

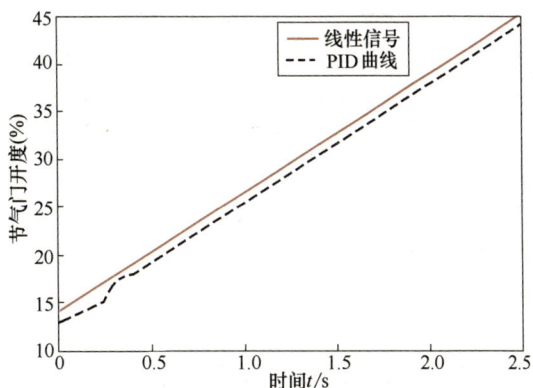

图 4-36 PID 控制线性随动跟踪响应曲线

动态性能指标能满足节气门正常工作的需求，但系统中存在一定的延迟，超调量也有些偏大。由此可见，节气门开度对踏板转角的随动跟随效果并不十分理想。

（2）模糊 PID 控制仿真结果分析

1）阶跃信号仿真分析。模糊 PID 控制的阶跃响应曲线如图 4-38 所示，同样是进行了由小开度到大开度的阶跃试验和再由大开度到小开度的阶跃试验。模糊 PID 控制器通过将三个参数模糊化后，控制器的控制效果更加合理，能够使节气门控制效果达到较高的水平，在长时间使用中也能保持良好的性能。

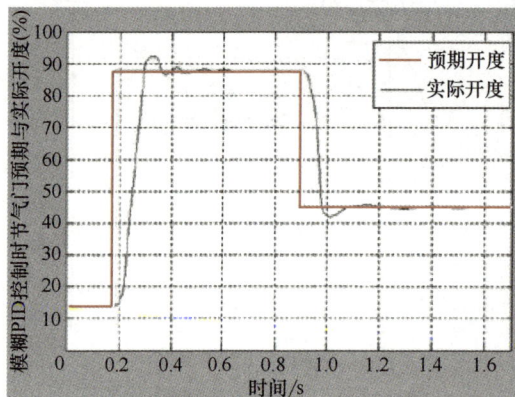

图 4-37　PID 控制正弦随动跟踪响应曲线

2）线性追逐响应仿真分析。模糊 PID 控制的线性随动跟踪响应曲线如图 4-39 所示。

从图 4-39 可知，在采用模糊 PID 控制策略时，线性跟踪响应曲线与给定的目标曲线吻合度较高，表现出良好的跟踪性能，但系统中仍然存在很小的超调量与延迟。相比于 PID 控制策略，模糊 PID 控制策略精度更高，控制效果更好。

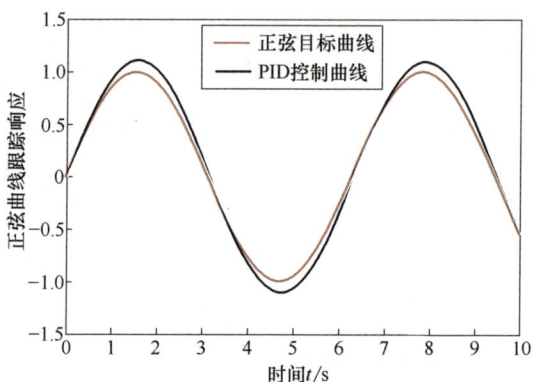

图 4-38　模糊 PID 控制的阶跃响应曲线

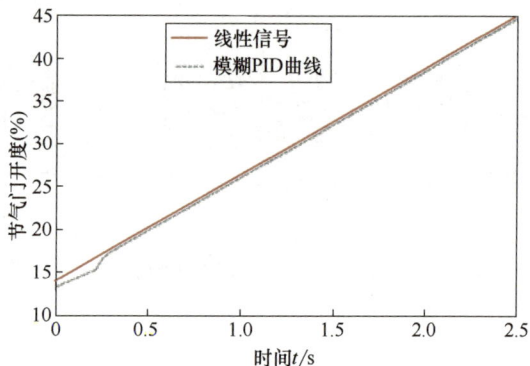

图 4-39　模糊 PID 控制的线性随动跟踪响应曲线

3）正弦追逐响应仿真分析。采用模糊 PID 控制策略时，节气门控制系统的正弦随动跟踪响应曲线如图 4-40 所示。

从图 4-40 分析可知，在使用模糊 PID 控制策略时，节气门能快速达到预期开度，同时它与正弦目标曲线能较好地吻合，根据图中响应曲线分析表明，节气门开度对踏板转角有较好的随动跟踪效果。

（3）总结果分析　通过对以上 PID 控制、模糊 PID 控制的正弦追逐响应曲线、线性随动跟踪响应曲线和阶跃响应曲线的

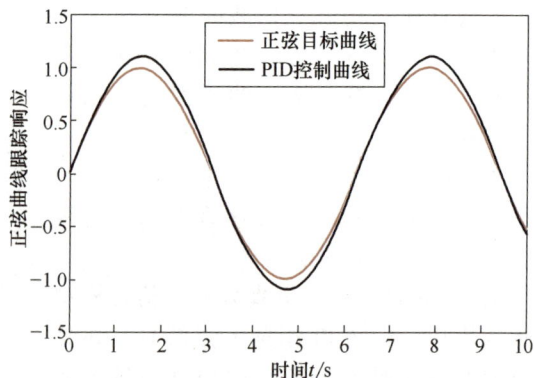

图 4-40　PID 控制正弦随动跟踪响应曲线

分析可以得到以下结论：采用 PID 控制时，虽然其动态性能指标与系统要求十分接近，但跟踪效果并不是很理想，并且其控制器的三个参数调整复杂，需要大量的试验工作；而相比于 PID 控制，采用模糊 PID 控制时系统响应的延迟时间较短，超调量也较小，而且进入稳态的时间也很短，节气门开度对踏板转角有较好的随动跟踪效果。总而言之，模糊 PID 控制器的动态响应特性与跟踪响应特性较好，能满足汽车自动行驶的要求，并且在长时间使用中也能保持良好的性能。

4.5　线控驱动试验验证平台设计

汽车计算平台可对汽车主要控制和信息处理功能进行综合集成，实现信息通信、资源共享和协调控制。在保障系统安全可靠的前提下，采用各种实现方式尽量降低汽车电子化成本，主要体系结构类型有：

（1）集中式　当各个相互独立的功能集中在控制模块中时，可能相互干扰，导致汽车电子系统的设计难度很大。芯片负载重，运行环境要求高，单个芯片的出错可能导致整个系统的崩溃。每个消息都要集中传输到控制模块进行处理，通信量比较大，单个部件的制造成本高。集中式汽车计算平台体系结构如图 4-41 所示。

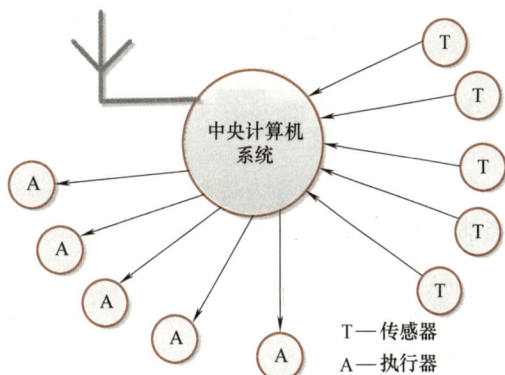

（2）分布式　某些功能相似的任务集成到某几个 ECU 中构成一个子系统以减少 ECU 间通信量。分布式汽车计算平台体系结构如图 4-42 所示。

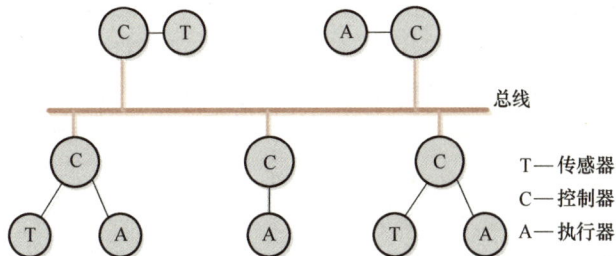

T—传感器
A—执行器

图 4-41　集中式汽车计算平台体系结构

T—传感器
C—控制器
A—执行器

图 4-42　分布式汽车计算平台体系结构

（3）集成式　集成式汽车计算平台体系结构可分 4 个物理层次、3 个基础技术支持。

1）中央计算机是汽车计算平台的控制中心，可以实现人机交互功能。

2）汽车网络可以通过接口连接到车外通信网络与车外设备进行信息通信。

3）汽车计算平台子系统主要包括汽车控制子系统和车载电子子系统，车载电子子系统包括汽车导航系统、汽车音响及电视娱乐系统等。

4）汽车计算平台基础元器件主要包括传感器、控制器和执行器等元器件。

5）集成电路、软件和设计技术是汽车计算平台的关键技术，汽车计算平台的各个层次都有应用。

第5章 线控换档系统

自动变速器的分类及组成

5.1.1 自动变速器的分类

变速器作为汽车动力传动系统的重要部件，其性能对整车的动力性、燃油经济性、舒适性等都有重要的影响。根据操纵控制的方式不同，变速器又分为手动变速器和自动变速器两大类。其中，手动变速器的发展已有一百多年的历史，其技术已经相当成熟，且具有结构简单、传动效率高、动力性良好等优点，但是它也有着明显的劣势，如易使驾驶人疲劳，其燃油经济性受驾驶人影响。特别是对于许多缺乏经验的驾驶人来说，未必能准确地把握换档时机等，不但影响燃油消耗，甚至会带来安全隐患。

随着汽车传动技术的进步以及人们生活水平的提高，迫切需要一种操纵简便、起步平稳、乘坐舒适的自动变速器来适应现代人们生活的需求。所谓自动变速器就是能够依据行驶工况以及驾驶人意图等自行完成换档操作，并且随着技术的进步，不仅能够完成自动换档，而且还能与汽车上的其他子系统相互联系，形成一个完整的系统，从而更好地实现对汽车的控制。

相比手动变速器，自动变速器有着如下优点：

1）操纵简便，降低了驾驶人的疲劳强度，提高了行驶安全性。

2）提高了换档品质和乘坐舒适性。

3）提高了汽车动力性和燃油经济性。

目前，自动变速器经过多年的发展主要有5种结构形式，分别为液力机械式自动变速器（AT）、电控机械式自动变速器（AMT）、无级变速器（CVT）、双离合自动变速器（DCT）、无限变速机械式变速器（IVT）。其中，液力机械式自动变速器由液力变矩器、行星齿轮机构和控制系统组成，也是这5种自动变速器中发展最早、技术最成熟的，市场占有率最高。

自动变速器一般来讲，按照控制形式来分，可分为液压式和电子式。

其中，液压式主要是将操控信息和驾驶工况信息等转化成液压信号来操纵液压阀进行自

动换挡；电子式是将发动机的工况信息通过传感器检出，转换成电信号输入 ECU 进行分析和处理，作出判断、发出指令并进行换挡控制。

自动变速器的分类如图 5-1 所示。

5.1.2　自动变速器的组成

自动变速器主要由液力变矩器、齿轮变速机构、液压控制系统、电子控制系统、换挡执行机构和冷却滤油装置等组成，如图 5-2 所示。

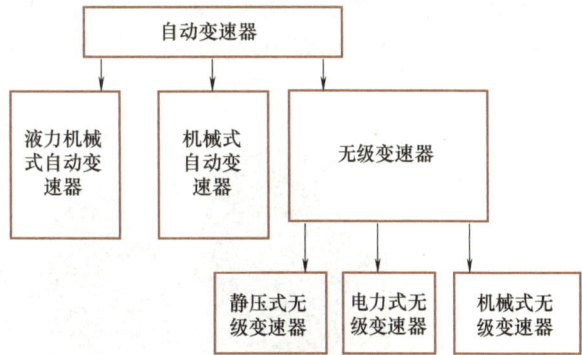

图 5-1　自动变速器的分类

图 5-2　自动变速器的结构组成

1. 液力变矩器

液力变矩器由泵轮、涡轮、导轮等液力元件组成，如图 5-3 所示。液力变矩器安装在发

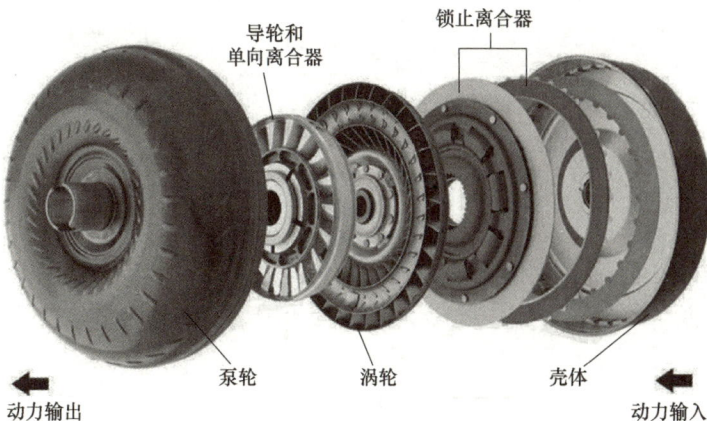

图 5-3　液力变矩器的组成

动机和变速器之间，以自动变速器油（ATF）为工作介质，起传递转矩、变矩、变速及离合的作用。ATF 在液力变矩器中的循环流动如图 5-4 所示。现代汽车的液力变矩器一般都加装有锁止离合器。

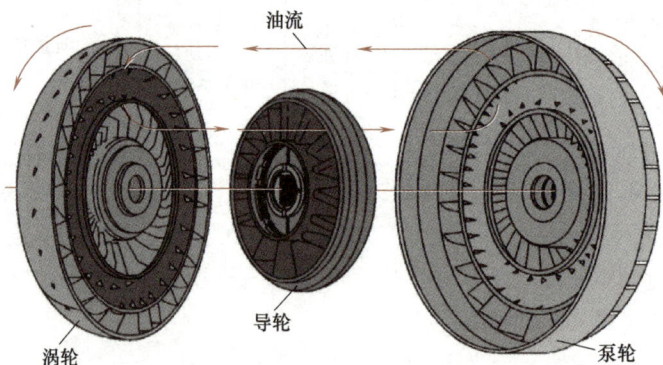

图 5-4　ATF 在液力变矩器中的循环流动

2. 齿轮变速机构

自动变速器的齿轮变速机构由太阳轮、行星轮及行星架、齿圈组成，如图 5-5 所示。

由平衡条件及能量守恒定律可得齿轮变速机构的特性方程为

$$\begin{cases} n_1 + \alpha n_2 - (1+\alpha) n_3 = 0 \\ \alpha = z_2 / z_1 \end{cases}$$

式中　n_1——太阳轮转速；

n_2——齿圈转速；

n_3——行星架转速；

z_2——齿圈齿数；

z_1——太阳轮齿数。

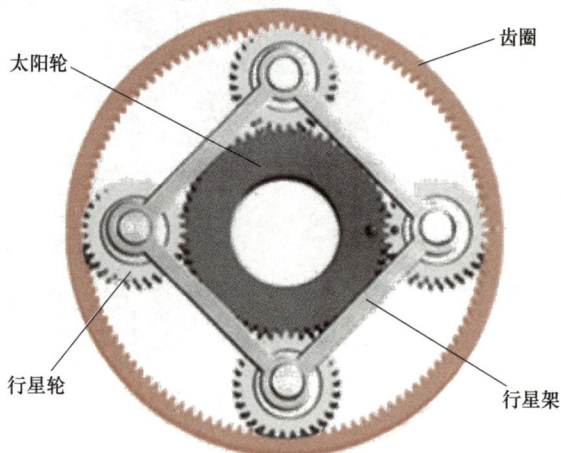

图 5-5　齿轮变速机构的组成

（1）减速传动 1　主动件为太阳轮，从动件为行星架，固定件为齿圈，传动比为

$$i = \frac{n_1}{n_3} = 1 + \alpha > 1$$

采用此方案传动时，是一种减速增扭传动。

（2）减速传动 2　主动件为齿圈，从动件为行星架，固定件为太阳轮，传动比为

$$i = \frac{n_1}{n_3} = 1 + \alpha > 1$$

采用此方案传动时，是一种减速增扭传动。

（3）减速传动 3　主动件为太阳轮，从动件为齿圈，固定件为行星架，传动比为

$$i = \frac{n_1}{n_2} = -\alpha$$

"–"表示齿圈的转动方向与太阳轮转向相反，即为倒档。但其绝对值大于 1，故仍为一

种减速增扭传动。

（4）增速传动 1　主动件为行星架，从动件为齿圈，固定件为太阳轮，传动比为

$$i = \frac{n_3}{n_2} = \frac{\alpha}{1+\alpha} < 1$$

（5）增速传动 2　主动件为行星架，从动件为太阳轮，固定件为齿圈，传动比为

$$i = \frac{n_3}{n_1} = \frac{1}{1+\alpha} < 1$$

此传动方案也是一种增速减扭传动，但其增速比大于前一种方案。

（6）增速传动 3　主动件为齿圈，从动件为太阳轮，固定件为行星架，传动比为

$$i = \frac{n_2}{n_1} = -\frac{1}{\alpha}$$

"−"号表示从动件太阳轮转动方向与齿圈相反，且是一种增速减扭传动，是一种加速的倒转。

（7）直接传动　当太阳轮、齿圈和行星架 3 个元件中，任意两个元件连成一体转动时，则第 3 个元件必然与前两者转速相同，即传动比 $i = 1$。

（8）自由转动　若所有元件均不受约束，则行星齿轮机构失去传动作用，此种状态相当于空档。

3. 液压控制系统

（1）动力源　液压控制系统的动力源是液压泵，它是整个液压控制系统的工作基础。如各种阀体的动作、换档执行元件的工作等都需要一定压力的 ATF。液压泵的基本功用就是提供满足需求的 ATF 油量和油压。

（2）执行机构　执行机构主要由离合器、制动器液压缸等组成。其功用是在控制液压的作用下实现离合器的接合和分离、制动器的制动和松开动作，以便得到相应的档位。

（3）控制机构　控制机构包括各种阀体，例如主调压阀、手动阀、换档阀等。液压控制系统还包括一些辅助装置，如用于防止换档冲击的蓄能器、单向阀等。液压控制系统原理如图 5-6 所示。

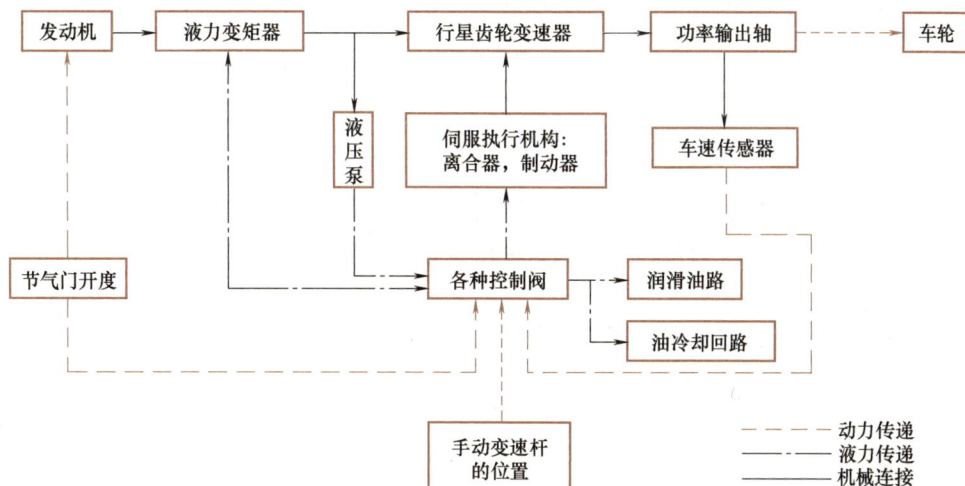

图 5-6　液压控制系统原理

4. 电子控制系统

自动变速器的电子控制系统包括传感器、ECU 和执行器三部分，如图 5-7 所示。

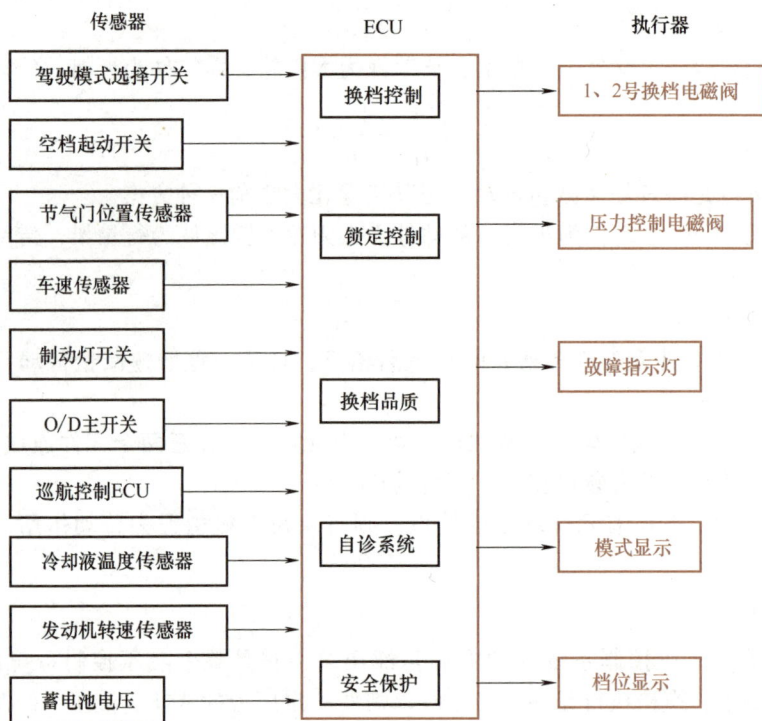

图 5-7　自动变速器的电子控制系统

自动变速器 ECU 将车速、节气门的位置及其变化的速率等信号经过处理发出指令控制电磁阀工作，使变速器平稳地换入合适的档位。

当自动变速器控制系统中各传感器、电磁阀或有关开关发生故障，ECU 通过输出故障码，以指示故障所发生的部位，并将之存储在存储器中，即使发动机熄火也不会消失。

5.2　无级变速器

无级变速器是传动比可以在一定范围内连续变化的变速器。它最主要的结构特点是采用传动带和可变工作直径的主、从动轮相配合来传递动力，可以实现传动比的连续改变，从而得到传动系统与发动机工况的最佳匹配，最大限度地利用发动机的特性，提高汽车的动力性和燃油经济性，因此，无级变速器在汽车上的应用越来越多。目前常见的无级变速器是金属带式无级变速器和传动链式无级变速器。金属带式无级变速器的结构如图 5-8 所示。

5.2.1　无级变速器的组成

无级变速器主要由缓冲减振装置（飞轮减振装置）、动力连接装置（制动器、离合器、行星齿轮机构等）、速比变换器、传动带、液压控制系统和电控系统等组成，如图 5-9 所示。

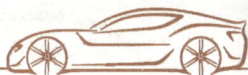

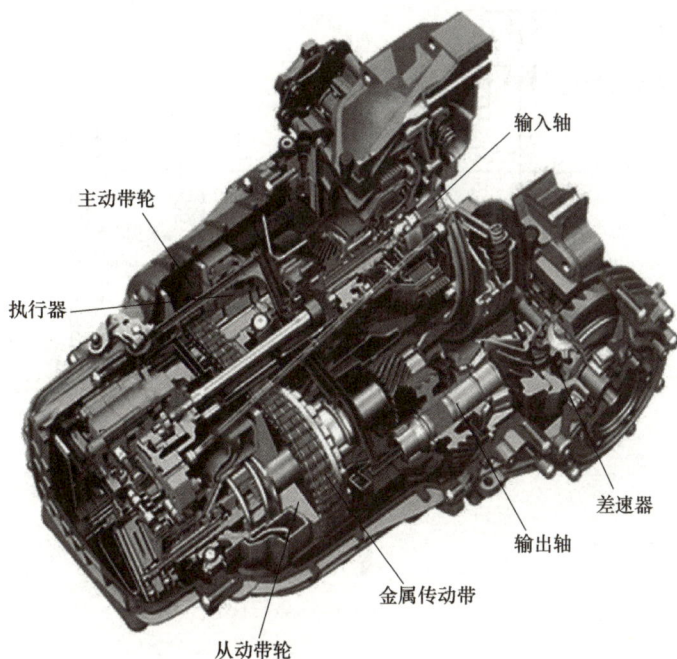

图 5-8　金属带式无级变速器的结构

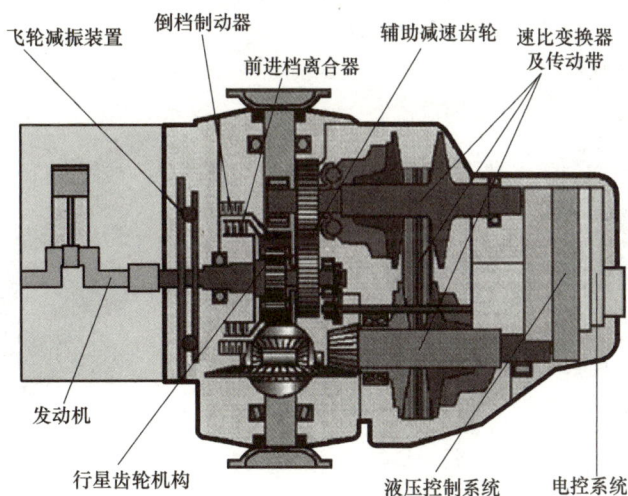

图 5-9　无级变速器的结构

5.2.2　变速传动机构的工作原理

变速传动机构如图 5-10 所示。

当在 P、N 档时：离合器、制动器不接合，发动机飞轮仅带动输入轴及太阳轮旋转，无动力输出。

当在 D 档时：控制系统根据节气门开度、车速等信号，改变主动链轮和从动链轮的有效直径，即无级改变传动比，发动机的动力经过输入轴、太阳轮与行星架、主动链轮、从动链轮、减速齿轮、差速器等传给驱动轮，使汽车向前行驶。主动与从动链轮装置示意图如

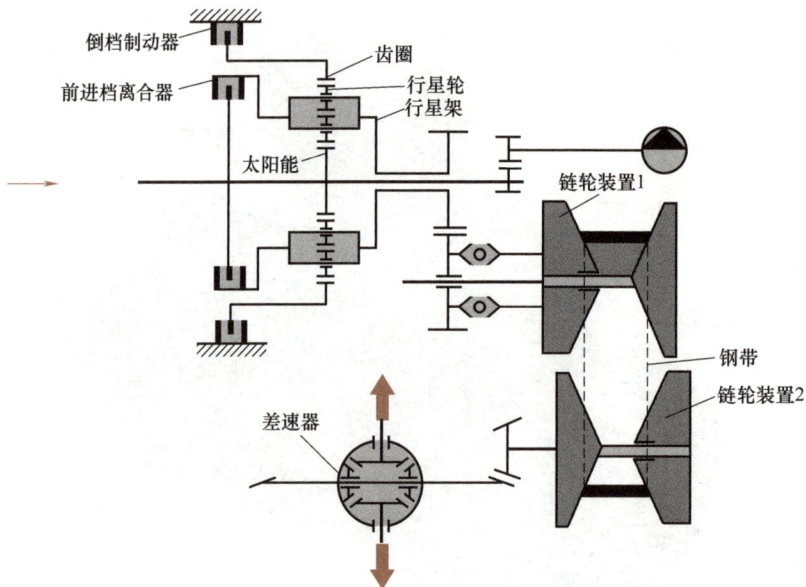

图 5-10　变速传动机构

图 5-11 所示。

当在 R 档时：控制系统使倒档离合器充油接合，齿圈制动，太阳轮主动，行星架从动，输入与输出转向相反，使主动带轮反向转动。

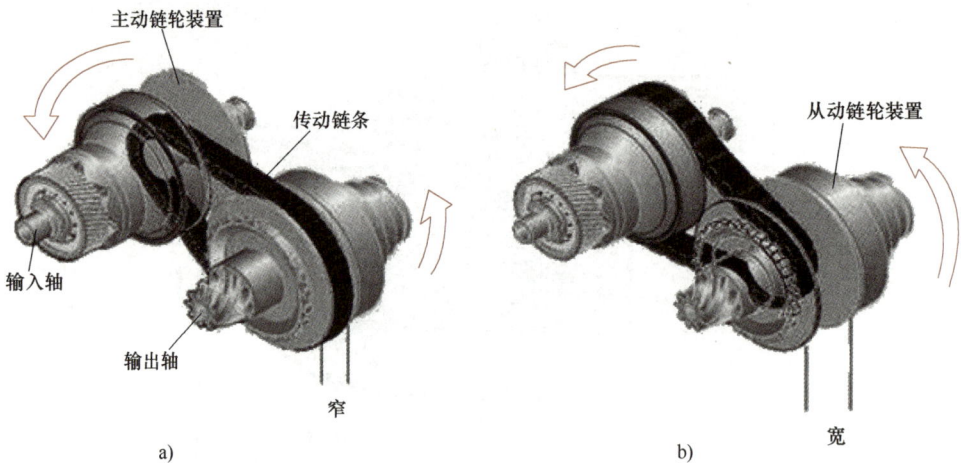

a)　　　　　　　　　　　　　　　　b)

图 5-11　主动与从动链轮装置示意图

a）主动链轮装置　b）从动链轮装置

5.3　双离合自动变速器

5.3.1　概述

双离合自动变速器也叫直接换档变速器（Direct Shift Gearbox，DSG）。双离合自动变速器是基于手动变速器发展而来的，并且综合了手动变速器与自动变速器的优点。

1. DSG 的结构特点

1）有两根输入轴，档位按奇偶数分开布置在两根输入轴上。

2）换档方式、换档齿轮基本结构与手动变速器相同。

3）有两个离合器进行换档控制。

4）离合器的切换和档位变换由控制单元和执行机构进行自动控制。

2. DSG 的优点

1）传动效率高，油耗低。

2）换档时没有动力中断，换档平稳。

3）具有良好的驾驶舒适性、动力性和操控性。

3. DSG 的类型

1）湿式双离合自动变速器。湿式双离合自动变速器的多片式双离合器是在冷却油槽中采用"湿式"方式运行的，通过浸泡在油中的湿式离合器摩擦片提供转矩的传递，以液压的形式来驱动齿轮。

2）干式双离合自动变速器。干式双离合自动变速器通过离合器从动盘上的摩擦片来传递转矩。由于节省了相关液力系统，以及干式离合器本身所具有的传递转矩的高效性，因此干式系统很大程度地提高了燃油经济性。

5.3.2　双离合自动变速器的结构与工作原理

1. DSG 的总体结构

双离合自动变速器有两组离合器和两组齿轮组，分别由电控系统和液压系统控制。DSG主要由两个离合器（K1、K2）、两个输入轴等零件组成，如图 5-12 所示。

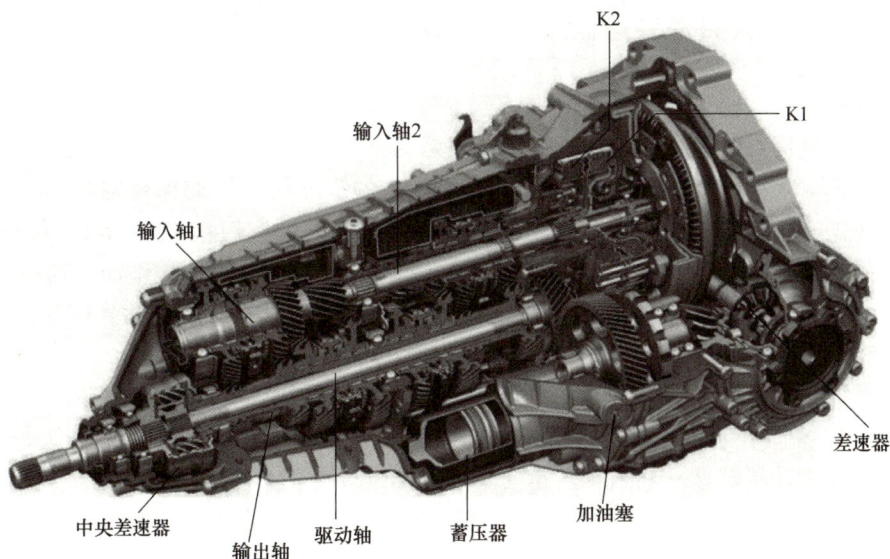

图 5-12　DSG 的总体结构

2. DSG 的基本工作原理

双离合自动变速系统的基本工作原理相当于采用两个变速器和两个离合器，一个变速器处于工作状态时，另一个变速器空转，通过两个离合器的切换来实现变速器交替投入工作状态，在不中断动力传递的状态下完成换档过程。

在图 5-13 所示的 7 档湿式双离合自动变速器中，每个分变速器的结构都与一个手动变速器相同，每个分变速器都配有一个湿式多片离合器。分变速器 1 通过湿式多片离合器 K1 来选择 1、3、5 和 7 档；分变速器 2 通过湿式多片离合器 K2 来选择 2、4、6 和倒档。因此，只需通过切换两个离合器的工作状态就可以完成换档操作。

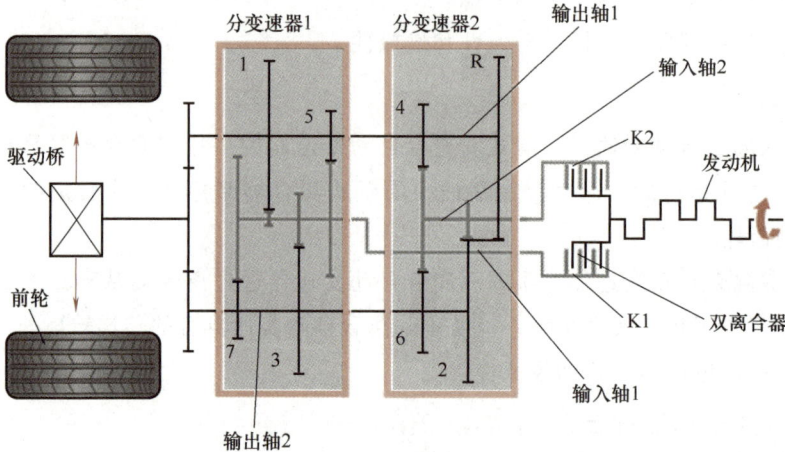

图 5-13　7 档湿式双离合自动变速器

5.4　电控机械式自动变速器

5.4.1　电控机械式自动变速器的工作原理

电控机械式自动变速器在保证干式离合器和固定轴变速器基本结构和换档过程不变的基础上增加控制机构，使得整个换档过程由电控系统自动完成。在汽车的起步过程、换档过程中，TCU 发挥着主要作用。它能够接收来自驾驶人的操作信号，如加速踏板的动作、换档操纵杆的动作等，并且依据车辆上的传感器对道路路况、车辆速度、档位等进行监控，依据 TCU 中存储的供油调节、换档、离合器控制的规律，实现对发动机的供油、选换档及离合器的分离与接合控制，使得汽车能够较为平稳地起步、快速地换档，并达到较为优越的动力性及燃油经济性。AMT 变速系统的工作原理如图 5-14 所示。

根据系统工作原理，系统由三大部分组成：

（1）传感器　用于反映驾驶人意图（加速踏板、制动踏板、档位开关等变化）和车辆的运行状态（发动机转速、输入轴转速、车速、档位等变化）。

（2）AMT 系统电控单元（TCU）　通过采集各传感器信号，确定驾驶人驾驶意图和车辆运行状态，根据其预先存储的控制规律进行决策并向各执行机构发出控制指令。

（3）系统执行机构　具体可分为变速器执行机构、离合器执行机构及加速踏板执行机构。

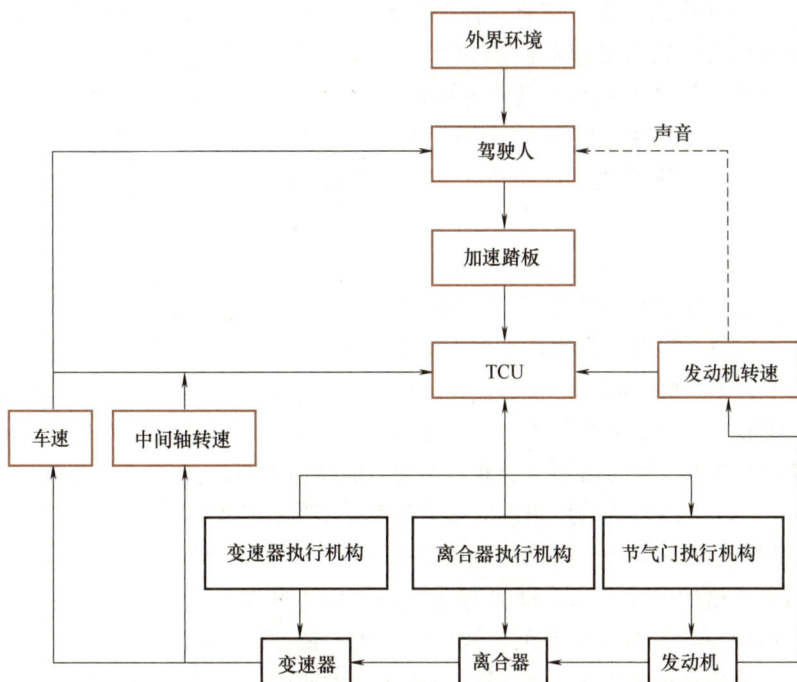

图 5-14　AMT 变速系统的工作原理

5.4.2　电控机械式自动变速器的结构型式及特点

1. AMT 结构型式分类

按照执行机构动力源的不同，AMT 结构型式有电控液压式、电控气动式和电控电动式三种。电控液压式 AMT 系统根据电控单元的指令控制电磁阀，通过液压缸驱动执行机构自动完成离合器的分离、接合和变速器选换档等动作。其特点是控制精度高、响应快，但液压元件加工工艺复杂，对液压油品质、密封性和使用环境的抗污染性要求高，控制性能受温度变化的影响大，同时系统需要附加电动机驱动的液压源，会产生一定的功率损失，而且系统总体成本及使用维护费用均较高。电控液压式 AMT 系统自诞生以来其液压系统基本结构几乎无太大的变化，只是某些系统的控制阀采用比例阀而不是高速开关阀。

电控气动式执行机构的驱动元件为气缸，可直接利用车辆原有气压制动系统的气源，使 AMT 系统结构简化，但执行元件体积较大，不便于机构布置，且气动系统位置控制精度较低，往往难于满足控制要求，因此其应用不够广泛。

电控电动式系统由电动机带动执行机构工作，可直接用车上的蓄电池为动力源，免去了液压操纵需要的复杂的油源装置和管路系统，具有结构简单、重量轻、控制灵活、对环境的适应性强、工艺简单、成本低、能耗小等特点，已成为 AMT 的重要发展方向。

2. AMT 控制系统功能

AMT 控制系统的主要功能是车辆起步过程与换档过程的自动控制。驾驶人通过操纵加速踏板、制动踏板和操纵手柄向 TCU 传递控制信号，同时 TCU 不断检测车辆的行驶状态参数，如车速、发动机转速、离合器行程、加速踏板位移、节气门开度和档位位置等。TCU

根据预先存储的最佳换档规律、离合器控制规律、发动机转速控制规律等，对发动机供油、离合器的分离与接合，以及变速器换档三者的动作与时序实现优化控制，从而获得优良的燃油经济性与动力性能以及平稳起步与迅速换档的能力。由于车辆起步、制动、换档频繁，为满足车辆正常行驶，AMT 控制系统必须安全可靠。AMT 控制系统的功能设计主要考虑了四个方面：基本功能、安全功能、诊断功能和辅助功能。

（1）基本功能

1）离合器控制。离合器接合过程的控制是 AMT 控制系统的关键技术之一。离合器接合速度根据离合器主、从动盘的转速差、滑动摩擦传递的转矩和已同步的 3 个阶段按快、慢、快的控制策略进行控制。离合器控制是通过离合器执行机构来实现离合器的分离与接合的。在离合器接合过程中，不仅要控制离合器的行程，还要控制离合器的接合速度。在制动、起步及换档工况开始阶段需要以一定速度分离合器达到及时切断动力传递的目的，在上述工况结束阶段要平稳地接合离合器，均匀增加离合器传递动力的摩擦力矩，使传动系统和车辆不至于产生过大冲击力和摩擦功。离合器的控制包括完全分离、半接合滑摩、完全接合 3 个状态。

2）选、换档控制。选、换档控制是通过控制两个电动机完成变速器传动比的转换。选档和换档控制有严格的时序要求，即只有选档到位后才可进行换档操作。换档控制时间与换档力和主、从动齿轮转速差大小有关，换档力越大，换档时间越小，转速差越大，换档时间越长。换档引起动力中断的时间与换档冲击往往是矛盾的，要快速平稳地实现换档，变速器的选、换档控制需要与发动机控制和离合器控制进行协调配合。AMT 系统应能够根据发动机负荷和车速等情况自动变换传动比，使汽车获得良好的动力性能和燃油经济性。

3）发动机控制。正常行驶时通过加速踏板执行机构控制节气门开度跟踪驾驶人踩下的加速踏板位移，实现节气门跟踪控制。换档过程中通过节气门控制发动机的输出转速和转矩，上换档时降低发动机转速，而下换档时调高发动机转速，使其与离合器从动盘转速一致，防止离合器控制和节气门控制的不协调和时序错误使动力中断过程中发动机转速过高造成的燃料浪费和噪声，同时保证很小的离合器主、从动片转速差，减少离合器接合磨损和造成换档冲击。起步过程中通过节气门控制发动机的输出转矩和转速，保证车辆按驾驶人的要求平稳起步。

（2）安全功能

1）起动禁止。如果变速器啮合车辆不在空档位置，这时需要通过控制起动电动机禁止发动机起动，避免车辆前冲，造成人员或车辆的损伤，同时防止起动电动机超负荷工作，影响其寿命。

2）倒档安全。手柄在倒档位置时，要求 TCU 控制变速器换入倒档，TCU 要判断车速是否为零，如果不为零，则暂时停止执行换入倒档的操作，以免造成变速器中齿轮打齿对变速器产生磨损，以及如果换不上档，对行车效率和安全也会产生影响。另外，为了防止驾驶人误操作，即使车速为零，如果一轴转速太高，也不执行换入倒档的操作。

3）转速差过高禁止同步。在变速器主、从动齿轮同步过程中，如果主、从动齿轮转速差过高，为保证同步器的使用寿命，防止过大的换档冲击，要禁止执行同步操作，待转速差降到允许的设定值范围内方可同步。

4）转速差过大限制离合器接合行程。在换档过程的动力恢复阶段，协调控制发动机转速和离合器行程，为了防止发动机转速、变化率过大造成的换档冲击，在离合器主、从动盘

转速差过大时限制离合器的接合行程，但滑摩功和冲击度是相对的，所以，这种控制方案要以适当牺牲离合器滑摩功为代价。

5）熄火延时。当驾驶人关钥匙熄火后，要通过延时电路继续向 AMT 供电，防止在未摘空档的情况下，由突然断电引起的离合器快速接合而造成的冲击，以及对人或车造成的伤害。另外，也给驾驶人一定的时间，在熄火后发现未摘空档时以便及时摘档。

6）防止熄火。在制动和减速工况时，通过发动机转速和转速变化率来判定发动机是否可能熄火，当发动机熄火的判定条件满足时，就快速分离离合器，及时切断离合器的动力传递，防止发动机熄火。

7）坡道起步。防止车辆在坡道上起步时出现倒溜而造成的安全隐患，安装坡道起步装置或通过发动机离合器的联合控制实现坡道安全平稳起步。

8）应急功能。在 TCU 故障时，车辆可以安全模式行驶，使驾驶人能够将车辆开往修理厂维修。

（3）诊断功能

1）离合器磨损。由于起步、换档过程中要靠离合器的滑摩来平稳传递动力，而干式离合器不可避免地会造成磨损，离合器磨损后如果不及时诊断并补偿，就会直接影响起步、换档品质，所以要有离合器磨损自诊断和磨损补偿功能。

2）传感器故障。传感器出现故障，会造成控制系统的混乱、对于离合器行程、节气门开度及加速踏板位移等造成影响。传感器故障主要通过给定工况及最大、最小值比较来判断是否有故障，而发动机转速、输入轴转速及车速三个脉冲量主要通过三者的冗余关系来判断其中之一是否出现故障。

3）执行机构故障。执行机构故障主要发生在电动机上，执行过程所产生的失步将导致离合器分离不彻底或接合不完全以及选、换档不到位而换不上档，需要对失步的产生进行补偿。

故障发生时，TCU 应生成国际标准故障码供检修，同时提醒驾驶人注意。

（4）辅助功能

1）爬行起步。城市道路工况、倒车或特殊工况下，车辆慢起步，确保安全和舒适。

2）巡航功能。驾驶人无须踩踏板，AMT 系统通过对节气门开度、档位变换，使车辆按最佳燃油经济性或最佳动力性能设定的车速行驶。

3）驱动防滑。车辆在附着系数低的冰雪或湿滑路面起步或加速时，AMT 系统可通过对离合器、节气门和档位变化来控制输出轴转矩来控制牵引力，以达到防滑控制的目的，提高车辆的操纵性、稳定性和安全性。

4）显示功能。包括故障显示和档位显示，故障显示可把故障情况反映给驾驶人，以便及时采取措施排除故障；档位显示防止驾驶人对档位误操作。系统具有串口，可将车辆运行状态通过串口上传上位机 LabVIEW 系统，进行车辆状态显示及数据分析。

5.5　线控换档系统关键技术

5.5.1　线控换档系统构架及原理

近年来，为了使搭载自动变速器的车型能实现全自动泊车功能，需要将传统的通过搬动变速杆带动拉索拉动变速器变速轴来实现 P、R、N、D 位的换档方式，改为用电驱动直接驱动变速轴的方式来实现换档，该电驱动机构被称为线控换档执行机构。该技术的应用同时也是高级辅助驾驶技术应用于自动档汽车的关键技术支撑，包括自动变速行驶、自动 P 位请求、实现手动/运动换档模式、驾驶人安全带保护、车门打开安全保护、实现整车防盗功能、多重硬线唤醒、驾驶习惯学习等功能。线控换档系统的基本模块包括控制器、电子换档选择模块、发动机与变速器模块、换档执行器模块以及整车信号模块。电子档位选择模块将档位信号发送给控制器，控制器再结合整车信号判断是否处于可以操作的状态，确认没有隐患则向换档执行器发送相应的换档信号，执行器则进行换档操作，同时将换档切换信息显示到仪表盘，从而完成原机械换档操作以及动作反馈；如果存在隐患，则将隐患信息发送到仪表盘，提醒驾驶人采取相应的措施。

关于采取线控转向技术的优势，主要有：

1）电子换档选择器相比原有的换档器质量和体积更小，同时也易于维护。

2）采取线控换档技术能够提高换档安全性，提高功能可靠性。

传统换档器是通过拉索推动或拉动自动变速器摇臂实现换档的，而线控换档器取消了机械式拉索，直接采用电动机推动或拉动自动变速器摇臂实现换档。一方面，减少传统机械式结构的磨损，换档器体积小，换档机制灵活多变，可极大程度地满足内饰造型需求；另一方面，线控换档器可实现电控换档，为智能驾驶奠定基础。目前，线控换档器主要应用于高端车型和新能源汽车。随着汽车的智能化和电子化，以及辅助驾驶和无人驾驶的需求提升，通过各大零部件商的大力研发，线控换档技术将得到普遍应用。

线控换档是一种不需要任何机械结构，仅通过电信号控制传动的机构。同其他线控技术一样，线控换档也是通过 CAN 总线实现与整车的通信，通过 LIN 线实现背光灯、随档增亮、面板按键等各种功能。线控换档主要由变速杆和传感器控制单元组成。当驾驶人换入某一个档位时，传感器就会将档位请求信号传送到 TCU，同时，TCU 会根据汽车上其他的各种信号（如发动机转速、车速、节气门开度以及安全带、车门开关信号等）进行分析，根据通信协议进行判断是否执行换档请求。

如果确认没有任何问题，TCU 会发出指令，给变速器中相应的电磁阀通电或断电，来控制各种液压控制阀的通断，从而实现档位的切换，并将策略档位发送给仪表显示当前档位。同时，传感器从 CAN 总线上接收 TCU 发出的反馈档位信号，再通过 LIN 线点亮副仪表板上的档位指示灯。如果被分析到有错误操作的存在，比如高速行驶中突然向前换入 R 位，会被 TCU 认为是错误信号，这种情况下 TCU 就不会给变速器发操作指令。线控变速系统构架如图 5-15 所示。

5.5.2 硬件电路

自动变速器控制系统主要包括硬件电路和软件系统。硬件电路是整个控制系统的基础，硬件电路的好坏对控制系统有着不可替代的影响。良好的硬件设计，可以对汽车传动系统的控制产生良好影响，进而使汽车的安全性能得到很大的提高。硬件系统总体框图如图 5-16 所示。

自动变速器控制系统可以通过如车速传感器在变速器输出轴处测量车速信号、转速传感器在电动机轴和变速器输出输入轴处测量转速信号、转矩传感器测量转矩信号、位置传感器

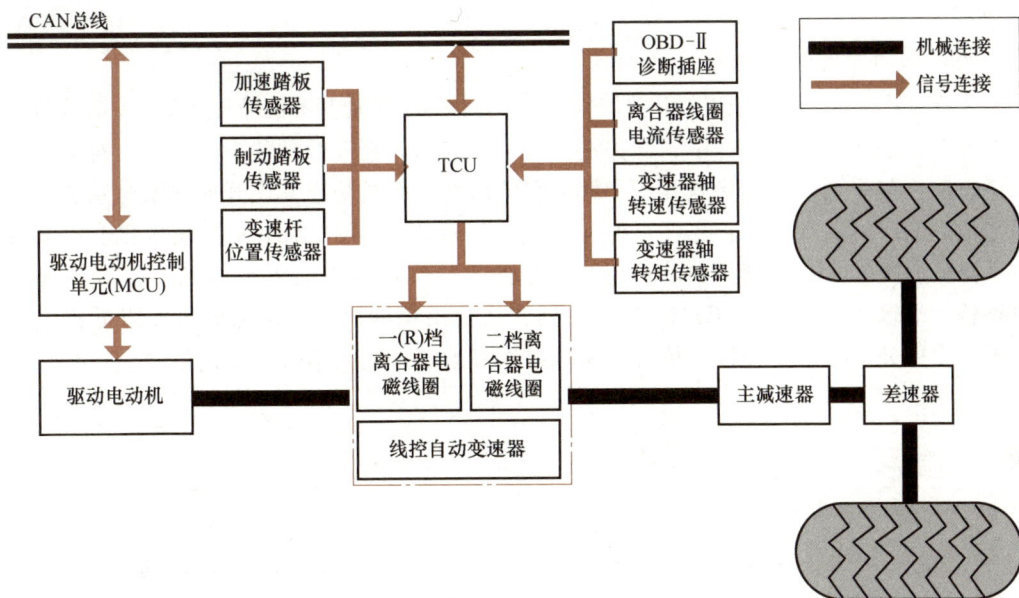

图 5-15 线控变速系统构架

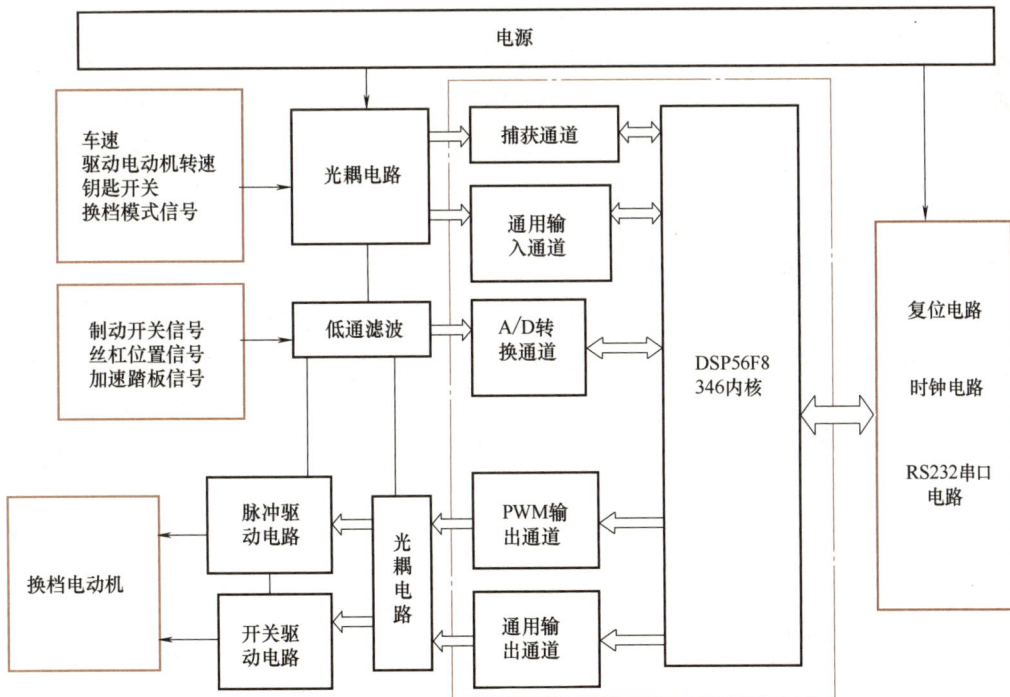

图 5-16 硬件系统总体框图

在电动机轴和变速器输出输入轴处测量转速信号、转矩传感器测量转矩信号、位置传感器测量踏板的位置信号和加速度传感器测量加速度信号等。此系统的输入信号可以分为 3 种：开关量（数字量）信号、模拟量信号和脉冲量信号。下面分别介绍这 3 种类型输入信号的调理电路。

1. 开关量信号的调理电路

开关量信号有很多种，如档位开关信号、停车灯信号、制动开关信号和点火开关信号等。

在开关量输入电路的设计中，开关量信号只有接通和断开两种状态，因此，对于开关信号来讲，防止其受到干扰的措施并不是解决它的精度，而是防止其误开或误断对系统或其他信号造成影响。开关量信号首先经过低通滤波，然后通过 MOC8101 光耦合器和上拉电阻使得电平降低，再输入到处理器中。档位开关量信号的调理电路如图 5-17 所示。开关量信号从电路输入端输入，经过 MOC8101 光耦合器，从输出端输出。此电路既可以降低档位信号的电平，使得处理器安全地接收信号，还可以很好地隔离输入信号和输出信号。

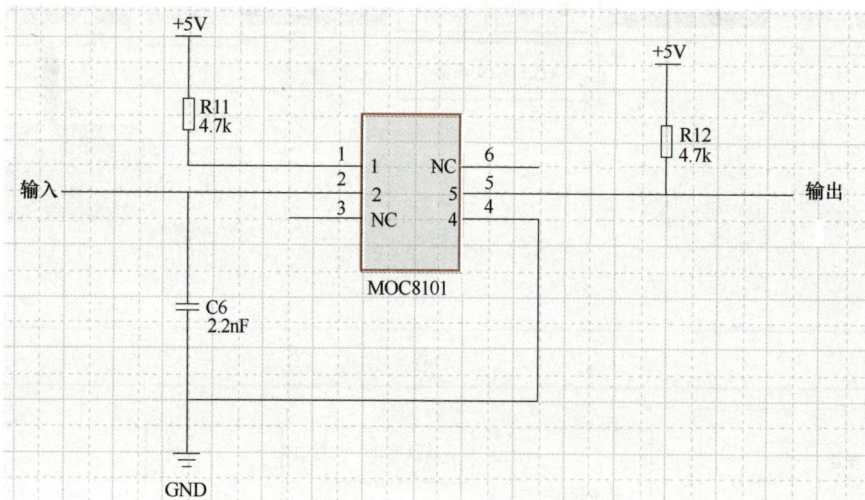

图 5-17　档位开关量信号调理电路

2. 模拟量信号的调理电路

模拟量信号主要有加速踏板信号、制动踏板信号等。对于所采集的加速踏板和制动踏板位置信号，可以由图 5-18 所示的模拟量信号调理电路来实现。采集的踏板信号先经过 TL014D 芯片所构成的滤波电路，可以过滤掉一些干扰，能够实现信号的准确测量。再经过 LM324 和钳位电路构成的保护电路，可以对开发板带来过电流等保护。信号经过调理电路

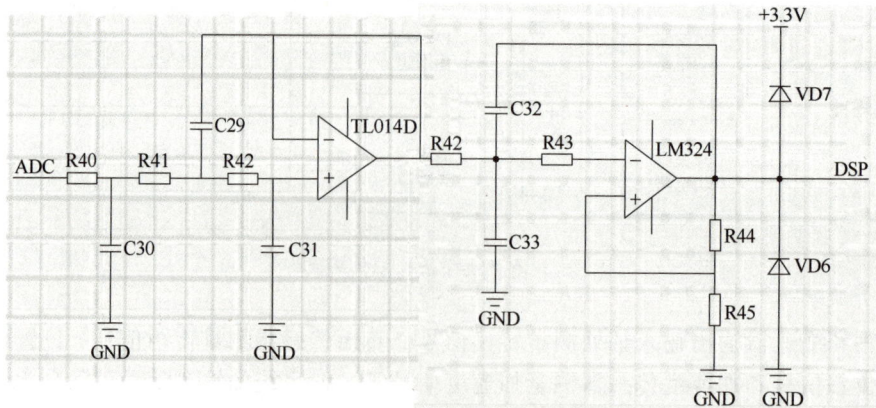

图 5-18　模拟量信号调理电路

之后，输入开发板的 ADC 模块中。

3. 脉冲量信号的调理电路

本系统中脉冲量信号包括变速器输出轴和输出轴转速信号和电动机转速信号等。此变速器需要实时地监测驱动电动机的转速信号等来选择换档的条件和换档的时机。因此，此电路必须有良好的稳定性和极高的准确性。

如图 5-19 所示，脉冲量信号的调理电路的作用是将脉冲信号通过整形、滤波和光电隔离等处理后，输出的方波信号能够输入处理器中。在变速器输出轴端部安装一个霍尔式转速传感器。从转速传感器输出的是近似于正弦波的信号，从输入口输入转速信号处理电路中，经过 R1 和 VS1 组成的限幅电路，以便于达到单片机接口的要求；再经过 R2 和 C1 组成的低通滤波电路，主要是除去干扰信号；然后经过施密特整形电路后，输出方波信号。通过测量变速器输出轴的转速和方向，即可得到车速。

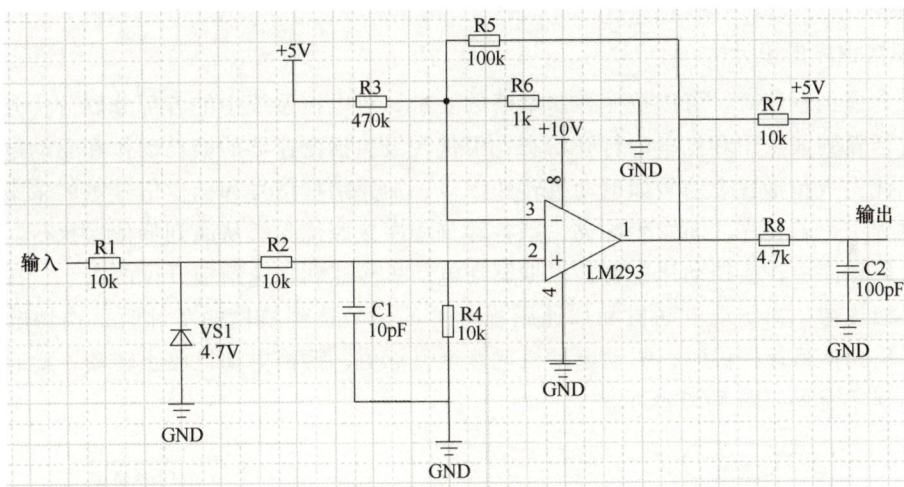

图 5-19　脉冲量信号调理电路

5.5.3　软件系统

1. 软件的介绍

DSP56F8346 是飞思卡尔 56F800E 系列的一种芯片，它有一套完整、便利的软件开发平台——CodeWarrior IDE，它由工程管理器、分级浏览器、源代码编辑器、连接器、编译器和调试器等组成。它比以往传统的平台能更加有效地帮助用户管理开发工作。

CodeWarrior IDE 有以下几个优点：

1）流水线的系统设计方式，可使系统的设计更加简单。

2）以最优化的语言编译器来保证最小的代码体积或最快的执行时间。

3）使用工程管理器对工程的管理更加方便。

4）完全支持 Freecale56800/E 系列的芯片。

5）图形化的源代码调试方式，可以快速且简单地解决复杂的问题。

处理问题专家接口（PEI）用于 DSP56800E 嵌入式的开发环境。它降低了成本，减少了应用开发的周期，生成的代码对 DSP 和外设的使用很高效。而且，其使用的代码有着较高的移植性。

嵌入式操作系统的特点：

1）系统占用的内核小。

2）系统精简，没有过多复杂的功能设计。

3）专用性强，具有普遍的适用性。

4）它是多任务的操作系统，能保证程序的可靠性和适时性，减少开发的时间保证质量。

2. 行驶状态的控制

在 DSP 初始化后，主程序是无限循环的，它包括对电动汽车行驶状态的控制，判断当前的汽车是否在起步、制动、爬坡、正常行驶等某一种状态。汽车只有在正常行驶状态下，才能调用换档的子程序，否则系统会继续采集各个传感器的信号，进行分析判断后进行下一个行驶状态。

3. 换档程序的设计

在设计换档程序时，可以按照控制策略的要求，对电控系统中的各部分划分优先级。高优先级包括驾驶人意图和汽车的行驶状态；中优先级包括变速器的换档动作和驱动电动机的调速；低优先级包括各个信号如电动机转速信号、加速踏板信号和档位信号等的采集。在程序执行过程中，若程序之间发生冲突，则各部分程序按照优先级从高到低依次执行。

在换档程序中，换档动作主要是根据驱动电动机转速和加速踏板开度的大小，按照预先制定的换档规律，当驱动电动机和加速踏板开度的信号达到换档的条件时，换档电动机起动，当档位到达目标档位时，驱动电动机调速至目标值，换档电动机停止转动，此时换档完成。换档程序流程如图 5-20 所示。

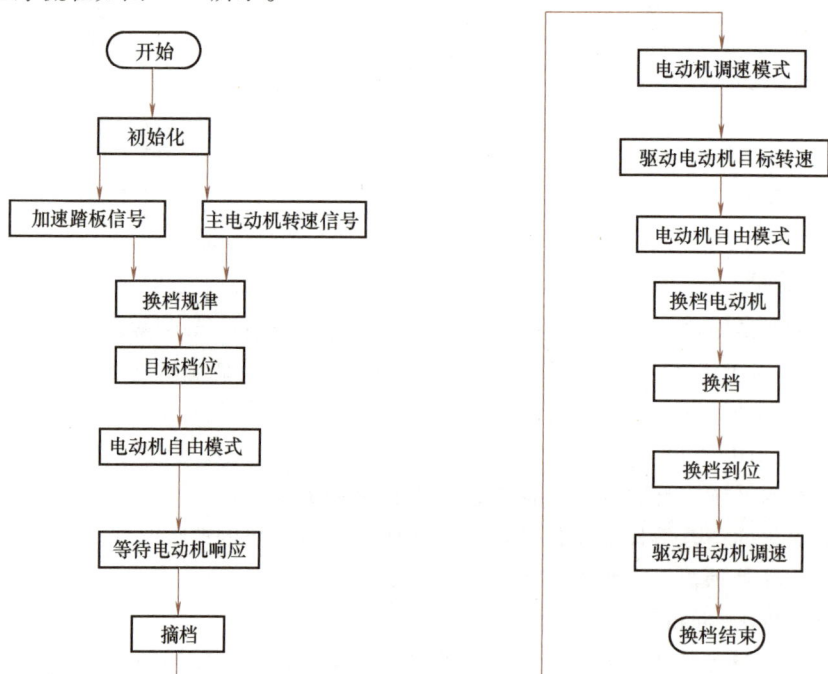

图 5-20 换档程序流程

4. 采集加速踏板信号程序的设计

电控系统中的处理器采集信号有加速踏板信号、制动踏板信号等。这些信号由各自相应的传感器产生，通过调理电路转换为处理器能够接收的信号，由处理器的 A/D 模块端口传输到处理器中。要将采集到的模拟量信号能被处理器识别，首先对 A/D 模块进行初始化再进行一些参数的设置，然后对其进行编程使得模拟信号转化为数字信号。

采用的处理器为两个 4 通道的 12 位 A/D 模块，这两个 A/D 模块有着各自的采样和保持电路，它们可以独立使用也可以同时使用。A/D 采集模块程序的设计与编写主要包括 A/D 模块的初始化和对数据的处理。初始化工作主要是对模块的选择、是否进入中断、转换通道的选择、输入模式的选择和转换模式的选择等。每一个设置的参数都有相对应的寄存器，设置完之后的参数，其相应的寄存器中有着相应的赋值，参数选择正确与否可以在寄存器中查看。采集加速踏板信号流程如图 5-21 所示。

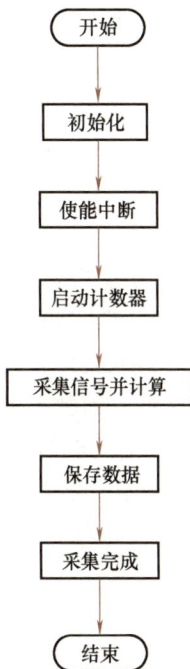

5. 采集驱动电动机转速信号程序的设计

采集驱动电动机转速信号、变速器输出轴和输出轴转速信号使用的处理器为两个相位检测器，这两个相位检测器分别与定时器 A 和定时器 B 共享引脚。测量电动机的转速是利用定时器进行高速时钟的累加。在 CodeWarrior 编程环境中，需要添加脉冲累加模块、定时模块和相位输入输出模块。首先对上述模块初始化，参数的设置都可以在嵌入监视器窗口中进行、中断使能开启、中断周期和引脚等的确定、参数的对错可以在相对应的寄存器中进行查看。在设置完参数后进行编译，然后进行转速测量程序的编写。采集驱动电动机转速信号流程如图 5-22 所示。

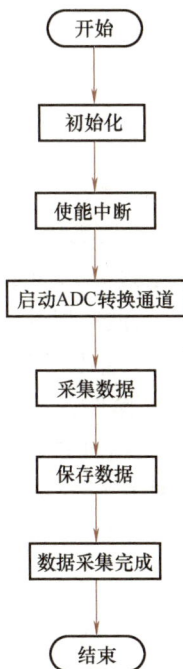

图 5-21　采集加速踏板信号流程　　　　图 5-22　采集驱动电动机转速信号流程

6. 显示界面程序的设计

系统的显示界面采用软件本身自带的 FreeMaster 软件用来显示所测量的信号机变量。FreeMaster 集成了串口的通信功能，它包括常用的 SCI 通信模块，可在模块中设置显示的窗口、数据缓冲区大小、命令缓冲区长度等。在显示界面中，左上角红色部分为停止按钮，右上角框图为采集信号的显示界面。首先通过"Project"工具栏中选择连接串口并连接；然后选择要显示的变量；最后建立一个新窗口，并将变量在右边的窗口显示出来。

7. 子程序的设计

子程序包括驱动电动机正反转程序、驱动电动机的转速调节控制程序和控制电动机的正反转程序。正反转程序中，DSP 开发板产生 PWM 波信号来控制电动机的正反转。电动机控制方式为占空比控制，其中有脉冲输入信号和方向输入信号，转速的大小由脉冲信号的占空比大小来控制，转速的方向由方向信号的高、低电平来控制。在此控制电动机中，方向信号为 1 时，控制电动机正转；方向信号为 0 时，控制电动机反转。因此，驱动电动机的转速由脉冲信号的占空比和方向信号的高、低电平来控制。换档时，驱动电动机的转速调节流程如图 5-23 所示。

控制电动机的转动方向和转速的控制方法与驱动电动机的控制方法一样，控制的位移则使用速度环和位置环的 PID 控制。

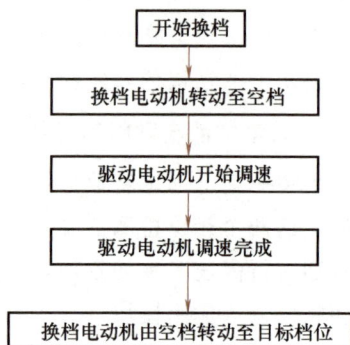

图 5-23　驱动电动机的转速调节流程

5.6　典型线控换档系统

5.6.1　上汽通用线控换档系统

随着科技的发展，使用电子换档机构替代传统的拉索式机械换档机构的车型越来越多。这些外观各异的电子换档机构（档杆式、旋钮式、怀档式、按键式等）为车辆驾驶带来了更多的便利性和安全性，同时也提升了车辆的豪华感和科技感。上汽通用汽车公司的凯迪拉克、别克等部分车型也采用了电子换档系统（ETRS），与奔驰、宝马、奥迪等豪华车的 ETRS 工作原理类似，驾驶人可以通过电子变速杆完成车辆的换档操作，即通过传感器将驾驶人的操作意图转化成电信号，再由换档执行器驱动变速器的变速轴进行档位（驻车档、倒档、空档、前进档）切换。其核心部件包括电子变速杆、换档执行器及控制模块等，而变速器内部的机械和电气构造并没有发生变化。

1. ETRS 特点

与传统机械变速相比，ETRS 的优点主要包括以下几点：

1）电子化控制，省去了复杂的机械结构，布置更灵活，节省了车内空间。

2）变速器响应速度更快，增强了变速器的耐久性，为车辆驾驶带来了更多的便利性。

3）能提供智能自动保护模式，提升操控安全性。

另外，其存在的缺点主要包括以下几点：

1）电子变速杆在每次操作后会回到同一个位置，驾驶人无法根据变速杆位置来辨别当前档位，只能通过指示灯来判断，易发生换错档的情况。

2）电子部件多，控制复杂，影响因素多，故障检修难度大。

3）当 ETRS 出现故障时，大部分电子换档机构无法对当前档位进行释放，驾驶人不能自行移动车辆，只能等待拖车或救援。

2. ETRS 的智能自动保护模式

为了确保驾乘人员安全及防止变速器损坏，ETRS 都会设置一些保护性功能。上汽通用汽车公司的 ETRS 同样也有很多智能保护模式，具体包括以下 3 点：

（1）防误换入 P 位功能 车辆行驶过程中，若驾驶人误操作 P 位按钮（驻车档按钮），ETRS 会指令变速器先自行换入 N 位；当车速降低至许可范围时，再换入 P 位，以保护变速器。

（2）备用驻车锁功能（默认换入驻车档） 当车辆起动且处于非 P 位时，若打开驾驶人侧车门（未系安全带、松开制动踏板），或非 P 位踩下制动踏板停车，将发动机熄火，变速器都会换入 P 位（强制将变速轴移至驻车位置），无须驾驶人手动操作，以保护驾乘人员安全。

（3）自动启用电子驻车制动功能 当车辆处于坡道且换入 P 位时，车辆会自动启用电子驻车制动功能，防止因 P 位机械负载过大而损坏变速器。

3. ETRS 的组成、工作原理及检修

以 2017 款别克君越车为例，ETRS 是由变速杆手柄（S156）、变速器变速杆（S3）、底盘控制模块（CCM）、变速器档位控制模块（TRCM）等部件组成。在图 5-24 所示的电子换档系统的工作示意图中，操作电子变速杆，换档请求信息传递到底盘控制模块，然后底盘控制模块将指令发送给变速器档位控制模块，最后由变速器档位控制模块驱动变速器变速轴进入选定的档位（驻车档、倒档、空档、前进档、手动档）。

（1）变速杆手柄 变速杆手柄安装在变速器变速杆上方，集成有换档互锁

图 5-24 电子换档系统的工作示意图

按钮、P 位按钮及变速杆位置指示灯三部分，如图 5-25 所示。

1）换档互锁按钮（也称为释放按钮）。此电子变速杆没有设计锁止电磁阀，虽然能随时移动变速杆，但如果未按下变速杆手柄上的换档互锁按钮，就不能真正从驻车档移出。换档互锁按钮内有两个换档互锁开关，按下换档互锁按钮，底盘控制模块会处理请求信息，并

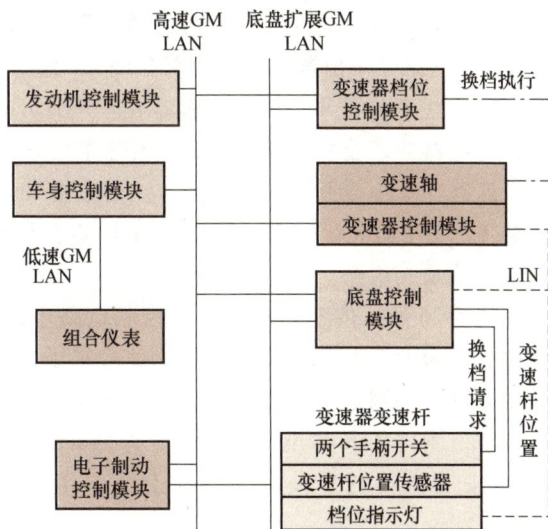

通过串行数据向变速器档位控制模块发送一个指令。在操作换档互锁按钮时，如果未用力按在换档互锁按钮的中央位置，则按钮内两个触点开关中的一个可能接触不到，系统就会存储故障码"P17A6 换档互锁开关 1-2 不合理"。另外，换档互锁按钮的检测方法如下：用故障检测仪读取换档互锁开关 1 和换档互锁开关 2 的值，当未按下换档互锁按钮时，换档互锁开关 1、换档互锁开关 2 的值为 67%~85%；当按下换档互锁按钮时，换档互锁开关 1、换档互锁开关 2 的值为 50%~60%。如果换档互锁开关 1、换档互锁开关 2 的值

图 5-25　变速器变速杆及手柄

不在上述规定范围内，则需要检修按钮内的换档互锁开关及其线路。

查阅变速器变速杆控制电路（见图 5-26），根据变速器变速杆端子定义得知变速器变速杆端子 19 为换档互锁开关 1 信号端子，端子 21 为换档互锁开关 2 信号端子。用万用表电阻档测量换档互锁开关 1、换档互锁开关 2 两端的电阻，未按下换档互锁按钮时，测得的开关电阻应为 3~3.5kΩ；按下换档互锁按钮时，测得的开关电阻应为 1~1.5kΩ。如果测得的开关电阻不在上述规定范围内，则需要更换变速杆手柄或变速器变速杆。

2）P 位（驻车档）按钮。变速杆手柄顶部有一个 P 位按钮，其内部也包含两个开关，分别为变速器驻车位置开关 1 和变速器驻车位置开关 2。当按下 P 位按钮时，两个变速器驻车位置开关就会向底盘控制模块发送驻车信息。与操作换档互锁按钮一样，如果未用力按在 P 位按钮的中央位置，则按钮内两个触点开关中的一个可能接触不到，系统将会存储故障码"P07BE 变速器驻车位置开关 1-2 不合理"。另外，P 位按钮的检测方法如下：用故障检测仪读取变速器驻车位置开关 1 和变速器驻车位置开关 2 的值，当未按下变速杆手柄上的 P 位按钮时，变速器驻车位置开关 1、变速器驻车位置开关 2 的值为 55%~70%；当按下 P 位按钮时，变速器驻车位置开关 1、变速器驻车位置开关 2 的值为 35%~45%。如果变速器驻车位置开关 1、变速器驻车位置开关 2 的值不在上述规定范围内，则需要检修按钮内的变速器驻车位置开关及其线路。

在图 5-26 所示的变速器变速杆控制电路中，根据变速器变速杆端子定义得知变速器变速杆端子 9 为变速器驻车位置开关 1 信号端子，端子 11 为变速器驻车位置开关 2 信号端子。用万用表电阻档测量变速器驻车位置开关 1、变速器驻车位置开关 2 两端的电阻，未按下 P 位按钮时，测得的开关电阻应为 3~3.5kΩ；按下 P 位按钮时，测得的开关电阻应为 1~1.5kΩ。如果测得的开关电阻不在上述规定范围内，则需要更换变速杆手柄或变速器变速杆。

3）变速杆位置指示灯。变速杆手柄端面有 5 个 LED 档位指示灯，即 P（驻车档）、R（倒档）、N（空档）、D（前进档）、M（手动档）指示灯。当变速器处于某个档位时，变速杆手柄内的指示灯模块会通过 LIN 总线从底盘控制模块接收到档位信息，并点亮相应的档位指示灯。

（2）变速器变速杆　变速器变速杆实际上是一个集成的传感器（有两个二维传感器），用来检测变速杆的实际位置。每个二维传感器传输一个 X 坐标和 Y 坐标信号，用于将驾驶

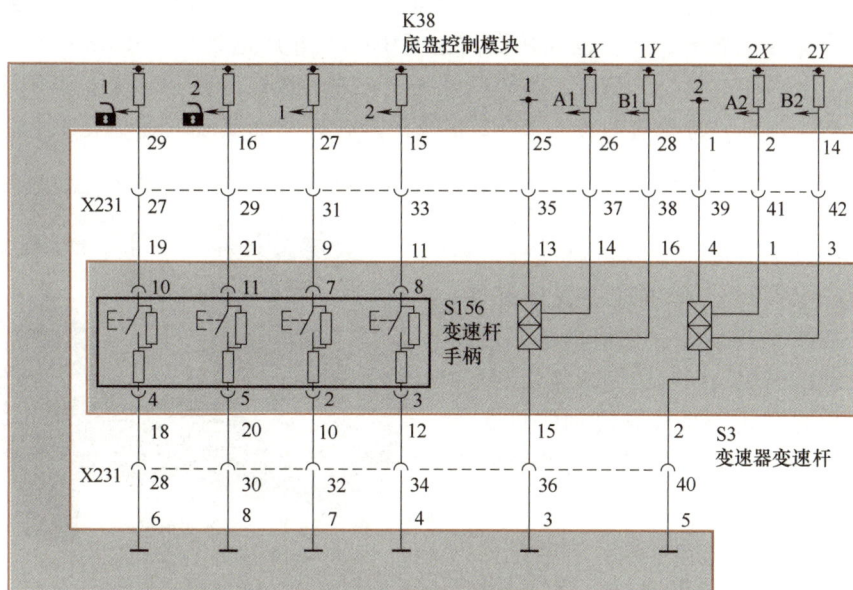

图 5-26 变速器变速杆控制电路

人的换档动作转换为电信号并发送至底盘控制模块。变速杆位置传感器的检测方法如下：用故障检测仪读取变速杆位置传感器 1 和变速杆位置传感器 2 的值，当变速杆移动到不同位置时，变速器变速杆 X 位置 1 占空比、变速器变速杆 Y 位置 1 占空比、变速器变速杆 X 位置 2 占空比、变速器变速杆 Y 位置 2 占空比的值均应在 5%~95% 变化。如果某项值小于 5% 或大于 95%，或不发生改变，则需要对相关的变速杆位置传感器线路进行检修或更换变速器变速杆。

在图 5-26 所示的变速器变速杆控制电路中，根据变速器变速杆端子定义得知变速器变速杆端子 13 为变速杆位置传感器 1 的供电端子，端子 14 为变速杆位置传感器 $1X$ 坐标信号端子，端子 16 为变速杆位置传感器 $1Y$ 坐标信号端子，端子 15 为变速杆位置传感器 1 的搭铁端子；端子 4 为变速杆位置传感器 2 的供电端子，端子 1 为变速杆位置传感器 $2X$ 坐标信号端子，端子 3 为变速杆位置传感器 $2Y$ 坐标信号端子，端子 2 为变速杆位置传感器 2 的搭铁端子。

（3）**底盘控制模块** 底盘控制模块连接在高速 GM-LAN 和底盘扩展 GM-LAN 上，作用是接收变速器变速杆的信息，并将信息与变速器控制模块、发动机控制模块、车身控制模块、电子制动控制模块等共享。底盘控制模块还通过 LIN 总线与变速器档位控制模块互相通信，并控制变速杆手柄上的档位指示灯。所有变速器变速杆和变速器档位控制模块的故障信息都在底盘控制模块中设置。底盘控制模块安装在驾驶室前防火墙中间位置，如图 5-27 所示。

图 5-27 底盘控制模块的安装位置示意图

（4）**变速器档位控制模块** 变速器档位控制模块实际上是个换档执行器，通过支架和螺栓安装在自动变速器上部。它也连接在高速 GM-LAN 和底盘扩展 GM-LAN 上。变速器档位控制模块会参考相关模块的信息，如车门开关、车速、选档信息等，再通过内部电动机驱动变速器上的变速轴，将变速轴移入 ETRS 指令的档位，从而实现变速器在 P 位、R 位、N 位、D 位、M 位间的切换。

变速器档位控制模块是一个总成件，它的内部结构很复杂，除了集成电路之外，还包括电动机、齿轮组、霍尔式位置传感器、输出轴等，如图 5-28 所示。模块内部冗余设计了两个电动机以驱动齿轮组完成换档动作。霍尔式位置传感器用于反馈输出轴的角度位置信息。在执行器意外断电时，内部复位机构会使变速器回到驻车档。

（5）**"变速器档位控制模块档位电动机位置读入"和"备用驻车锁执行器启用"**
在拆装或更换变速器档位控制模块后，用故

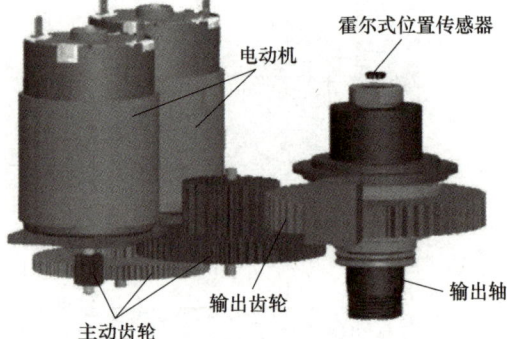

图 5-28　变速器档位控制模块内部构造

障检测仪进入"变速器档位控制模块"→"配置/重置功能"下面的"变速器档位控制模块档位电动机位置读入"和"备用驻车锁执行器启用"程序，并按照故障检测仪上的说明完成操作。目的是让电子换档系统了解档位电动机和备用驻车锁执行器在变速器变速轴上的准确位置。执行变速器档位控制模块读入程序时必须满足以下条件：

1）在运行读入程序前必须先排除电子换档系统相关的当前故障码。

2）确保变速器档位控制模块支座或连杆没有松旷，否则应予以调整紧固。

3）关闭车内所有用电设备，确保蓄电池电量充足，必要时可跨接辅助电源。

4）确保变速器油温在 10～40℃。

5）确保变速器档位控制模块和底盘控制模块软件包是可用的最新版本软件，如果软件不是最新版本，则需执行编程升级程序。

5.6.2　丰田普锐斯线控换档系统

换档系统的作用是操纵驻车机构和选择前进档、倒档和空档。从传统意义来讲多数变速系统由驾驶室内的变速杆和变速器内的换档机构组成。这种类型的变速装置限制了变速杆的结构形式、换档操作力、换档模式等，也限制了换档操作性。例如，如对于目前的变速杆，换档位置排列顺序全都为 P、R、N、D 位，因为自动变速器的结构决定了这一切。此外，松开驻车机构需要特别大的力，对于传统换档机构为减小驾驶人的误换档操作，采用复杂的硬件结构，不利于简化换档操作。为从根本上解决上述问题，丰田公司开发了线控换档系统，消除了变速杆与变速器之间的机械连接。此系统适用于混合动力汽车，通过电控方式选择前进档、倒档和空档，用电动开关来啮合或断开驻车机构。

1. 线控换档系统的功能

1）大幅度改进换档的操作性、优化换档模式、优化布置。

2）解决人为误操作。

3）改进空间利用率，换档机构小型化。

4）仪表板设计更加先进、变速杆本身设计先进、与周围开关更协调。

线控换档系统的换档模块安装在驾驶人手的自然活动范围之内，手柄紧凑，与周围的开关协调，结构设计新颖。

为了减小换档操作力和发生人为误操作，换档手柄在驾驶人的手松开时能立即自动回到预先的位置；为了优化换档模式和选择驻车位置驻车开关与变速杆各自独立。采用新的换档模式，换档操作力仅为传统变速杆操作力的1/5，如图5-29所示。在图5-30所示的换档方式中P、R、N、D、B分别表示驻车、倒档、空档、直接档和发动机制动档。变速杆可容易地进行指尖操作，完全改变换档的感觉。

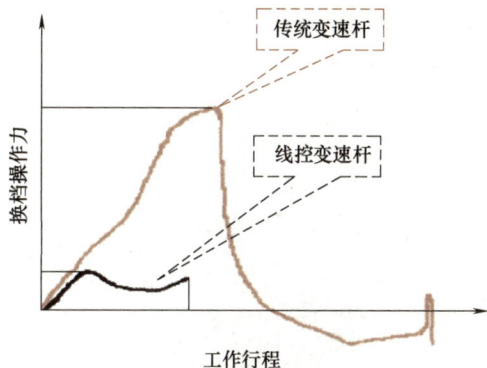

图 5-29　换档操作力

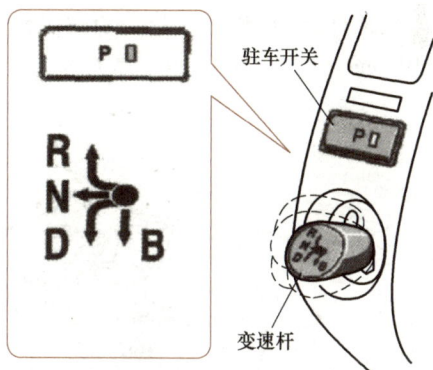

图 5-30　换档方式

2. 线控换档系统结构

线控换档系统主要部件组成如图5-31所示，这些部件的主要功能：①换档操作和驻车

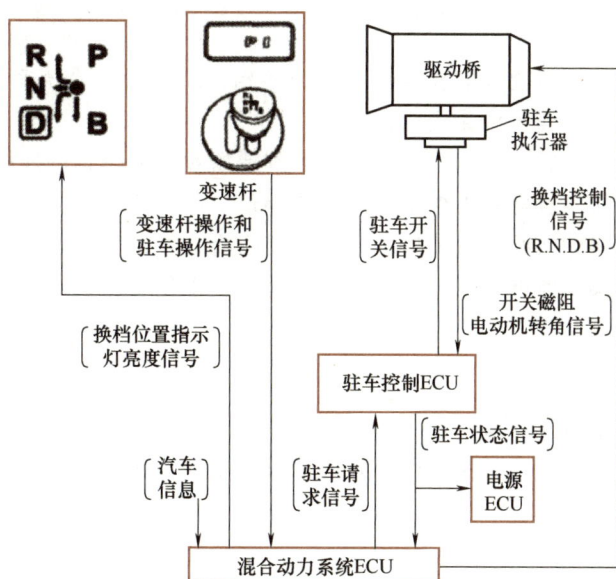

图 5-31　线控换档系统主要部件组成

操作机构：为人机接口，可使驾驶人以舒适的方式换档，由变速杆和驻车开关组成；②混合动力系统 ECU：主要功能是控制混合动力系统，此外，ECU 还影响换档控制，若要啮合驻车 ECU 向驻车控制 ECU 发出命令以便换入前进档、倒档和空档，此时 ECU 直接控制混合动力电动机；③驻车控制 ECU：控制驻车执行器与混合动力 ECU 发出的命令相一致；④驻车执行器：由开关磁阻电动机和摆线减速器组成执行器操纵驱动桥的驻车机构；⑤电源 ECU：控制电源，例如，如果变速杆不在 P 位不能切断电源；⑥换档位置指示灯，由此看出线控换档系统由许多协同工作的部件组成，线控换档的工作原理主要包括换档模块、驻车执行器和防止人为误操作等。

3. 换档操纵机构

换档操纵机构结构紧凑布置在仪表盘上，整个机构由变速杆和驻车开关组成，如图 5-32 所示，变速杆长约 80mm，比普通变速杆短一半。换档模块在仪表板上占据的空间不大，尺寸为 100mm（宽）×150mm（高）×170mm（长），如图 5-33 所示。

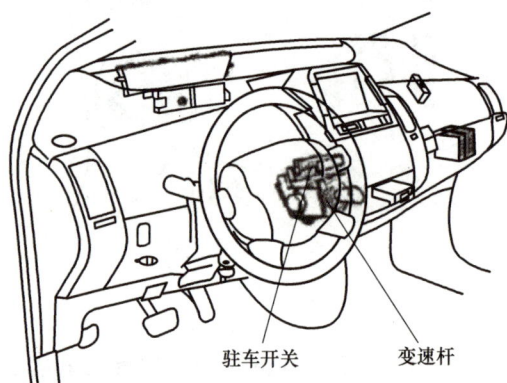

图 5-32　驻车开关和变速杆在仪表板上的位置

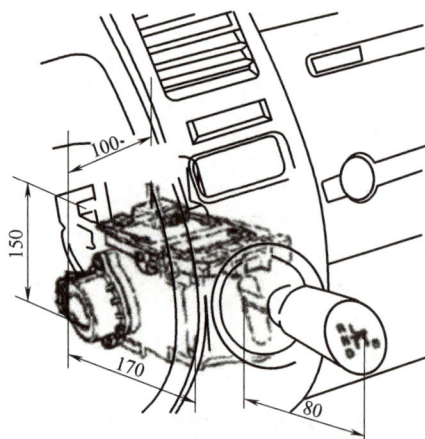

图 5-33　换档模块的外形尺寸

换档操纵机构可以使驾驶人能够轻松舒适地换档，线控换档系统完全按人机工程设计，其舒适程度是其他类型换档机构无法比拟的。

驾驶人松开换档手柄后，手柄会立即自动回到原始预定的位置。换档模式也很简单，可以让驾驶人很容易记住。若驾驶人想要换到某个档位，不用考虑目前的档位，因为换档操作完成后变速杆会自动回到初始位置。换档时变速杆只有一个停止位置，不用担心换档不到位或变速杆移动过位。换入前进档或倒档需要两步完成，以使驾驶人确认完成换档操作增强安全性。

4. 驻车执行器

驻车执行器由驻车 ECU 控制。驻车 ECU 利用转角传感器提供的信息精确地控制驻车机构的啮合和分离。转角传感器只用于确定相对位置，不能检测绝对位置，所以在实施控制之前，ECU 要确定基准位置。

驻车装置应满足下列性能要求：

1）输出性能。能提供适当力矩，确保在坡道上能分离驻车机构。

2）响应性能。在正常使用时具有很高的响应速度，确保驾驶人可舒适地操纵驻车机构。

3）易于安装。由于结构紧凑，可在有限空间安装。

4）可靠性。具有高可靠性，与汽车使用寿命一致。

驻车执行器的组成如图 5-34 所示，开关磁阻电动机用作驱动力，摆线减速器放大力矩，转角传感器检测电动机转角。

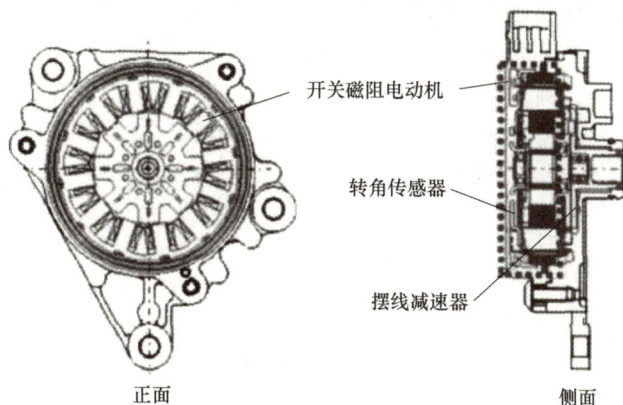

正面　　　　　　　　　　　　　　　　　　侧面

图 5-34　驻车执行器的组成

（1）开关磁阻电动机　为满足前面的性能要求，用开关磁阻电动机作为动力源。这种电动机较薄，并且能输出较大转矩，有较快的响应速度；电动机没有电刷或磁块，有很高的磁性；三相线圈沿圆周布置在定子外圈，若电流按顺序流入线圈，则产生使内圈转子旋转的力。转角传感器可高精度地检测转子的转角，在优化电流作用于线圈的时刻，从而能够精确控制转子的旋转运动。因此，开关磁阻电动机对于产生控制驻车执行器的驱动力起到关键作用。开关磁阻电动机的组成如图 5-35 所示。

（2）摆线减速器　摆线减速器用于增大开关磁阻电动机的驱动力。摆线减速器较薄并且有较大减速比。图 5-36 所示为摆线减速器的组成。偏心盘由电动机转子驱动，偏心盘若旋转一周输出轴旋转 1 个齿。摆线减速器可放大电动机的力矩，使驻车机构在任何需要转矩的情况下可靠地啮合，如汽车停在坡道上时。

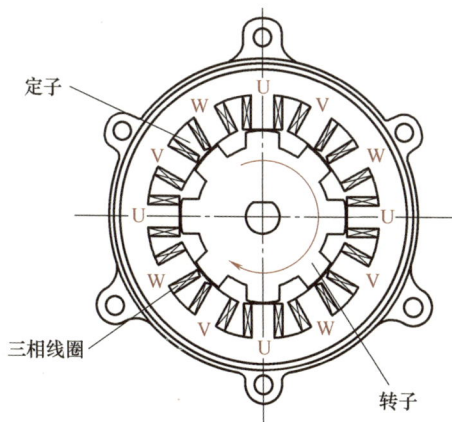

图 5-35　开关磁阻电动机的组成

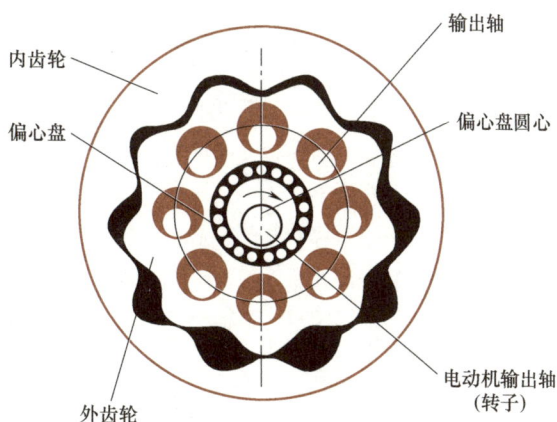

图 5-36　摆线减速器的组成

（3）**防止误操作的措施**　对于传统的变速杆，为了防止人为的误操作发生，需要改变硬件结构，如在变速杆上安装换档锁止机构或换档按钮，或在驱动桥上安装换档控制机构，这些使得变速杆或驱动桥更为复杂。

对于线控换档机构，只靠 ECU 的控制就可完全防止发生误操作，不需要采用基于硬件的措施。传统的变速杆机械地连接到驱动桥内的换档机构，直接传递换档动作，而在线控换档系统中，可以通过判断采取措施。若 ECU 检测到不正确的操作，会将档位控制在安全的范围，并且警告驾驶人，例如，只有在驾驶人踩下制动踏板时，才能从 P 位换入其他档位。若汽车正在向前行驶，驾驶人换入 R 位，变速器会进入空档；若在倒车时，驾驶人将变速杆移到 D 或 B 位，也是如此。只有在 D 位时驾驶人才能将变速杆移到 B 位。

第6章　线控悬架系统

悬架系统是车辆动力学性能的核心，它负责将车轮和车身连接在一起。传统的悬架系统主要通过被动的弹簧和减振器来吸收路面的振动，进而提升驾驶的舒适性。随着车辆的智能化和自动化技术的发展，在自动驾驶场景中，车辆不仅需有具备稳定的操纵性，还需要根据不同的路况、速度和驾驶需求实时调整悬架的特性。线控悬架系统因此应运而生。它通过电子控制动态调整悬架的刚度、阻尼及车身高度，实现更为灵活的车辆控制。

6.1　线控悬架系统概述

线控悬架系统依靠传感器实时捕捉路面及车身状态等信息，如路面平整度、车身高度等，并将这些信息传递给 ECU。ECU 经过精确计算后，向执行元件如空气弹簧、电磁阀等发出指令，迅速调整悬架的特性。这一过程不仅实现了车身高度的灵活控制，还能根据行驶工况自动调整，确保在高速行驶时降低风阻，颠簸路段时增强通过性，从而大幅提升车辆的舒适性与操控性能。

6.1.1　线控悬架系统的分类

1. 按执行机构

从技术成熟度和装备率考量，空气弹簧、CDC 型筒间流量调节减振器最为常见。MRC 型油液黏度调节减振器减振效果好且反应速度快，待后期价格下降后会有较好发展空间。线控防倾杆由于替代性较强，装备必要性相对较低。线控悬架分类如图 6-1 所示，具体对比效果如图 6-2 所示。

2. 按外力介入程度

半主动控制方式的使用成本低且近于全主动控制，其性能则接近全主动悬架系统，且具有可靠的故障状态适应能力，为当前市场主流。随着自动驾驶等级的提升，以及各类传感器的接入，全主动悬架的普及度会日渐提高。线控悬架按照附加外力介入程度分类如图 6-3 所示。

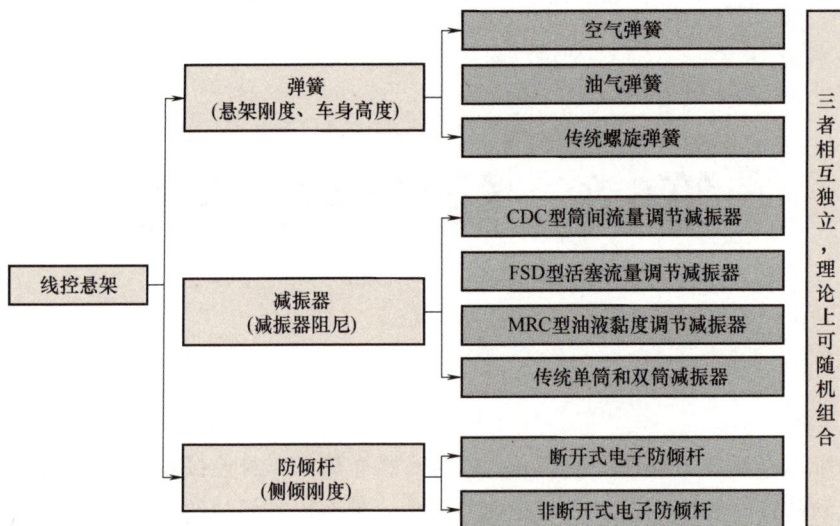

图 6-1 线控悬架分类

线控弹簧性能对比		
弹簧	空气弹簧	油气弹簧
成本	成本适中	金属密封性要求高，成本也相对较高
能耗和重量	橡胶气囊，重量较轻	金属液压室，重量和能耗均高
可靠性	可靠性一般	可靠性较差，漏气和漏液风险均较高
必要性	非必须配备，中高端车型配备	

线控减振器性能对比		
减振器	CDC型	FSD型	MRC型
成本	成本适中	成本适中	价格较高
能耗和重量	耗电机构仅为电磁阀，能耗和重量少量增加		能耗和重量少量增加
可靠性	筒壁外置电池阀限流，可靠性较高	活塞内置电磁阀限流，可靠性一般	筒内油液粘稠度调节，操作难度大
必要性	调节悬架阻尼，大幅改善驾乘舒适度		

线控防倾杆性能对比		
防倾杆	断开式	非断开式
成本	增加扭转电动机，成本有所上升	成本大幅上升
能耗和重量	瞬时转矩要求高，耗电量较大	防倾杆加线控减振，结构复杂能耗高
可靠性	可靠性良好	可靠性一般
必要性	必要性较小，全主动悬架可实现4年轮独立控制，可替代线控防倾杆的部分职能，部分越野车和高操控要求的跑车有一定需求	

图 6-2 线控悬架具体对比效果

6.1.2 线控悬架系统的核心部件

1. 线控弹簧

线控弹簧主要是调节车身高度和悬架刚度，应对越野路段和激烈驾驶场景，其基本结构示意图如 6-4 所示。线控减振器主要调节悬架阻尼，对优化 NVH 性能有很大的帮助。

利用本身动力学特性承受车身重量和隔离车身与不规则路面间的相互作用，作为未施加控制的电控悬架使用时则属于被动悬架

主要构成为电控弹簧和阻尼减振器，线控弹簧作为主要支承结构承担车身载荷，阻尼减振器消耗来自路面的冲击能量。调节过程为反馈调节，不具备前馈调节能力

全主动悬架配备有独立的执行器，可以施加额外的作用力，通过各类传感器将系统工作中各类状态信息提供给控制系统，根据车辆行驶实时工况对悬架的阻尼、刚度、高度和车身姿态等状态参数进行前馈调节和控制

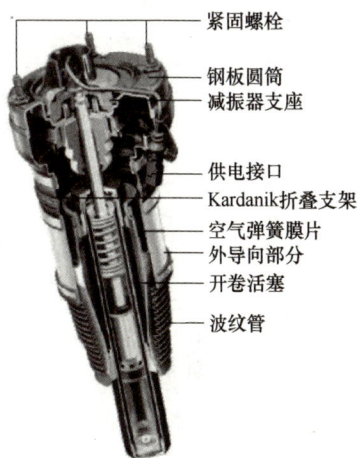

图 6-3　线控悬架按照附加外力介入程度分类

紧固螺栓
钢板圆筒
减振器支座
供电接口
Kardanik折叠支架
空气弹簧膜片
外导向部分
开卷活塞
波纹管

图 6-4　线控弹簧基本结构示意图

2. 线控减振器

线控减振器通过对路面激励信号和悬架振动信号的处理获得最佳的减振器阻尼参数，通过阻尼调节抵消部分车轮的弹力，传递到车身的振动幅值和频率减弱，进而提高乘坐舒适性和行驶稳定性。其控制原理如图 6-5 所示。

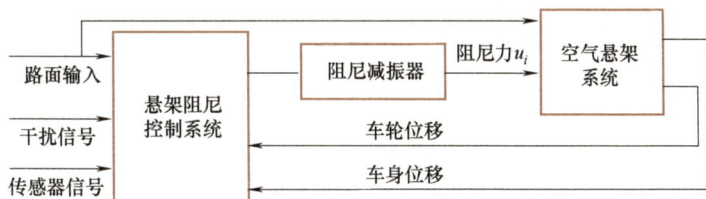

图 6-5　线控悬架控制原理

6.1.3　线控悬架系统控制基本原理

以配备空气弹簧的车型为例，该车可以在颠簸路况中通过改变车身高度，达到提升车辆通过性、减小离地间隙进而减小风阻的作用。由于空气弹簧的作用介质为空气，气压变化存在一定滞后性，因此，空气弹簧的高度调节不具备瞬时性。线控悬架控制原理及运行原理如图 6-6 所示。

线控悬架系统通常并行两套信息收集和控制系统，解决不同系统在不同路况下的控制耦合是其控制难点。当前主流的控制方案是线控弹簧一般在稳态下调节，线控减振一般实时调节。主动悬架整体控制原理如图 6-7 所示。

为了维持系统的安全可靠运行，通常需要进行硬件冗余和软件容错处理，其中，硬件冗余主要采用备份方式执行。被动容错系统的原理简单来讲就是根据预设的故障类型提供对应的"应急预案响应"；主动容错可以对控制规律进行在线诊断、生成、调整，进而将系统性

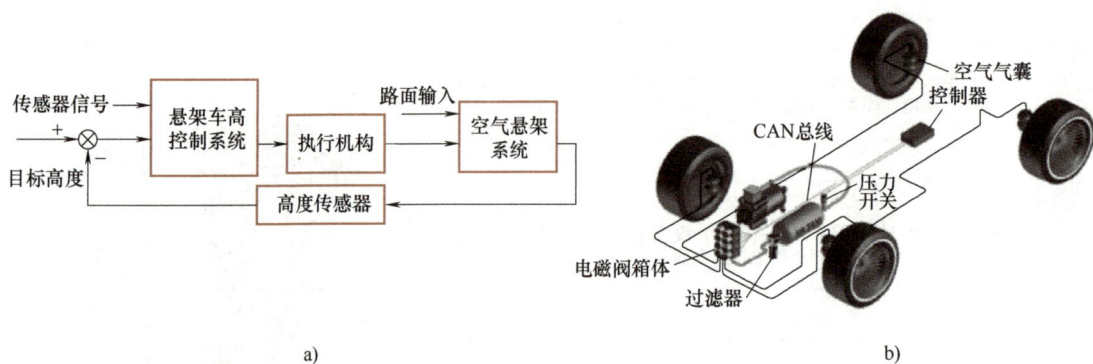

图 6-6 线控悬架控制原理及运行原理

a）线控弹簧控制原理 b）线控弹簧运行原理

能维持在一个可控的范围内。主动容错技术大大提高了故障处理能力，应用更为广泛，是未来的发展趋势。

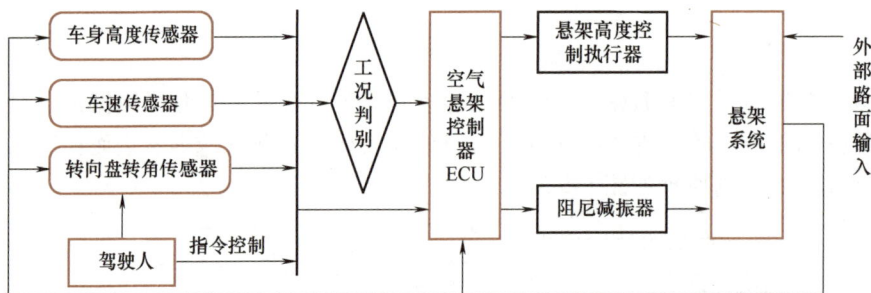

图 6-7 主动悬架整体控制原理

6.2 空气悬架

空气悬架按控制方式分为机械控制式和电子控制式。前者被称为被动（常规）空气悬架，只能设定一个平衡高度，路况较差时放气频繁影响性能；后者被称为 ECAS（电子控制空气悬架，简称电控悬架），它不仅能设定多个指标高度，还能根据行驶条件实时调整悬架性能参数。电控空气悬架包括空气弹簧、减振器、导向机构、稳定杆、空气压缩机、车身高度控制机构和电器元件等。其中，空气弹簧、减振器、导向机构、高度控制机构和电器元件是主要的部件。

1. 空气弹簧

空气弹簧是电控空气悬架的主要元件，它利用橡胶气囊内压缩气体的反力作为弹性恢复力实现弹性作用，包括橡胶气囊、上盖板、底座等部件。

2. 导向机构

空气弹簧只承受垂直载荷，因此必须设计导向机构承受纵向力、侧向力及其力矩。导向

机构常用的有板簧式、双横臂式、纵臂式、四连杆式和 A 形导向机构等。不同的导向机构各有优缺点，要结合具体车型的整车总体布置来合理选用。

3. 减振器

空气悬架中的减振器主要作用是限制向下行程和防止空气弹簧与底座分离。一般多用双向筒式液压减振器，其内部装有行程限位装置。

4. 高度控制机构

电控空气悬架的高度控制机构是用高度传感器和电磁阀分别代替机械式高度阀和液压阀，将机械式控制机构的测量车身高度和对空气弹簧充、放气的功能分解，其功能除具有机械式高度阀的功能外，还有指标高度控制、多个行车指标高度、限高、限超载等功能。

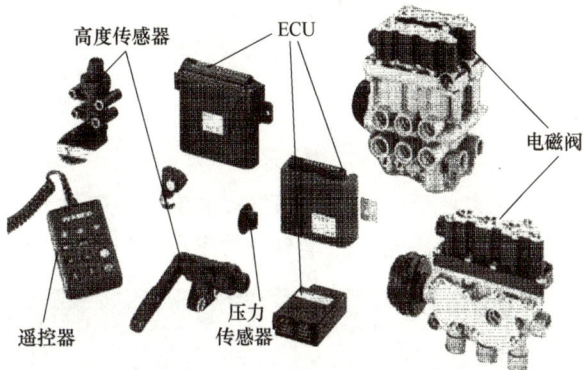

5. 电器元件

电控空气悬架的电器元件主要包括 ECU、电磁阀、高度传感器、压力传感器和遥控器等，如图 6-8 所示。

图 6-8　电控空气悬架的电器元件

6.3 电控空气悬架系统

6.3.1 电控空气悬架系统的组成

电控空气悬架系统主要由悬架机械部件系统、气动和传感系统、ECU 控制系统等部分组成。

1. 悬架机械部件系统

空气悬架机械部件系统主要包括空气弹簧、减振器和相应的导向机构，如图 6-9 所示。空气弹簧代替车辆上原有螺旋弹簧，用于承受垂直载荷；减振器主要用于限制向下行程和防止空气弹簧与底座的分离。由于空气弹簧只能承受垂直载荷，因此，除了空气弹簧和减振器之外，实车安装时还需要相应的导向机构。导向机构用于承受纵向力、侧向力及其力矩，不同的导向机构具有各自的优缺点，需要根据具体车型的整车布局来应用。

2. 气动和传感系统

气动和传感系统包括空气压缩机、储气罐、电磁阀、高度传感器和压力传感器等部件。图 6-10 所示为威伯科公司开发的用于轿车和轻型商用车的电控空气悬架系统气动和传感部件。其各部件功能分别如下：

1）空气压缩机：提供可压缩空气给储气罐和空气弹簧。
2）储气罐：储存一定量的可压缩空气。
3）电磁阀：实现气囊内气体的充、放气。

图 6-9　空气悬架机械部件系统

a）空气弹簧　b）减振器

4）压力传感器：测量储气罐和空气弹簧气囊内的压力。

5）高度传感器：测量车身与车桥之间的相对位移，并将其转化为电信号传递给 ECU。

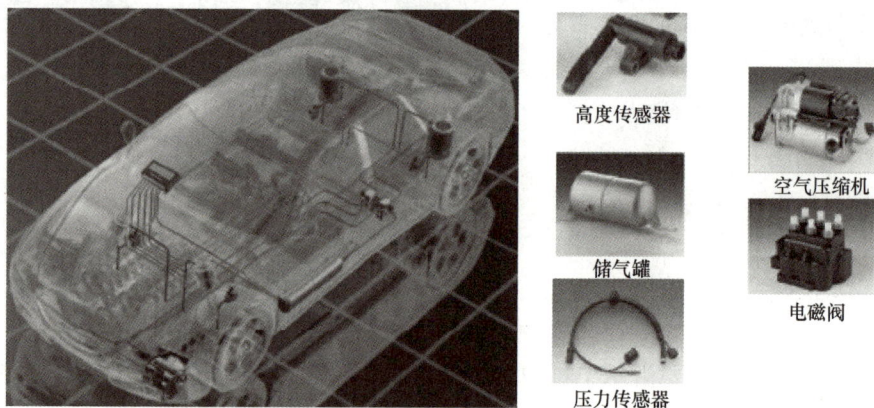

图 6-10　威伯科电控空气悬架气动和传感部件

3. ECU 控制系统

ECU 控制系统主要的功能是采集传感器信号，通过事先设定在 ECU 中的控制策略对信号进行分析和处理，实现对悬架机械部件系统参数的调节和控制，满足汽车行驶性能的不同要求。

ECU 控制系统是电控空气悬架系统的核心部件，分为硬件系统和软件系统两部分。硬件系统主要包括主控芯片及相应的外围电路，用于满足电控空气悬架系统的功能要求和可靠性设计；软件系统是 ECU 的核心，包含电控空气悬架系统的控制策略和相应的算法，是电控空气悬架系统开发中难度最大的部分。

6.3.2　电控空气悬架系统的结构及原理

1. 电控空气悬架的结构与特点

在图 6-11 所示的电控空气悬架系统的结构示意图中，由高度传感器测量悬架动行程，

并传递给 ECU，由 ECU 比较实际值与设定值，根据偏差控制电磁阀对空气弹簧进行相应的充放气，以保持悬架动行程。

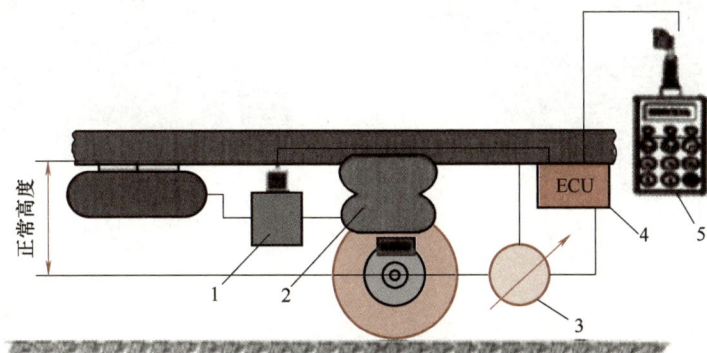

图 6-11　电控空气悬架系统的结构示意图

1—电磁阀（MV）　2—弹簧　3—高度传感器（HS）　4—ECU　5—遥控器

电控空气悬架系统具有如下特点：

1）减少了空气消耗——在车辆行驶过程中无空气消耗。以低地板城市客车为例，与常规空气悬架相比，其可节省 25％的空气消耗。

2）通过自动调节可实现车辆保持不同的高度，可对几个高度进行编程记忆。

3）尽管系统复杂，但安装非常简单。

4）由于使用了大截面的进（出）气口，因此所有控制过程变得非常迅速。

5）通过参数设置，ECU 可实现不同功能。

6）通过使用遥控器，减少了装卸操作的危险性。

7）增加了许多辅助功能，例如，升降功能、前跪功能、过载保护和提升桥控制功能等。

8）综合安全概念，拥有故障记忆和诊断功能。

另外，可以采用一定的控制策略来提高车辆在路面上的性能，进一步提高了空气悬架的自动控制性能。将减振器和空气弹簧结合在一起，还可衍生出多种载敏、路敏、速敏空气悬架。

2. 电控空气悬架的结构布局

由于空气弹簧只能承受垂直载荷，在汽车空气悬架中必须设计导向机构来传递纵向力和侧向力，从而保证车桥与车身的相对运动关系。

以东风公司 EQ6798L-401 车型的悬架为例。在该悬架系统中，前悬（见图 6-12a）中的导向杆件由刚性导向臂 2、横向稳定杆 3 和横向推力杆 7 组成；后悬（见图 6-13b）中使用了推力杆 10、横向稳定杆 15 和 V 形推力杆 8。横向稳定杆增加悬架的侧倾刚度，并调整整车侧倾刚度在前后悬架上的分配，以保证整车良好的转向性。其他杆件传递各种力和扭矩，一般都不可缺少，只是在布置上可能形式有所不同。

3. 高度控制系统的组成与功用

高度控制系统由控制空气弹簧内气体压力的执行机构组成，这些机构装配在车架和车桥

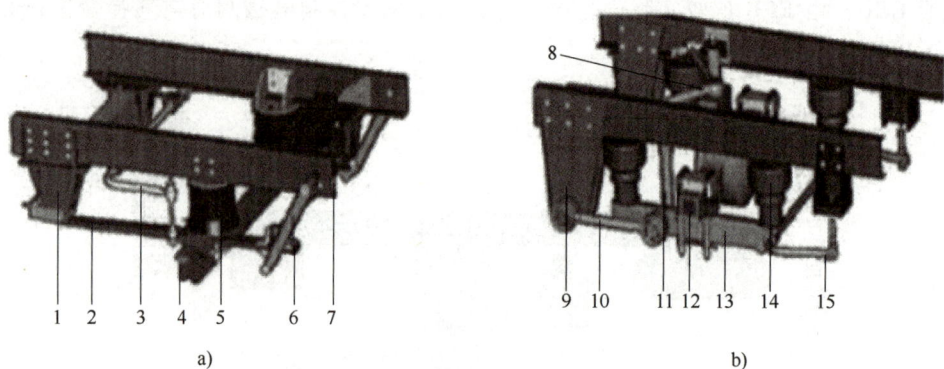

图 6-12　前悬与后悬结构简图
a）前悬结构简图　b）后悬结构简图
1、9—支架　2—刚性导向臂　3、15—横向稳定杆　4—前桥　5、14—空气弹簧
6、11—减振器　7—横向推力杆　8—V 形推力杆　10—推力杆　12—后桥　13—空气弹簧支座

之间，通过响应车身高度变化来调整空气弹簧内气体的压力，进而控制车身高度。其结构主要有五个部分：高度控制阀、位移传感器、摆臂、连杆和接头。

高度控制阀一般在前轴上装一个，后轴上装两个，由三个阀来保持车身姿态的稳定。系统根据高度传感器实时监测车身高度，当车身高度发生变化时能依据一定算法自动对弹簧气囊充气或放气，从而使车身维持在设定高度，保证空气弹簧处于最佳工作状态。

汽车车身升高过程：汽车乘员人数或装载质量增加时，车身高度下降，ECM（悬架控制模块）通过传感器监测到车身高度下降，ECM 打开升阀，压缩空气经电磁阀进入空气弹簧，随着空气弹簧气压的上升，车身也随之上升，在充气过程中 ECM 对高度进行实时监测，当高度回复到设定值时，关闭电磁阀。此时高度控制阀又处于平衡状态，以保证汽车高度维持在一定值。

汽车车身降低过程：汽车乘员人数或装载质量减少时，汽车车身高度上升，ECM 通过传感器监测到车身高度上升，ECM 打开降阀，弹簧内空气经电磁阀排出，随着空气弹簧气压的下降，车身也随之下降，在放气过程中 ECM 对高度进行实时监测，当高度回复到设定值时，关闭电磁阀。此时高度控制阀又处于平衡状态，以保证汽车高度维持在一定值。

车身位移传感器，也叫车身高度传感器。安装于车身和车桥之间，用来检测车身与车桥的相对高度，其数值反映了车身的高度，其变化频率和幅度反映了车身的振动。

4. ECU 模块及原理分析

ECU 通过采集各传感器的信号，并根据一定的算法，对执行器发出指令，从而控制悬架的状态。

根据所选的空气弹簧型号，确定其悬架工作高度和初始压力。ECU 以设定值为目标值，控制电磁阀的开关时间，以使空气弹簧达到设计工作高度和压力。ECU 采集空气弹簧簧上、簧下质量的振动加速度，以及两者之间的相对位移，调节空气弹簧内压力。ECU 首先判断悬架行程是否超过允许值，如果超出，则对空气弹簧充或放气，保证簧上质量和簧下质量处于适合的位置，确保操纵稳定性指标；若悬架行程不超出允许值，则对簧上质量的振动加速度信号采样并进行方均根值计算，与给定的目标值比较，判断簧上质量振动加速度方均根值

是否超过给定误差范围。如果超过，则对簧上质量振动加速度再次采样计算误差及误差变化率，当第二次计算结果还是超过给定误差范围时，对簧上质量加速度和悬架动行程进行加权计算，进行刚度调节过程。如果簧上质量振动加速度方均根值小于限值，则认为平顺性良好。ECU 计算误差及误差变化率，首先进行量化处理，然后将值送入模糊控制器得到模糊输出，通过解模糊得到实际控制量（电磁阀通断时间），之后通过功率放大，驱动电磁阀工作，对弹簧进行充气或放气，从而达到调节空气弹簧刚度的目的。

空气弹簧刚度的调节过程并不是一个实时调节过程，只有汽车行驶从一个工况或一种路面进入另一工况或另一种路面后，才进行空气弹簧刚度调节。在程序中是通过计算簧上质量振动加速度方均根值的样本长度和重复计算方均根值来判断汽车的行驶工况是否发生变化。其优点为可以避免空气弹簧频繁充、放气，提高了控制系统的稳定性和使用寿命，同时也减少了能量消耗。

6.4 电控空气悬架系统关键技术

6.4.1 电控空气悬架的运动控制技术

汽车在实际的行驶过程中，由于路面工况复杂，汽车悬架的运动方式也是非常复杂的。一般汽车悬架的运动模式有图 6-13 中的 5 种：车高变化、车身俯仰变化、车身侧倾变化、车身扭转和车身垂直振动模式。当汽车在一些特殊路面上行驶时，汽车悬架的运动模式一般是上述模式的两种或者多种模式的复合。为了使悬架发挥最大的优良性能，在处于上述的悬架模型时，电控空气悬架（ECAS）控制系统需要对空气弹簧和减振器进行实时的控制。

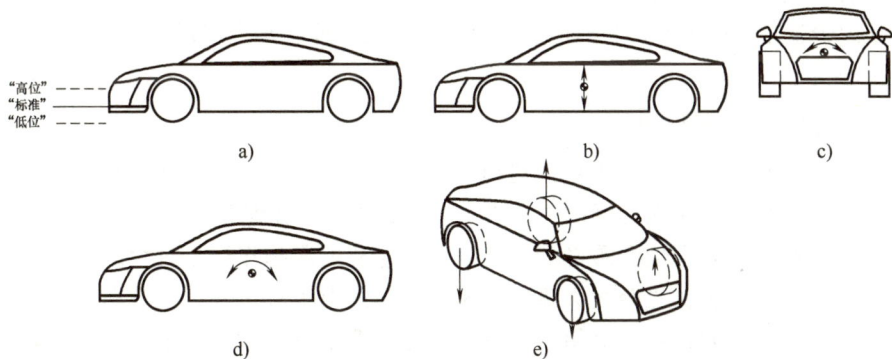

图 6-13　ECAS 对汽车运动模式的控制

a）车身高度调节　b）车身垂直振动控制　c）车身侧倾控制　d）车身纵倾控制　e）车身扭转控制

1. 车身高度调节控制

ECAS 悬架系统相比于传统的悬架系统，采用空气弹簧代替传统的钢板弹簧和螺旋弹簧的弹性元件。空气弹簧是在内部具有帘布层结构的橡胶气囊里填充空气，是以空气为工作介质。因此，通过向空气弹簧内部进行充、放高压气体，可以改变车身的高度。

在实际的驾车行驶时，改变车身高度具有很重要的意义。当汽车高速行驶在高速公路上时，对空气弹簧进行放气，降低车身的高度，可以减小汽车正面所受的空气阻力，增大轮胎对地面的附着力，提高行驶的操稳性，降低油耗；当汽车低速行驶在乡间道路上时，对空气弹簧进行充气，提升车身高度，提高车辆行驶时的舒适性，减小因路面不平对汽车底盘剐蹭的概率；当汽车在其他的工况行驶时，譬如转向行驶、制动等，控制系统控制相应电磁阀的通断来控制空气弹簧的充、放气，改变单侧车身的高度，维持车身的水平，提高车辆行驶的舒适性。

2. 直线行驶乘坐舒适性控制

车身垂直振动是最常见的一种悬架运动模式，一般研究车身垂直振动就是针对汽车直线行驶情况下考虑的。表征车身垂直振动程度最重要的一个指标是车身质心加速度，车身加速度的方均根值大小表征汽车行驶过程中平顺性能的好坏。而车轮振动加速度则影响汽车的操纵稳定性，所以在大多情况下，将车轮振动加速度和车身质心加速度进行折中控制，在不同的工况下行驶，两种指标的折中程度则不同。譬如当汽车低速直线行驶时，应当主要提高汽车行驶的平顺性，那么，车身质心加速度应当为主要的控制目标；当汽车在高速公路上直线行驶时，应当以提高汽车的操纵稳定性为主要控制目标。在实际情况下，ECAS 控制系统根据控制目标的不同选用合适的控制算法来调节减振器的阻尼值，更有些汽车悬架控制系统还会根据不同的路面状况和行驶速度来切换空气弹簧的刚度，使悬架的性能发挥到最佳状态。

3. 车身水平控制车身纵倾时的水平控制

当汽车急制动或者加速起动时，由于车身具有惯性，车身会出现"点头"或者"后仰"的状况，这极大地增加了驾驶人和乘客的不安全性。为了减缓汽车车身的俯仰，通过 ECAS 控制系统可以适当地增加前悬架或者后悬架减振器的阻尼值，可以有效地减小汽车车身俯仰时的俯仰角加速度，使车身发生"点头"或者"后仰"的速率变缓，同时也可以适当地对前悬架或者后悬架的空气弹簧进行充、放气，这样可以保持汽车车身的水平性。两种方式综合控制，可以有效地改善汽车在此工况行驶时的舒适性和安全性，抑制车身出现"点头"或者"后仰"现象的发生。

4. 车身侧倾时的水平控制

汽车在实际行驶的过程中，难免会遇到弯道，当汽车以一定速度转向行驶时，车身会在侧倾力矩的作用下绕着汽车坐标系的 y 轴发生转动，形成一定角度的侧倾角。汽车车身侧倾角的大小对汽车行驶的安全性和乘坐舒适性有着很重要的影响作用。过大的车身侧倾角会影响到驾驶人对车辆的操纵，也会大大降低了车内乘客的乘坐舒适性。当汽车转向角过大或者转向时的行驶速度过大时，甚至会使车辆发生侧翻，严重影响到车内乘客和驾驶人的安全。

在汽车车身发生侧倾时，ECAS 控制系统可以适当增大悬架内侧减振器的阻尼值，可以有效地减小汽车车身侧倾时的侧倾角加速度，使车身发生侧倾的速率变缓，同时适当地对悬架内侧的空气弹簧进行充气，保持车身的水平性。这样不仅提高了驾驶人和乘客的安全性，还可以有效地抑制汽车转向时车身发生的侧倾现象。

汽车车身扭转这种悬架运动方式相比于其他几种悬架运动方式不是很常见。一般来说，当汽车行驶在山路或者其他状况恶劣的路面上时，汽车的四个轮胎在路面的激励下发生无规则、不同程度的跳动，汽车悬架则在不同方向上发生扭曲转动，这严重破坏了车内乘客和驾驶人的乘坐舒适性，同时也影响了驾驶人对汽车的操纵。

同样的，当汽车在此工况下行驶时，为了改善悬架的性能，ECAS 控制系统需要实时地

对减振器的阻尼进行调节，衰减路面经轮胎传给汽车车身的突变激励，来提高汽车乘坐的舒适性。同时也应不断地对悬架各个位置的空气弹簧进行充、放气，来保持车身处于一个相对水平的位置。两种方式综合控制，可以有效地改善汽车在恶劣路面上行驶时的舒适性，提高悬架的性能，减缓车身悬架的扭转。

6.4.2　电控空气悬架控制系统设计

1. ECAS 控制系统原理总图

由于汽车实际行驶工况的复杂性，ECAS 控制系统需要对汽车在行驶时各个方面的数据进行综合计算分析，来发出一系列的控制指令。如图 6-14 所示的 ECAS 控制系统原理总图，

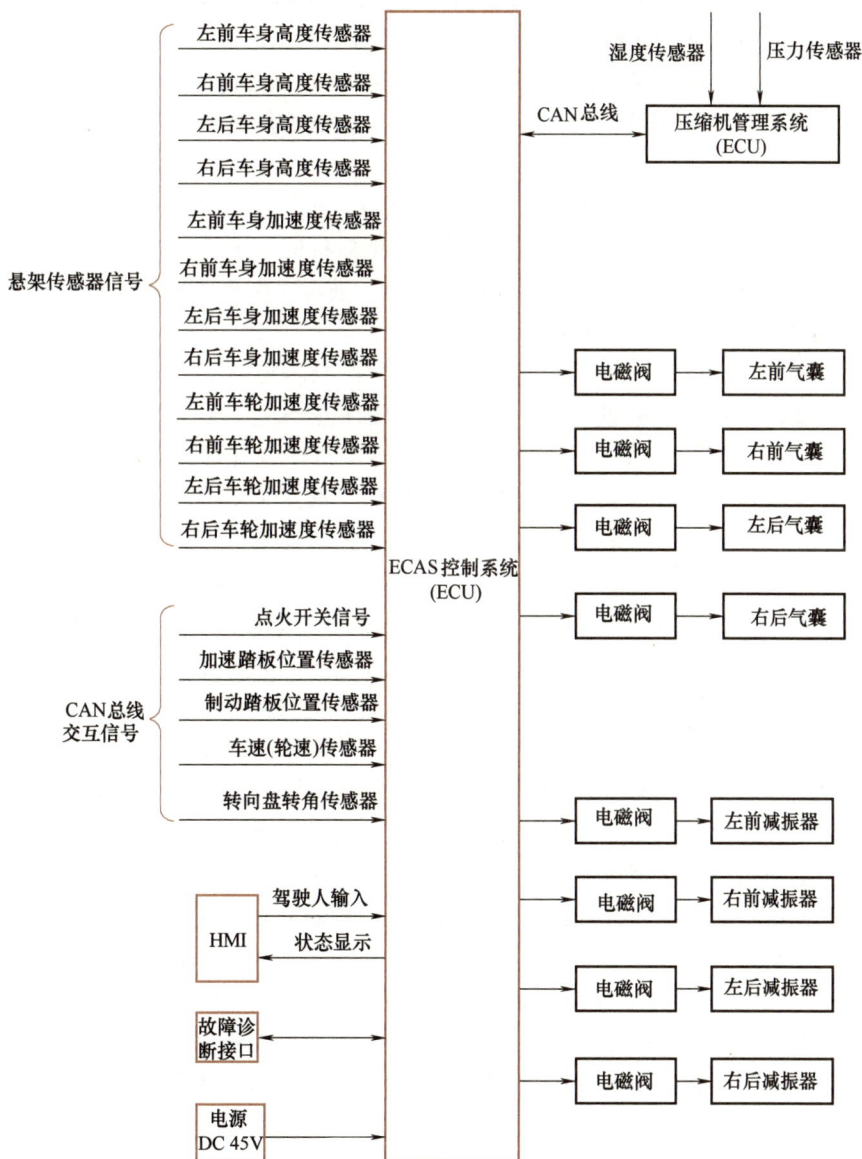

图 6-14　ECAS 控制系统原理总图

从图中可以看出 ECAS 控制系统主要是从悬架相关的传感器和 CAN 总线中来获取一系列相关的车辆行驶数据,然后根据这些数据进行综合处理、判断分析,并且计算出当前状况下最合适的阻尼值和空气弹簧充、放气的时间,发出相关指令,作用于空气压缩机管理系统、相关空气弹簧和减振器的电磁阀,进而达到调控和改善汽车悬架性能的目的。根据控制系统原理总图,该系统主要分为传感器信号、CAN 总线交互信号、HMI(人机界面)、电源、ECU、压缩机管理系统 ECU、一系列相关电磁阀。

(1) 传感器信号　汽车悬架系统中的传感器主要有 4 个高度传感器、4 个车身加速度传感器和 4 个车轮加速度传感器,其中,悬架左前、右前、左后、右后 4 个位置各安装一个。

高度传感器也称水平传感器,一般 4 个位置的高度传感器通过测量悬架的悬臂与车身之间的距离来判断车身每个位置的高度状况。在实际的车高调节过程中,并不是可以使车身处于某一范围内的任意高度,一般根据汽车行驶工况的不同,车身高度处于不同的高度模式,一般有标准模式、高位模式和低位模式。当车身高度发生变化时,高度传感器则将高度变化转换成角度变化,角度信号则通过一定的转换,以 PWM 信号的形式传给 ECU 进行计算处理。

车身加速度传感器可以采集车身垂直振动加速度,可以检测到汽车制动加速时的俯仰振动和转向时的侧倾转动。4 个位置的车身加速度传感器将信号送给 ECU,ECU 对 4 个传感器的信号进行综合分析判断汽车目前所处的行驶工况,进而向执行器发送操纵指令来改变减振器的阻尼或者空气弹簧的刚度,来提高悬架的性能。

(2) CAN 总线交互信号　由于实际汽车行驶时路况的复杂性,ECU 仅从车身高度传感器、车身加速度传感器和车轮加速度传感器中获取的信息来进行综合判断分析是不够的。汽车 CAN-总线中有很多汽车相关状态的信号,ECU 也会从中选择性地获取相关信息进行综合分析处理,并且对执行元件发出相关的指令。ECU 一般从 CAN 总线中获取的信息有车速(轮速)传感器采集的信息、制动踏板位置传感器采集的信息、点火开关信号、加速度传感器采集的信息和转向盘转角传感器采集的信息。车速(轮速)传感器采集的是汽车行驶的速度;制动踏板位置传感器采集的是制动踏板的位置信息,通过该信息来辅助判断汽车是否处于制动或者加速状态;点火开关信号用来判断汽车目前是否开始起动;转向盘转角传感器采集的是转向盘转动的角度,来判断汽车是否开始转向并且判断是左转向还是右转向。上述信号均送到汽车 CAN 总线中,由悬架控制系统 ECU 采集并进行计算分析。

(3) ECAS 控制系统　ECAS 控制系统是整个悬架系统的核心部分,单元里面提前输入了与悬架相关的计算方法和控制算法,它不仅接收高度传感器、车身加速度传感器和车轮加速度传感器采集的信息,还可以从汽车 CAN 总线中采集一些有用的信息进行综合分析来判断汽车目前所处的行驶工况,并且计算和选用合适的控制算法,最后将控制指令传送给执行机构,来实现控制过程。

(4) HMI　HMI(人机界面)是一种常见人-机交互方式。目前部分汽车上都装有类似的人机界面,驾驶人可以通过该界面来对汽车进行一些功能控制。一般在高级乘用车上,为了适应各种各样的行驶路况,汽车底盘一般有多种的调控方式,例如,奥迪 A8 轿车有两种底盘调控方案,分别为标准型底盘和运动型底盘。两种底盘调控方案适用的汽车运行状态不同,都可以手动选择多种汽车悬架工作模式,有"自动"模式、"舒适"模式、"动态"模式和"高位"模式。那么,驾驶人可以根据目前汽车所行驶的道路状况和车辆行驶速度通

过 HMI 来进行选择合适的悬架工作模式，来得到较好的舒适性和操纵稳定性。

不仅如此，HMI 还可以向驾驶人提供故障警示。ECAS 控制系统中的控制单元不仅可以对信号进行综合分析处理，也会不断地监控悬架系统中各个零部件的工作状况和部件功能。如果启动了悬架系统的故障检测，在对悬架中每个部件进行状态评估后就不会完全关闭空气悬架的控制和减振器的控制。如果发现系统中某个零部件功能受到限制或者损坏，那么控制单元中的部分控制活动会受到一定的限制，严重时会完全停止控制单元中的控制活动，并且将已损坏零部件的位置信息在 HMI 中显示，并且打开警示灯来向驾驶人提示故障。等到故障修复时，警示灯关闭，控制单元中的控制活动恢复。

（5）**压缩机管理系统 ECU** 压缩机管理系统是压缩机总成的控制单元，其主要包括压缩机控制单元、压缩机、温度传感器、压力传感器等元件。压缩机控制单元从 ECAS 控制系统中得到相关指令来控制压缩机工作，向气囊内输入一定的高压气体。但是，压缩机控制单元并不是直接从 ECAS 控制系统中来获取指令的，而是通过 CAN 总线来与 ECAS 控制系统模块进行通信。压缩机总成中的温度传感器和压力传感器是为了检测压缩机工作过程中的温度变化和压力变化。当压缩机工作过程中温度超过一定阈值时，控制单元则会控制压缩机停止工作，防止温度过高压缩机内的润滑油黏度下降，起不到更好的润滑效果。同样，压力传感器将压缩机中的气体压力变化传送给压缩机控制单元，以便更好地控制压缩机的工作时间，使气体压力达到指定的目标压力值。

（6）**电磁阀体** ECAS 控制系统的执行元件为空气弹簧和减振器，通过对空气弹簧进行充、放气控制、调节空气弹簧的刚度和调节减振器阻尼的大小等控制运动来改变悬架的运动特性。但是，ECU 并不是直接控制空气弹簧和减振器，而是通过控制电磁阀组来进行调节。譬如，ECAS 悬架控制系统对车高进行调节时，ECU 通过控制 PWM 型电磁阀的通断占空比大小，来改变充入或放出的气体流量，从而改变车身的高度；ECU 调节减振器阻尼的大小则是通过控制减振器总成中电磁铁的通、断电，来改变阀芯的左右移动方向，进而使减振器呈现不同的阻尼特性。

综上所述，ECAS 控制系统中 ECU 接收车身高度传感器、车身加速度传感器等传送来的数据信息，同时也在 CAN 总线中采集车速（轮速）传感器等输送的数据信息，进行综合分析计算后，将控制指令输送到 CAN 总线中，然后被压缩机控制单元获取，向气囊和减振器的相关电磁阀阀组发送控制指令，来实现控制命令，改变悬架系统的运动模式。驾驶人也可以通过 HMI 与汽车 ECAS 悬架系统进行交互，人为地去选择悬架系统的调控方案。相反，ECAS 控制系统也可以对整个悬架系统的零部件进行检测，通过 HMI 向驾驶人进行反馈和警示。

2. 传感器选用

（1）**高度传感器** 高度传感器的种类非常多，在本节中主要讨论车身高度传感器。车身高度传感器又叫作轴高传感器、车姿传感器、悬架高度传感器。一般来说，高度传感器通过测量悬架的悬臂与车身之间的距离来判断车身每个位置的高度状况，是汽车上用于测量车身前后悬架姿态变化必不可少的零部件。目前，不仅汽车的悬架系统需要通过车身高度传感器来判断车身的姿态变化，以便悬架控制系统可以做出控制反应，而且前照灯自动调节系统也需要通过该传感器来测量汽车行驶的姿态变化。

车身高度传感器一端安装在悬架系统上，一端与车架连接，实时地测量车身的高度变化，并将高度变化信号转换成电信号送给 ECU。其实，车身高度传感器的本质也就是一个角度传感器，直接测量车身与悬臂之间的高度。这样的测量方式误差较大且灵敏度不高。一般实际应用中，更多地是采用将测量角度的变化经过一系列计算转换成高度的变化。目前，测量车身高度较多的采用如图 6-15 所示的方法进行测量。首先，将一个角度传感器安装在车身上，角度传感器的旋转臂通过一个连杆机构与汽车悬架的下摆臂连接。当车身高度发生变化时，悬架下摆臂会以旋转轴为圆心发生转动，同时带动连杆机构运动。那么，角度传感器的旋转臂则会带动旋转，产生角度变化信息，经过一系列计算转换成高度变化信息。

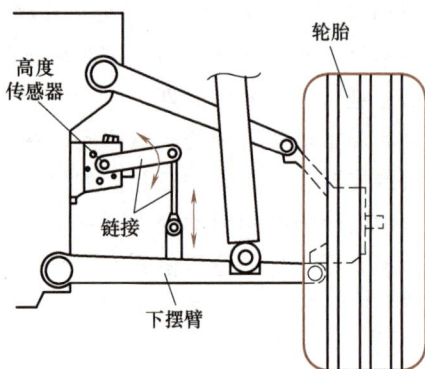

图 6-15　车身高度传感器测量方法示意图

当旋转臂发生转动时，转动角度的测量目前最常用的是采用光电式数字测量方法。在图 6-16 所示的角度测量原理示意图中，传感器内部传感器轴 2 一端与旋转轴 3 连接，一端固定了一个遮光盘 4。遮光盘上刻有适当分布的卡槽。当旋转臂转动时，则会带动遮光盘转动，当遮光盘上的槽对准光电耦合器 1 时，光耦合器则会输出导通信号；反之，则会输出截止信号。这样的测量方法准确灵敏，因此得到了广泛的应用。

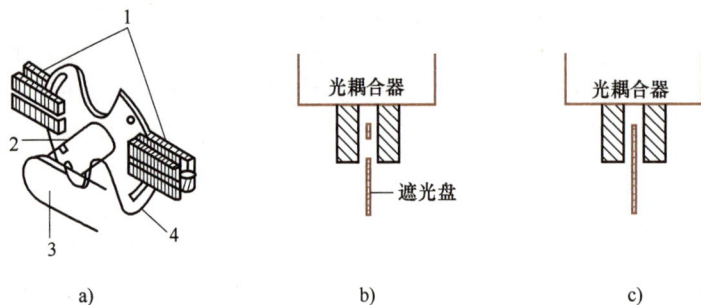

图 6-16　角度测量原理示意图

a）结构图　b）导通（ON）　c）截止（OFF）

1—光电耦合器　2—传感器轴　3—旋转轴　4—遮光盘

　　（2）加速度传感器　加速度传感器，顾名思义，是一种能够测量物体加速度的传感器。它基于牛顿第二定律，通过对质量块在运动过程中所受的惯性力进行测量，来获得加速度值。通常加速度传感器由质量块、阻尼器、弹性元件、敏感元件和适调电路等组成。加速度传感器的种类有很多，根据传感器中敏感元件的不同，可分为电容式加速度传感器、压电式加速度传感器、压阻式加速度传感器等。

　　虽然根据加速度传感器的敏感元件的不同可以把传感器分为多种类型，但究其基本原理，都大致相同。就是由于物体在运动的过程中产生惯性，传感器中的某种介质产生变形，将该介质的变形量通过处理以电压的形式输出。当产生电压时，再根据公式计算出电压和运动时的加速度之间的关系，就可以将加速度转换成电压输出，传递给 ECU。

　　目前加速度传感器的型号多种多样，外观也是多种多样。如图 6-17 所示，选取了几种冠标科技有限公司研发制造的加速度传感器以及它们的型号。

图 6-17　几种不同型号的加速度传感器

a）2229C 加速度传感器　b）220E 加速度传感器　c）773-50 加速度传感器

3. 空气弹簧液压减振支柱选用

在现代 ECAS 系统中，一般都是将空气弹簧和减振器集成化安装，称为液压减振支柱。这样不仅减少了安装空间，使悬架的质量变小，而且还使减振器的阻尼和空气弹簧的刚度达到自适应匹配的目的。常见的分档阻尼切换减振支柱一般设置两至三个级别，即阻尼可以设置为"软""硬"两个级别，或者阻尼可以设置为"软""中""硬"三个级别。当汽车行驶在不同的工况下，阻尼可以实现快速的切换，切换时间一般在 10~20ms 之间。

在本节中，将介绍一种可分为 4 种模式的分档阻尼切换减振支柱，图 6-18 所示为该型减振支柱的结构示意图。该减振支柱主要由空气弹簧、减振器和叉座三部分组成，其中，图中虚线框内的结构为减振器的阻尼调节阀组装，示意图如图 6-19 所示。

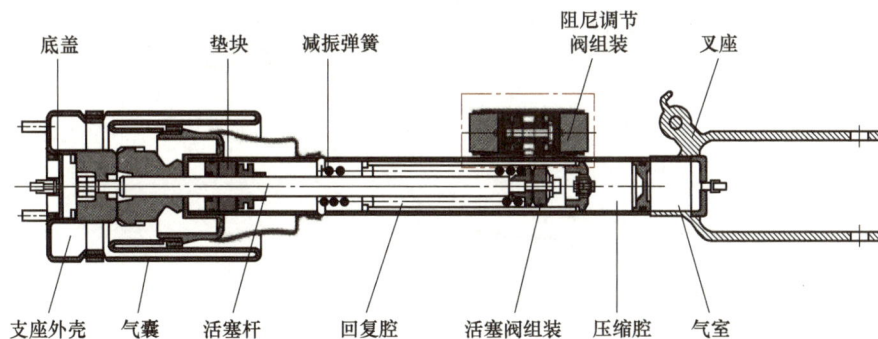

图 6-18　分档阻尼切换减振支柱的结构示意图

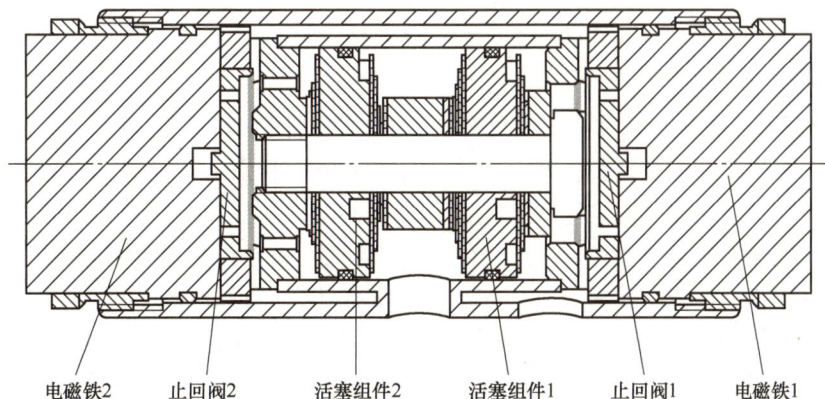

图 6-19　阻尼调节阀组装结构示意图

在图 6-19 所示的阻尼调节阀组装结构示意图中可以看出，该阻尼调节阀为一个电磁换向阀，通过控制电磁铁 1 和电磁铁 2 上电流的通断来控制阀芯的左右移动进而达到切换阻尼档位的目的。当电磁铁 1 和电磁铁 2 都处于打开状态时 (S_1^+, S_2^+)，此时减振器的阻尼特性最软，呈现"软回弹，软压缩"的特性；当电磁铁 1 打开且电磁铁 2 关闭时 (S_1^+, S_2^-)，此时减振器呈现"中回弹，软压缩"的特性；当电磁铁 1 关闭且电磁铁 2 打开时 (S_1^-, S_2^+)，此时减振器呈现"硬回弹，中压缩"的特性；当电磁铁 1 和电磁铁 2 都处于关闭状态时 (S_1^-, S_2^-)，此时减振器的阻尼特性最硬，呈现"硬回弹，硬压缩"的特性。通过台架试验可以得出该减振器不同模式下的阻尼特性曲线，如图 6-20 所示。

根据图 6-20 所示不同模式下的阻尼特性曲线，可以近似计算出每个模型下减振器回弹和压缩时阻尼值的大小，见表 6-1。

表 6-1 不同模式下减振器的阻尼系数

阻尼模式	开关状态	阻尼特性	阻尼系数/(N·s/m)	
			C_r	C_c
模式 1	S_1^+, S_2^+	软回弹，软压缩	2584.8	1598.4
模式 2	S_1^+, S_2^-	中回弹，软压缩	5894.2	2063.6
模式 3	S_1^-, S_2^+	硬回弹，中压缩	7191.9	3166.1
模式 4	S_1^-, S_2^-	硬回弹，硬压缩	7065.4	4218.3

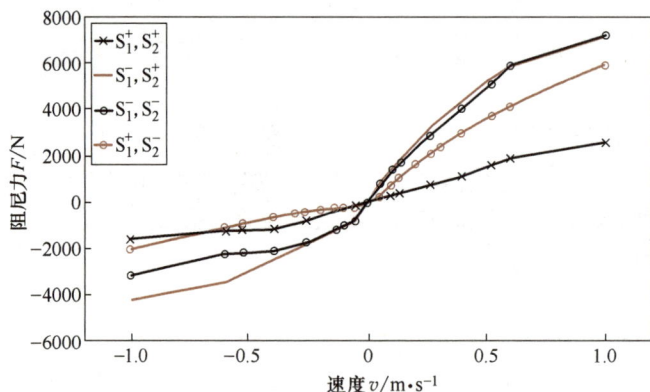

图 6-20 不同模式下减振器的阻尼特性曲线

4. 控制执行系统设计

ECAS 控制系统的执行元件主要空气弹簧和减振器。图 6-21 所示为 ECAS 控制执行系统（气动系统）。4 个减振支柱处都安装有一个二位一通电磁阀来进行控制，可见 ECAS 控制系统主要是通过控制每个支柱对应电磁阀的通断来控制的，并且每个减振支柱可以实现独立控制。当控制系统控制车身高度升高时，ECU 向电动机发送空压机延时控制信号，电动机转动带动空压机工作，输出一定量、一定压力的高压气体，经过单向阀 1、空气干燥器和单向阀 2，充入空气弹簧中，此时气控排气阀关闭；当控制车身高度下降时，电动机和空压机停止工作，ECU 控制电磁排气阀切换阀芯位置变为导通状态，此时气控排气阀感知到电磁排气阀出口处的压力变化，气控排气阀导通，那么空气弹簧放出的高压气体经电磁排气阀、节

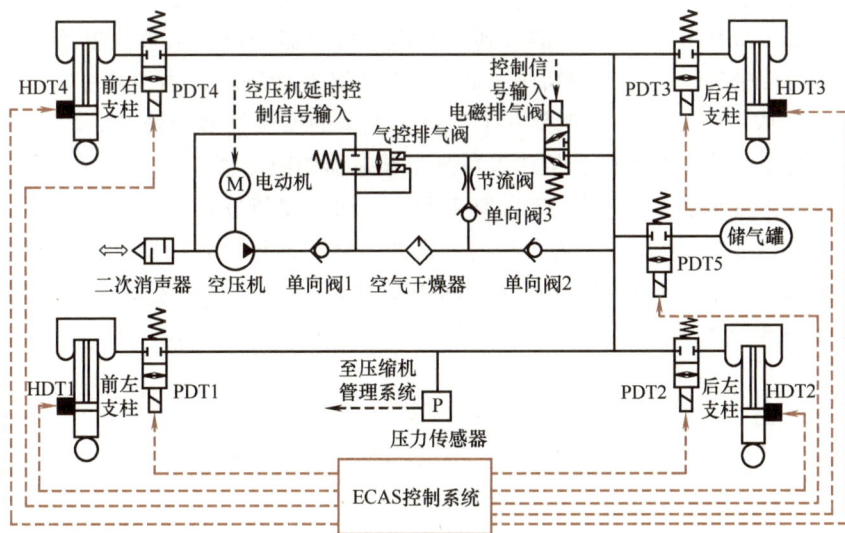

图 6-21 ECAS 控制执行系统（气动系统）

流阀、单向阀 3、空气干燥器、气控排气阀和二次消声器排出。

5. ECAS 控制开发任务表

ECAS 控制单元控制悬架系统，使悬架系统在任何工况下都处于一个最优状态。其控制单元最核心的部分是控制策略的研究，在不同工况下的控制任务不同。控制任务可分为车高调节控制、直线行驶乘坐舒适性控制和车身水平控制。

（1）**车高调节控制** ECAS 悬架控制系统的车高调节模式中有"高位"模式、"低位"模式和标准模式。对于不同车型，其"高位"和"低位"模式相对于标准模式的车身高度差不同。当驾驶人人为选择或者控制系统自动选择某一模式时，ECU 会向压缩机管理系统和空气弹簧的电磁阀发出指令来进行充、放气。但是，在实际的车高调节过程中，往往会出现"过充"和"过放"的现象，使车身稳定时的车身高度偏离目标值。这是由于汽车空气悬架在充、放气时不仅克服簧载质量的重力，而且还需要克服在车身高度变化过程中的阻尼力。当车身高度达到目标值时，停止充、放气，减振器的阻尼力逐渐变小至零，此时空气弹簧的作用力和簧载质量的重力处于不平衡的状态，为了达到静平衡，气囊会继续膨胀或者缩小直到与簧载质量再次达到平衡，这样将使车身高度偏离目标值。在实际的车高调节时，须通过一定的控制算法来不断地改变电磁阀的占空比来对充、放气过程进行调控，降低超调量，从而使车身高度快速达到目标值。

（2）**直线行驶乘坐舒适性控制** 直线行驶控制主要考虑的是汽车行驶时的操纵稳定性和平顺性。ECU 根据车速（轮速）传感器传送的汽车行驶速度信号，判断汽车处于高速行驶状态还是低速行驶状态，并且选择不同的控制算法来控制减振器的阻尼变化，提高悬架性能。

（3）**车身水平控制** 当悬架系统处于车身侧倾、车身俯仰和车身扭转运动模式时，悬架控制系统对其进行控制调节属于车身水平调节。当 ECU 接收到车身高度传感器和转向盘转角传感器发来的信号时，判断汽车此时开始转向，为了减小汽车转向时的侧倾角，ECU

向减振器和空气弹簧发出指令，适当增加内侧减振器的阻尼值，并且适当地向内侧空气弹簧进行充气，保持车身水平；当 ECU 接收到车身高度传感器和制动踏板位置传感器或者加速踏板位置传感器传来的信息时，判断汽车此时开始加速或者制动，为了减小车身侧倾角，抑制车身"点头"或者"后仰"的现象发生，提高汽车的安全性和舒适性，ECU 向减振器和空气弹簧发出指令，适当增加前悬架或者后悬架减振器的阻尼值，并且向同位置的空气弹簧进行充气，保持车身水平；当 ECU 接收到某个车轮加速度传感器传来的信号时，判断此时该处轮胎是否遇到凸起（凹陷），为了提高舒适性，ECU 向该位置的空气弹簧和减振器发出指令，适当地减小（增大）该位置减振器的阻尼值，并且对该位置的空气弹簧进行放气（充气），来保持车身水平。

第7章 底盘线控域集成控制技术

概述

7.1.1 汽车电子技术发展历程

汽车电子技术的发展史是一段以电子技术发展为基础，以人们对汽车功能需求的日益增长为驱动力的发展史，大致可以分为以下五个阶段。

（1）**第一个发展阶段** 20世纪50年代以前，限于电子技术的发展，汽车结构以机械设备为主，电气设备在汽车上应用较少，只有一些必备的电源和用电设备。

（2）**第二个发展阶段** 20世纪五六十年代，随着电子技术的进步，汽车上开始采用电子设备，主要标志是交流发电机，采用二极管整流技术，将交流电变为直流电，减少了发电机的质量和体积，提高了发电机的可靠性。之后，又采用电子式电压调节器替代传统的触点式电压调节器，使发电机输出的电压更加稳定，并大大减少了维护的工作量。

（3）**第三个发展阶段** 进入20世纪70年代，电子技术首先应用于点火系统中，出现了电子控制点火系统，该系统使点火能量大大提高，且点火时刻的控制更加精确，提高了汽车的动力性，降低了汽车的排放污染。随后又出现了电子控制燃油喷射系统、电子控制自动变速器和防抱制动系统等。这个阶段主要以集成电路和16位以下的微处理器应用在汽车上，主要是开发汽车各系统专用的独立控制部分。

（4）**第四个发展阶段** 20世纪80年代以后，汽车电子装置越来越多，如驾驶辅助装置、安全警报装置、通信娱乐装置等，特别是计算机技术的发展给汽车电子控制技术带来了一场技术革新，电控技术广泛应用于汽车各总成，使汽车的整体性能得到了大幅度提升。这个阶段主要是开发可以完成各种功能的综合系统，如集成发动机控制与自动变速器控制为一体的动力传动控制系统、防抱制动系统与驱动防滑控制系统等。

（5）**第五个发展阶段** 进入21世纪，汽车电子技术进入飞速发展的重要阶段，超微型电子计算机，超高效电动机以及集成电路的大规模微型化，车载网络通信系统、车载互联通信系统、智能导航系统、汽车驾驶辅助系统等主动安全系统大量出现在汽车上，为汽车技术发展指明了新的发展方向。在当今汽车"电动化、网联化、智能化、共享化"的过程中，几乎任何一项新技术的诞生都离不开汽车电子技术的身影。

7.1.2　汽车电子控制系统的基本构成

汽车电子控制系统主要由传感器、ECU 和执行器组成（见图 7-1），对被控对象进行控制。

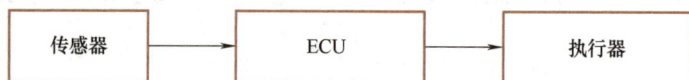

图 7-1　汽车电子控制系统的基本组成

传感器是信号输入设备，其作为汽车电子控制系统的信息源。传感器用来检测和采集各种信息，如温度、压力、转速等，并通过一定转换装置将一些非电量信号（物理量、化学量等）转换为电信号传给 ECU。汽车电子控制系统的核心控制器是 ECU，又称为汽车的"行车电脑"，它们的用途就是控制汽车的行驶状态以及实现其各种功能，主要是利用各种传感器、总线的数据采集与交换，来判断车辆状态以及驾驶人的意图并通过执行器来操控汽车。执行器是执行某种控制功能的装置，用于接收来自 ECU 的控制指令，并对控制对象实施相应的操作。

ECU 也可称为汽车嵌入式系统（Automotive Embedded System，AES）。ECU 对传感器的信号进行处理，通过控制算法向执行器发出控制指令。ECU 一般由硬件和软件两部分组成，硬件部分主要由微控制器（Microcontroller）及外围电路组成；软件部分主要包括硬件抽象层（Hardware Abstraction Layer，HAL）、嵌入式操作系统及底层软件和应用软件层。汽车的 ECU 核心在于微处理器（汽车专用微机控制器），它和普通的单片机一样，由微处理器、存储器、I/O 接口、D/A 转换器以及整形、驱动等集成电路组成。

ECU 使用范围越来越广泛。1993 年，奥迪 A8 上使用了 5 个 ECU，最开始 ECU 仅用于控制发动机工作，随着汽车技术的进步，ECU 肩负起了越来越多的重担，例如，防抱制动系统、四轮驱动系统、主动悬架系统、安全气囊系统、自动变速器都需要单独的控制系统，越来越多的 ECU 出现在汽车上，汽车添加的诸多设备都需要 ECU 的管理。如今 ECU 已经成为汽车上最为常见的部件之一，依据功能的不同可以分为不同的类型。

随着车辆的电子化程度逐渐提高，ECU 数量迅速增加。ECU 几乎占领了整个汽车系统，从传统的发动机控制系统、安全气囊、防抱制动系统、电动助力转向、车身电子稳定系统、车灯控制、空调、水泵、油泵、仪表、娱乐影音系统，到现在已经广泛使用的胎压监测系统、无钥匙进入起动系统、电动座椅加热调节，还有正在普及推广的辅助驾驶系统、矩阵前照灯、氛围灯，还有电动汽车上的电驱控制、蓄电池管理系统、车载充电系统，以及蓬勃发展的车载网关、T-BOX（Telematics BOX，远程信息处理器）和自动驾驶系统等。这些应用带动了 ECU 数量的大幅增加，高端车型里的 ECU 平均达到 50~70 个，电子结构较为复杂的车型，ECU 数量或超过 100 个。所有级别汽车中 ECU 增加的数量如图 7-2 所示。

ECU 数量增加面临成本和技术瓶颈，域控制器应运而生。自动驾驶要求更高的算力和更多的传感器件，ECU 的增长终将迎来爆发，而传统的汽车电子电气架构都是分布式的，汽车里的各个 ECU 都是通过 CAN 和 LIN 总线连接在一起的，如图 7-3 所示。这种分布式的

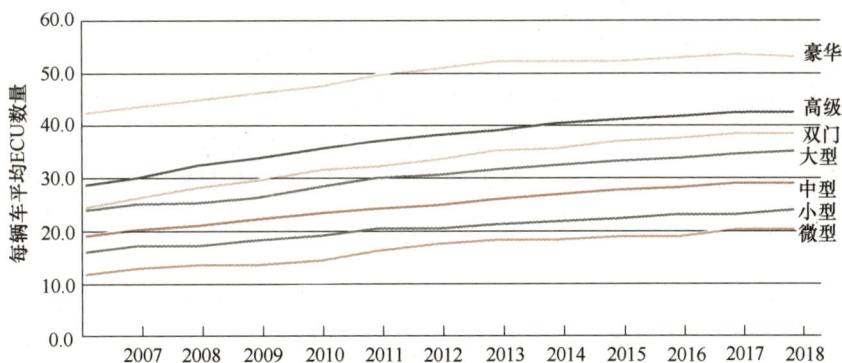

图 7-2　所有级别汽车中 ECU 增加的数量

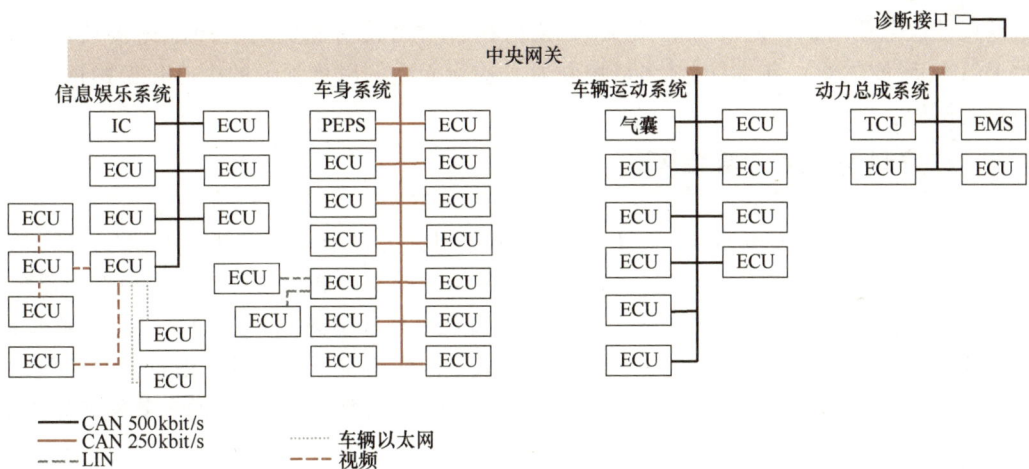

图 7-3　分布式电子电气架构

ECU 架构如果无限制扩张，将会在成本端和技术端面临巨大挑战。

（1）成本端的挑战

1）算力冗余浪费。ECU 的算力不能协同，并相互冗余，产生极大浪费。

2）线束成本提升。这种分布式的架构需要大量的内部通信，客观上导致线束成本大幅增加，同时装配难度也加大。

（2）技术端的挑战

1）多传感器融合算法需要域控制器的统一处理。ADAS 系统中包含各种传感器，如摄像头、毫米波雷达和激光雷达，产生的数据量很大，各种不同的功能都需要这些数据。每个传感器模块可以对数据进行预处理，然后通过车载以太网传输数据。为了保证数据处理的结果最优化，最好将功能控制都集中在一个核心处理器中处理，这就产生了对域控制器的需求。

2）分布式 ECU 无法统一维护升级。大量分离的嵌入式操作系统和应用程序固件，由不同 Tier 1 提供，语言和编程风格迥异，导致无法统一维护和采用空中下载技术（Over-the-Air Technology，OTA）升级。

3）分布式 ECU 制约软件生态应用。第三方应用开发者无法与这些硬件进行便捷的编程，这成为制约软件定义的瓶颈。

4）保障汽车安全的需求。随着汽车 ECU 的增多，被外部攻击的可能性也随之增多。现在的汽车与外部的数据交换越来越多，车联网的发展也给黑客提供了攻击的可能性。如果还是分布式架构，就不能很方便地把一些关键系统保护起来，比如发动机控制和制动系统这些属于动力和传动控制方面的系统。可以单独把这些动力、传动控制系统组成一个域，通过中央网关与其他域隔离开，使其受到攻击的可能性减小，同时加强这个域的网络安全防护，这也产生了对域控制器的需求。

5）平台化、标准化的需求。相比分布式的架构，集中式的架构需要处理单元具备更强的多核和更大的计算能力，而域内的其他处理器相对就可以减少性能和资源。各种传感器和执行器可以作为单独的模块，这样可以更方便地实现零部件的标准化。

因此，随着车载传感器数量的增加，传感器与 ECU 一一对应使得车辆整体性能下降，线路复杂性也急剧增加，同时分布式 ECU 架构在自动驾驶功能实现上面临诸多技术瓶颈，此时 DCU（域控制器）和 MDC（多域控制器）应运而生，以更强大的中心化架构逐步替代了分布式架构。

7.1.3　域控制器走上"舞台"

域控制器（Domain Control Unit，DCU）将车身划分为多个功能模块。所谓"域"就是将汽车电子系统根据功能划分为若干个功能块，每个功能块内部的系统架构由域控制器为主导进行搭建。各个域内部的系统互联仍可使用现如今十分常用的 CAN 和 FlexRay 通信总线。而不同域之间的通信，则需要由更高传输性能的以太网作为主干网络承担信息交换任务。对于功能域的具体划分，不同整车厂会有自己的设计理念，根据应用域划分的车载网络如图 7-4 所示。在每个功能域中，域控制器处于绝对中心，它们需要强大的处理功率、超高的实时性能以及大量的通信外设。

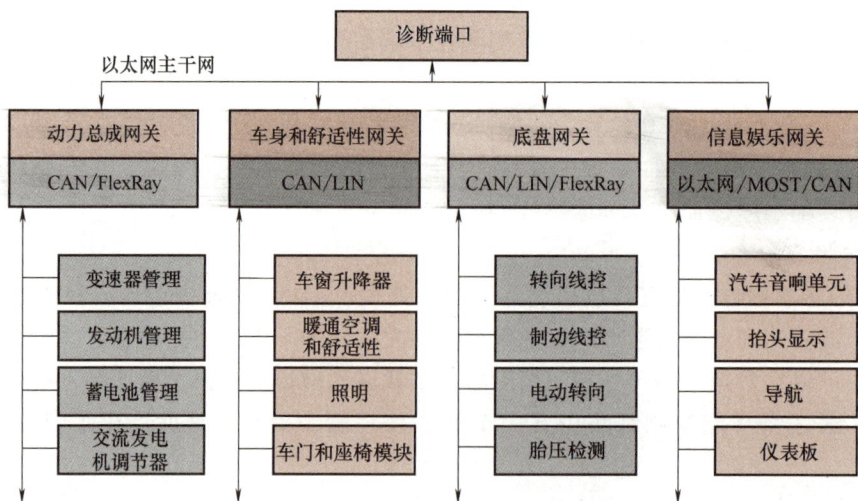

图 7-4　根据应用域划分的车载网络

域控制器可降低原分布式 ECU 功能的复杂度。域控制器因为有强大的硬件计算能力与丰富的软件接口支持，使得更多核心功能模块集中于域控制器内，系统功能集成度大大提

高，这样对功能的感知与执行的硬件要求降低。但是，域控制器的出现并不代表底层硬件ECU 的大规模消失，很多 ECU 的功能会被弱化（软件和处理功能降级，执行层面功能保留），大部分传感器也可以直接传输数据给域控制器，或把数据初步处理后给域控制器，很多复杂计算都可以在域控制器里完成，甚至大部分控制功能也在域控制器里完成，原有ECU 很多只需执行域控制器的命令，也就是说，外围零件只关注本身基本功能，而中央域控制器关注系统级功能的实现。此外，数据交互的接口标准化，会让这些零部件变成标准零件，从而降低这部分零部件开发与制造的成本。

域控制器的概念最早是由以博世、大陆、德尔福为首的 Tier 1 提出，为了解决信息安全以及 ECU 瓶颈的问题。根据汽车电子部件功能将整车划分为 5 个大域，大域下面包含各种子域，如图 7-5 所示。每个域或子域都有对应的 DCU 和各种 ECU，所有这些构成了汽车电子电气架构的网络拓扑。利用处理能力更强的多核 CPU 或 GPU（图形处理器）芯片相对集中地控制每个域，以取代目前分布式电子电气架构。

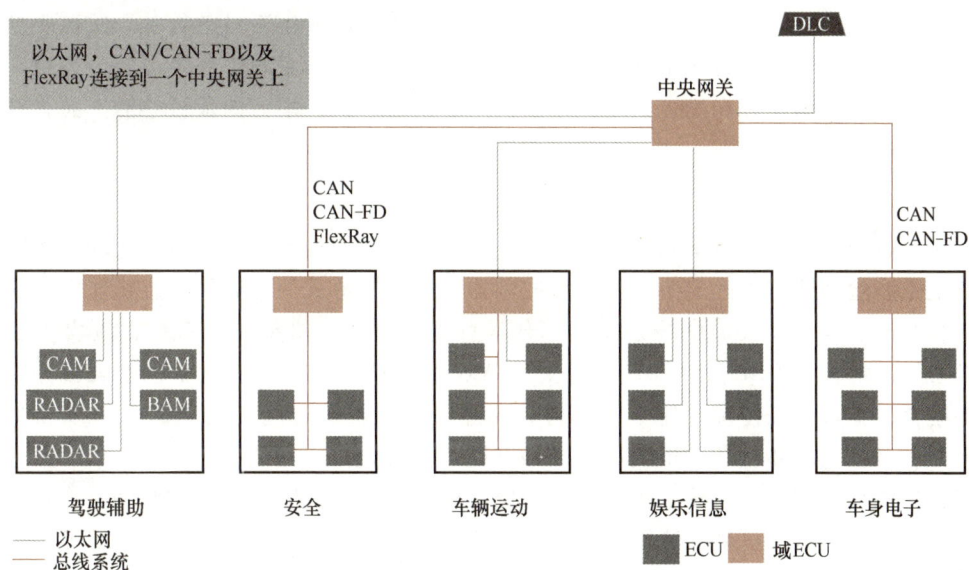

图 7-5　博世 DCU 电子架构

7.2　经典域分类

博世经典的五大域分为动力域（安全）、底盘域（车辆运动）、座舱域/智能信息域（娱乐信息）、自动驾驶域（辅助驾驶）和车身域（车身电子），这五大域控制模块较为完备地集成了 L3 及以上级别自动驾驶车辆的所有控制功能。

1. 动力域（安全）

动力域控制器是一种智能化的动力总成管理单元，借助 CAN/FlexRay 实现变速器管理、发动机管理、蓄电池监控、交流发电机调节。其优势在于为多种动力系统单元（内燃机、电动机/发电机、蓄电池、变速器）计算和分配扭矩、通过预判驾驶策略实现 CO_2 减排、通信网关等，主要用于动力总成的优化与控制，同时兼具电气智能故障诊断、智能节电、总线通信等功能。

2. 底盘域（车辆运动）

底盘域与汽车行驶相关，由传动系统、行驶系统、转向系统和制动系统共同构成。传动系统负责把发动机的动力传给驱动轮，可以分为机械式、液力式和电力式等，其中机械式传动系统主要由离合器、变速器、万向传动装置和驱动桥组成；液力式传动系统主要由液力变矩器、自动变速器、万向传动装置和驱动桥组成。行驶系统把汽车各个部分连成一个整体并对全车起支承作用，如车架、悬架、车轮、车桥都是它的零件。转向系统保证汽车能按驾驶人的意愿进行直线或转向行驶。制动系统迫使路面在汽车车轮上施加一定的与汽车行驶方向相反的外力，对汽车进行一定程度的强制制动，其功用是减速停车、驻车制动。

智能化推动线控底盘发展。随着汽车智能化发展，智能汽车的感知识别、决策规划、控制执行三个核心系统中，与汽车零部件行业最贴近的是控制执行端，也就是驱动控制、转向控制、制动控制等，需要对传统汽车的底盘进行线控改造以适用于自动驾驶。线控底盘主要有五大系统，分别为线控转向系统、线控制动系统、线控换档系统、线控节气门系统、线控悬架系统，线控转向系统和线控制动系统是面向自动驾驶执行端方向最核心的产品，其中又以制动技术难度更高。

3. 座舱域/智能信息域（娱乐信息）

传统座舱域由几个分散子系统或单独模块组成，这种架构无法支持多屏联动、多屏驾驶等复杂电子座舱功能，因此催生出座舱域控制器这种域集中式的计算平台。智能座舱的构成主要包括全液晶仪表、大屏中控系统、车载信息娱乐系统、抬头显示系统、流媒体后视镜等，核心控制部件是DCU。DCU通过以太网/MOST/CAN，实现抬头显示、仪表板、导航等部件的融合，不仅具有传统座舱电子部件，还进一步整合了智能驾驶ADAS系统和车联网V2X系统，从而进一步优化智能驾驶、车载互联、信息娱乐等功能。

智能驾驶辅助系统的构成主要包括感知层、决策层和执行层3大核心部分。感知层主要传感器包括车载摄像头、毫米波雷达、超声波传感器、激光雷达、智能照明系统等。车辆自身运动信息主要通过车身上的速度传感器、角度传感器、惯性导航系统等部件获取。通过座舱域控制器，可以实现"独立感知"和"交互方式升级"。一方面，车辆具有"感知"人的能力。智能座舱系统通过独立感知层，能够拿到足够的感知数据，例如，车内视觉（光学）、语音（声学）以及转向盘、制动踏板、加速踏板、档位、安全带等底盘和车身数据，利用生物识别技术（车舱内主要是人脸识别、声音识别），来综合判断驾驶人（或其他乘员）的生理状态（人像、脸部识别等）和行为状态（驾驶行为、声音、肢体行为），随后根据具体场景推送交互请求。另一方面，车内交互方式从仅有"物理按键交互"升级至"触屏交互""语音交互""手势交互"并存的状态。此外，多模交互技术通过融合"视觉""语音"等模态的感知数据，做到更精准、更智能、更人性化的交互。

4. 自动驾驶域（辅助驾驶）

应用于自动驾驶领域的域控制器能够使车辆具备多传感器融合、定位、路径规划、决策控制的能力。通常需要外接多个摄像头、毫米波雷达、激光雷达等设备，完成的功能包含图像识别、数据处理等。不再需要搭载外设工控机、控制板等多种硬件，但需要匹

配核心运算力强的处理器，从而提供自动驾驶不同等级的计算能力的支持，核心主要在于芯片的处理能力，最终目标是能够满足自动驾驶的算力需求，简化设备，大大提高系统的集成度。

算法实现上，自动驾驶汽车通过激光雷达、毫米波雷达、摄像头、GPS、惯性导航等车载传感器来感知周围环境，通过传感器数据处理及多传感器信息融合，以及适当的工作模型制定相应的策略，进行决策与规划。在规划好路径之后，控制车辆沿着期望的轨迹行驶。DCU 的输入为各项传感器的数据，所进行的算法处理涵盖了感知、决策、控制三个层面，最终将输出传送至执行机构，进行车辆的横纵向控制。智能驾驶辅助系统的构成如图 7-6 所示。

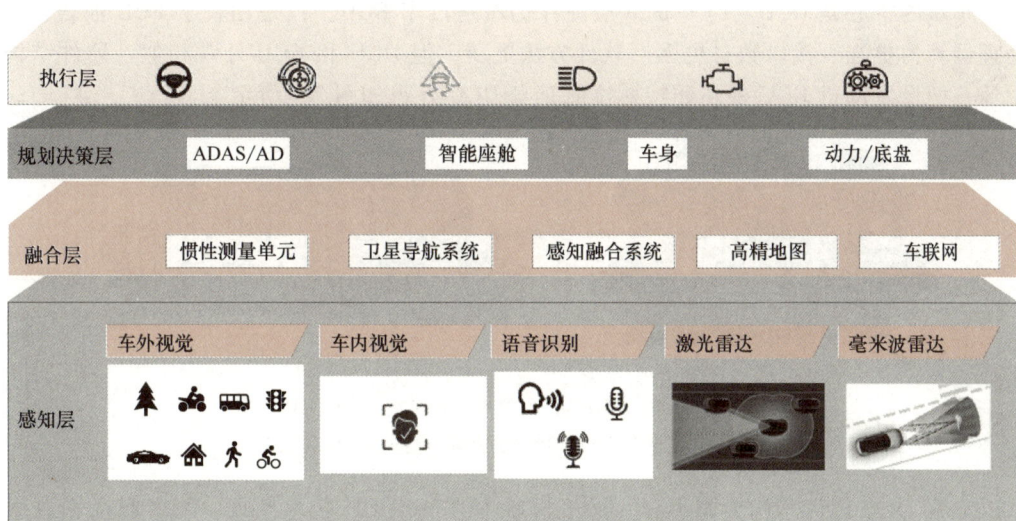

图 7-6　智能驾驶辅助系统的构成

5. 车身域（车身电子）

随着整车发展，车身控制器越来越多，为了降低控制器成本和整车重量，集成化需要把所有的功能器件，从车头的部分、车中间的部分和车尾部的部分（如后制动灯、后位置灯、尾门锁、双撑杆）统一连接到一个总的控制器里面。车身域控制器从分散化的功能组合，逐渐过渡到集成所有车身电子的基础驱动、钥匙功能、车灯、车门、车窗等的大控制器。

车身域控制系统综合灯光、刮水器洗涤、中控门锁、车窗控制，PEPS（无钥匙进入及启动系统）、低频天线、低频天线驱动、电子转向柱锁、IMMO（防盗系统）天线，网关的 CAN、可扩展 CAN FD 和 FlexRay、LIN 网络、以太网接口，TPMS（胎压监测）和无线接收模块等进行总体开发设计。车身域控制器能够集成传统 BCM（车身控制器）、PEPS、纹波防夹等功能。

从通信角度来看，存在传统架构—混合架构—最终的车载计算机平台的演变过程。其中通信速度的变化以及带高功能安全的基础算力价格的降低是关键，未来在基础控制器的电子层面兼容不同的功能将有可能实现。

车身域电子系统领域不论是对国外企业还是国内企业，都尚处于拓荒期或成长初期。国外企业在如 BCM、PEPS、门窗、座椅控制器等单功能产品上有深厚的技术积累，同时各大外国企业的产品线覆盖面较广，为其系统集成产品奠定了基础。而大多数国内企业生产的产品相对低端，且产品线单一，要从整个车身域重新布局和定义系统集成的产品就会有相当的难度。

7.3 域控制器

7.3.1 域控制器硬件组成

汽车域的核心是 DCU。DCU 的底层硬件仍然是汽车 ECU，只是相较于 ECU 而言，DCU 的处理器算力更强、接口数目更多、软件方法更新，但 DCU 和 ECU 外观相似，硬件结构基本一致。博世发动机 ECU 外观和特斯拉前车身 DCU 外观如图 7-7 所示。

a)   b)

图 7-7 博世发动机 ECU 外观和特斯拉前车身 DCU 外观

a）博世发动机 ECU b）特斯拉前车身 DCU

ECU 和 DCU 硬件结构大同小异。如果拆解 ECU 和 DCU 后会发现，二者都由印制电路板、密封性金属外壳、支架和散热组件（风冷或水冷）等构成，如图 7-8 所示。大部分 ECU 电路结构大同小异，控制功能的变化主要依赖于软件及输入、输出模块的变化，随控制系统完成任务的不同而存在差异。

a)   b)

图 7-8 博世 ECU 拆解和特斯拉前车身 DCU 拆解

a）博世 ECU 拆解 b）特斯拉前车身 DCU 拆解

汽车电子控制系统包括硬件和软件两部分，硬件有 ECU 及其接口、传感器、执行机构、显示机构等；软件存储在 ECU 中，支配电子控制系统完成实时测控功能。

汽车电子控制系统工作原理：汽车电子控制系统工作时，信号可经过输入、转换、处理和输出4个模块，如图7-9所示。

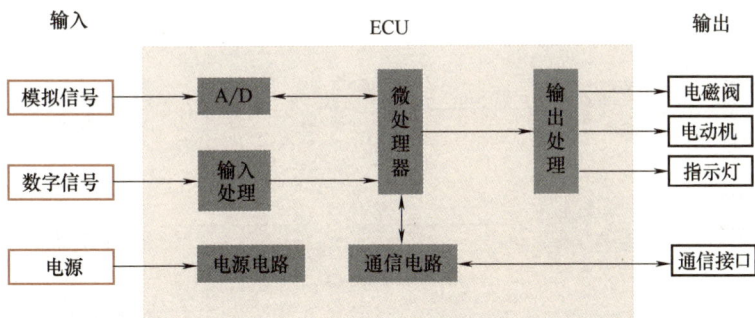

输入　　　　　　　　　　ECU　　　　　　　　　　输出

图 7-9　汽车电子控制系统工作原理

在输入处理电路中，ECU的输入信号主要有3种形式，模拟信号、数字信号（包括开关信号）、脉冲信号。模拟信号通过A/D转换为数字信号提供给微处理器。控制系统要求模数信号转换具有较高的分辨率和精度（>10bit）。为了保证测控系统的实时性，采样间隔一般要求小于4ms。数字信号需要通过电平转换，得到计算机接收的信号。对超过电源电压、电压在正负之间变化、带有较高的振荡或噪声、带有波动电压等输入信号，输入电路也对其进行转换处理。

在微处理器中，首先完成传感器信号的A/D转换、周期脉冲信号测量和其他有关汽车行驶状态信号的输入处理，然后计算并控制所需的输出值，按要求实时地向执行机构发送控制信号。过去微处理器多数是采用8位和16位的，也有少数采用32位的，现在多用16位机和32位机。

在输出电路中，微处理器输出的信号往往用作控制电磁阀、指示灯、步进电动机等执行件。微处理器输出信号功率较小，使用+5V的电压，汽车上执行机构的电源大部分是蓄电池，需要将微处理器的控制信号通过输出处理电路处理后再驱动执行机构。

在电源电路中，传统车的ECU一般带有蓄电池和内置电源电路，以保证微处理器及其接口电路工作在+5V的电压下。即使在发动机起动工况等使汽车蓄电池电压有较大波动时，也能提供+5V的稳定电压，从而保证系统的正常工作，而电动汽车一般由蓄电池供电。

ECU就是由MCU和外围电路组成。ECU作为汽车电子控制系统的核心部分，属于嵌入式系统装置，一般由中央处理器（CPU）、存储器（扩展内存）、扩展I/O口、CAN/LIN总线收发控制器、A/D及D/A转换口（有时集成在CPU中）、PWM控制、PID控制、电压控制、看门狗（Watch Dog Timer，WDT）、散热片和其他一些电子元器件组成，特定功能的ECU还带有诸如红外线收发器、传感器、DSP数字信号处理器、脉冲发生器、脉冲分配器、电动机驱动单元、放大单元和强弱电隔离等元器件。整块电路板设计安装于一个铝质盒内，通过卡扣或者螺钉安装于车身钣金上。ECU一般采用通用且功能集成，开发容易的CPU；软件一般用C语言来编写，并且提供了丰富的驱动程序库和函数库，有编程器，仿真器，仿真软件，还有用于标定的软件。简单来说，ECU就是由MCU和外围电路组成。MCU又称单片机（单片微型计算机），就是在一块芯片上集成了 CPU，存储器（ROM）和 I/O 接口的单元，ECU 结构拆解如图 7-10 所示。ECU 的主要部分是 MCU，而核心部件是 CPU。

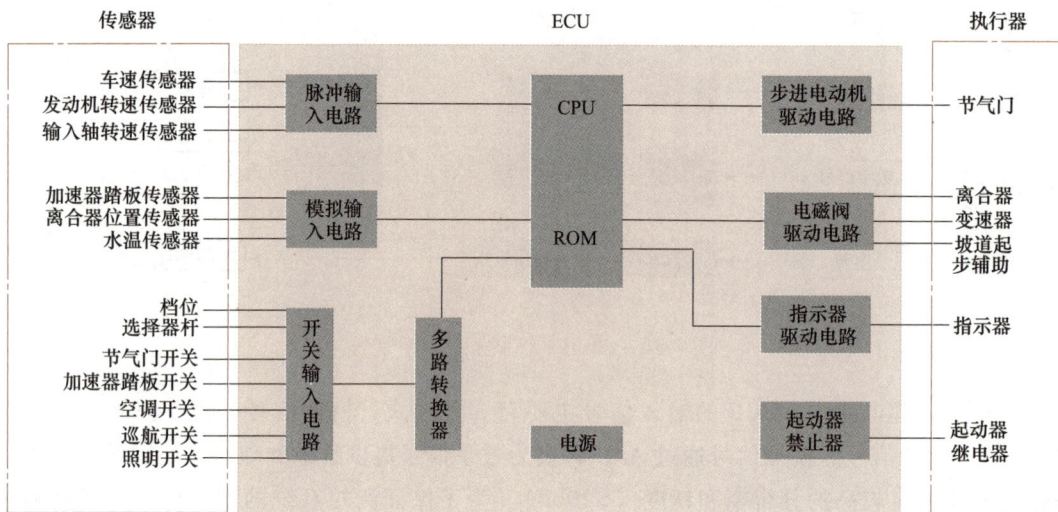

图 7-10   ECU 结构拆解

7.3.2   域控制器软件模型

以恩智浦公司的 S32K 芯片系列为例，介绍 DCU 应用层软件的编写。S32K 汽车平台主要用于汽车和工业，其 S32 微控制器架构可以平衡性能和功耗。S32K 汽车平台旨在应对当前和未来的连接、保密和安全的挑战，其开发软件具有工业级和汽车工业的 ASIL B（D）级，常用于 DCU。

DCU 软件模型中包含燃油汽车节气门控制模型的软件开发工作。图 7-11 所示为基于 NXP S32K MCU 的节气门控制模型，软件编写可以采用 Simulink 进行模型软件开发。基于 NXP S32K 系列 MCU 开发的节气门控制模型中的输入信号为驾驶人期望节气门开度或自动驾驶系统请求的节气门开度和当前节气门实际的开度，控制算法为 PID 算法，控制模型的

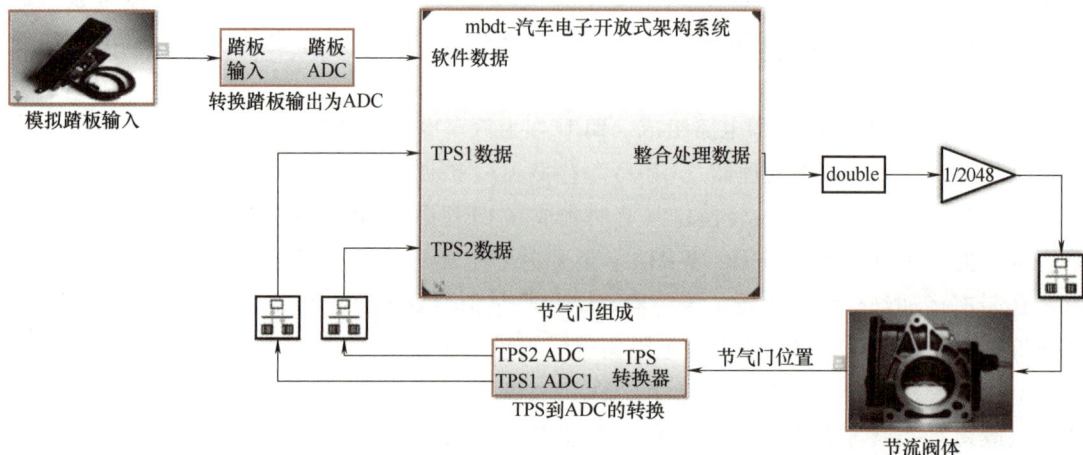

图 7-11   基于 NXP S32K MCU 的节气门控制模型

输出信号是节气门期望开度和实际开度之间的差值。基于 Simulink 开发的模型开发完成后，可以使用嵌入式编码器（Embedded Coder）生成优化的、可立即投入生产的代码，然后使用基于恩智浦模型的设计工具箱（MBDT）将代码部署到恩智浦 S32K 微控制器中。

7.3.3 域控制器未来的发展

博世的经典电子电气架构发展趋势如图 7-12 所示，以域控制器为代表产品的［跨］域集中式电子电气架构未来将是集成化程度更高的车辆集中式电子电气架构—车载计算机，终极阶段就是车-云计算。未来车辆通过使用高性能的中央计算单元取代现在常用的分布式计算的架构，将实现"软件定义车辆"的终极目标，如图 7-13 所示。

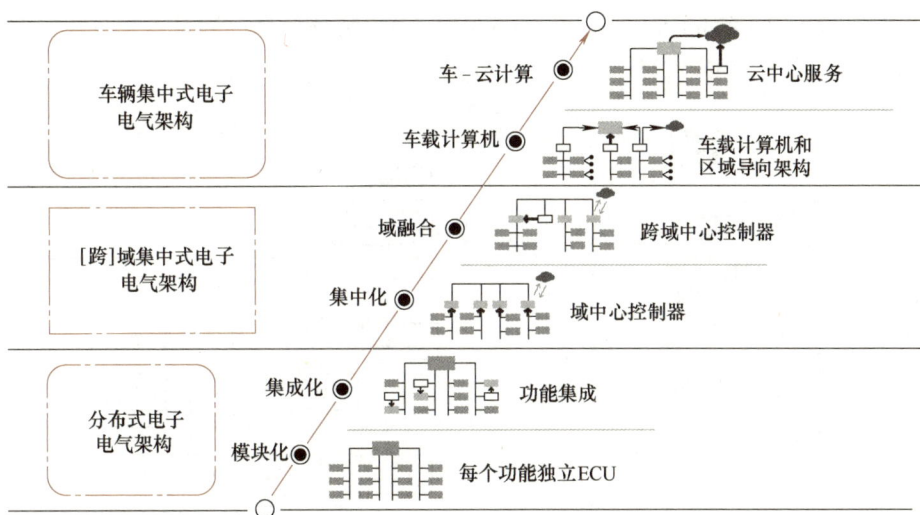

图 7-12 博世的经典电子电气架构发展趋势

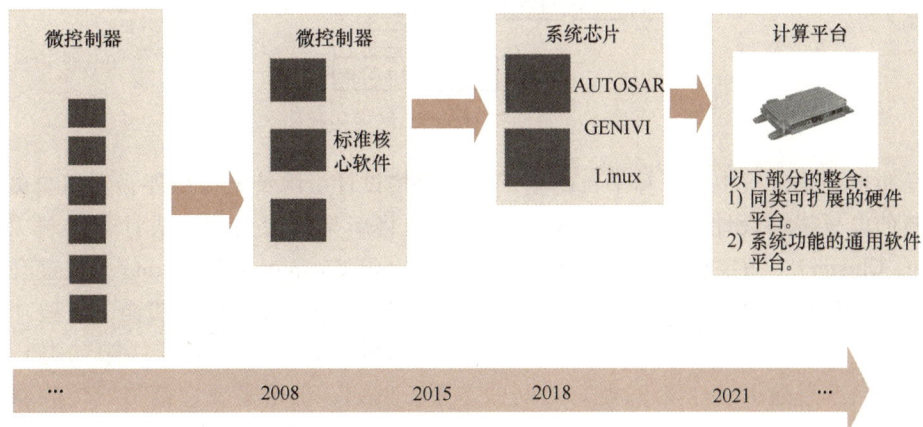

图 7-13 车辆电子电气架构向集中计算平台升级

中央控制器更具空间、轻量化、可扩展性优势。相较于 DCU 时代的域集中式电子电气架构，基于新一代车辆集中式电子电气架构的汽车设计，能通过 ECU 集成进一步降低成本，较 DCU 更具空间优势、轻量化、车型覆盖多、可扩展性的特点，其目标是设计简单的软件插件和实现物理层变化的本地化，基于域和基于车辆集中式电子电气架构对比见表 7-1。

表 7-1　基于域和基于车辆集中式电子电气架构对比

	基于域的现有架构	新一代车辆集中式电子电气架构
动力	需要专用附加线路	可最大限度地减少区域线路
网络	需要专用附加线路;需要协商网络设计	可最大限度地减少区域线路;局部变化,比如通信矩阵
安装	需要为附加 ECU 进行重新设计	为附加 ECU 留出空间
逻辑	需要更改分布式 ECU 的软件	只需更改中央 ECU 软件

　　特斯拉的 Model 3 结构就是车辆集中式电子电气架构的典型代表，也是该架构下的第一款量产车型。Model 3 全车主要由 3 大控制模块构成，一个是中央控制模块的自动驾驶及娱乐控制模块（Autopilot & Infotainment Control Module），另外两个分别是右车身控制器（BCM RH）和左车身控制器（BCM LH），如图 7-14 所示。

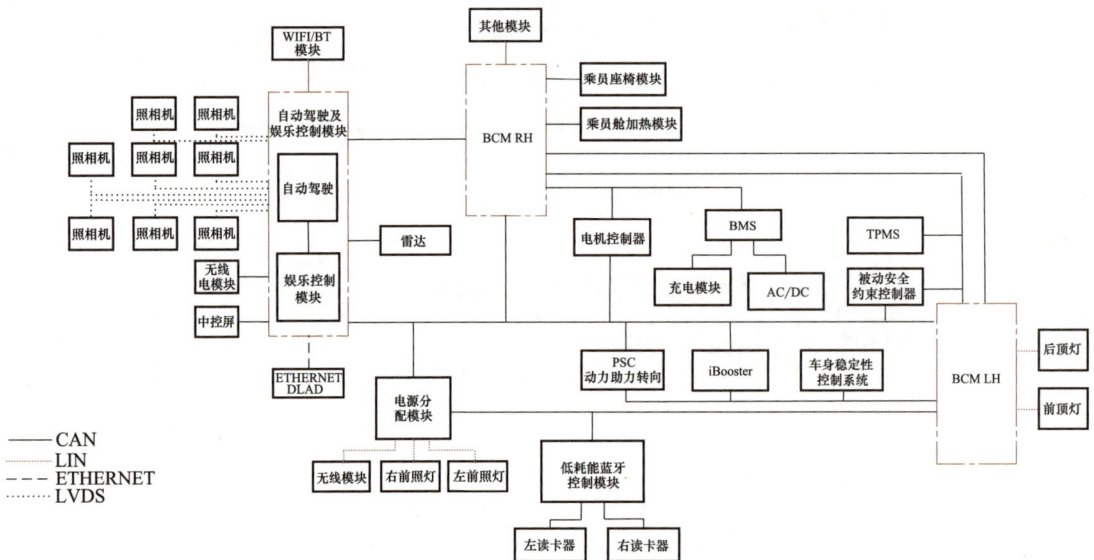

图 7-14　特斯拉 Model 3 网络拓扑图

　　宝马和奥迪也进行中央计算平台的电子电气架构设计。除特斯拉以外，宝马与奥迪也在进行全新的电子架构设计，但命名略有不同，奥迪将新架构命名为中央计算集群（Central Computing Cluster），而宝马叫作中央计算平台（Central Computing Platform）。在宝马的体系结构中，中央计算平台（见图 7-15 的顶层，第一类）划分主要的软件功能，这些功能主要在内部开发。这些平台提供高性能，并满足最高的安全要求。集成 ECU（第二类）填充了中央计算平台和普通 ECU（第三类）之间的差距，例如，部署需要直接访问传感器或执行器的时间关键功能。对于简单和非特定于 OEM（原始设备制造商）的功能，可以接受普通ECU、传感器和执行器（第四类）。理想情况下，这些 ECU、传感器和执行器基于常见的OEM 或者一级供应商的零件。

　　车载中央计算平台有望走向车-云计算。车内 E/E 架构和云端架构越来越接近。云端为各种应用程序提供了基础（自动驾驶和多媒体功能可以在云端执行），可以通过云端为驾驶人提供移动服务，可以对从汽车传输到云端的信息进行分析。车内和云端架构的无缝结合，

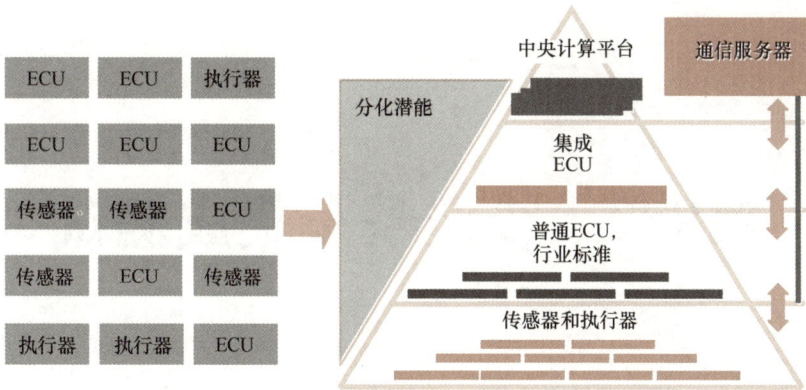

图 7-15　宝马规划中央计算平台的电子电气架构

将成为人们 E/E 基础设施发展创新的重要一步，可以在 ECU 或云端执行功能的总体系统结构和软件设计如图 7-16 所示。

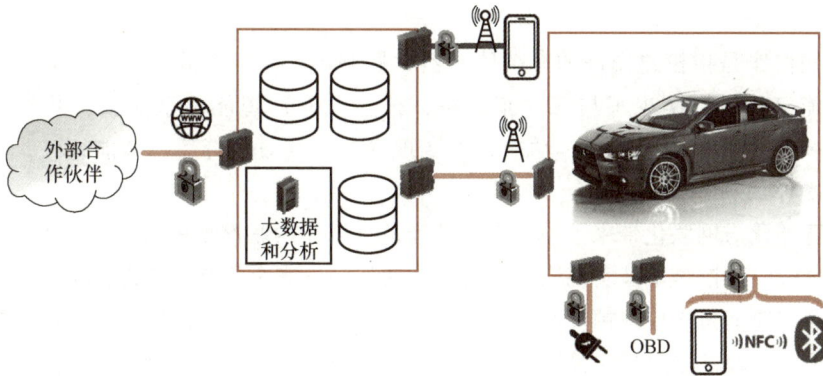

图 7-16　可以在 ECU 或云端执行功能的总体系统结构和软件设计

第8章 线控整车集成测试

智能网联汽车是指搭建先进的车载传感器、控制器、执行器等装置，并融合现代通信网络、人工智能等技术，实现车与X（车、路、云、人等）智能信息交换、共享，具备复杂环境感知、智能决策、协同控制等功能，可实现安全、高效、舒适、节能行驶，并最终可实现代替人来操作的新一代汽车。

汽车的智能化与网联化带来了前所未有的变革，智能网联汽车进入技术快速演进、产业加速布局的新阶段。线控整车是实现汽车高级别自动驾驶、安全行驶、节能低碳的必要条件。线控整车具备响应速度快、控制精度高、安全性高的特点，是实现高级别自动驾驶的必经之路。线控整车的核心零部件主要是线控转向、线控制动、线控驱动和线控悬架，如图8-1所示。

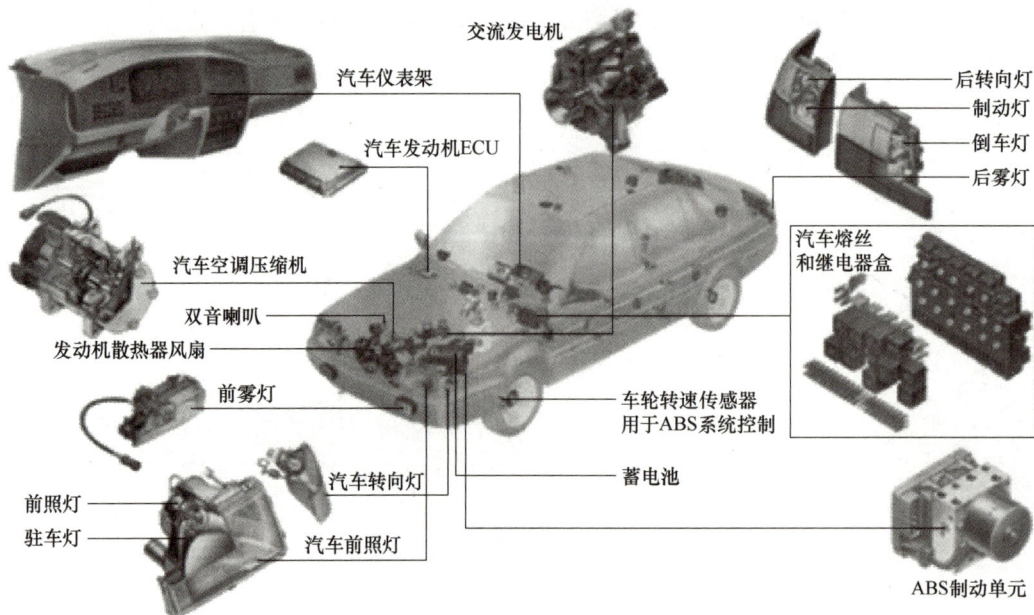

图 8-1　线控整车的核心零部件示意图

8.2 线控转向测试验证

8.2.1 线控转向形式

　　汽车转向系统经历了机械转向系统、液压助力转向系统、电液助力转向系统和电动助力转向系统。线控转向可以在电动助力转向系统中实现，也可以在完全线控转向和半线控转向系统中实现，即通过电信号控制电动机转矩实现转向。

　　电动助力转向系统的形式可以分为转向轴式电动助力转向系统和转向齿轮式电动助力转向系统，如图 8-2 和图 8-3 所示。转向轴式电动助力转向系统是在传统机械转向系统的基础上，增加了传感器装置、电子控制装置和转向助力机构等。其特点是使用电动执行机构，在不同的驾驶条件下为驾驶人提供合适的助力。系统主要由 ECU、转矩传感器、角度传感器、电动机和转向柱总成等组成。转向齿轮式电动助力转向

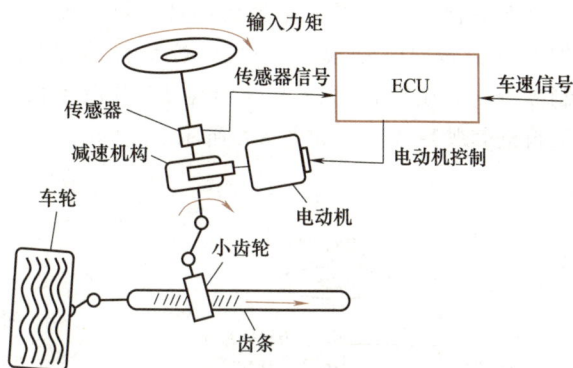

图 8-2　转向轴式电动助力转向系统示意图

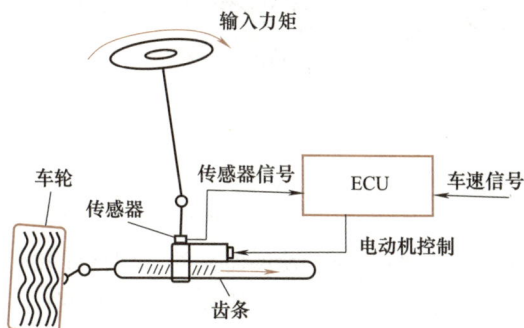

系统是将电动机传动机构与转向齿轮相连，驱动转向齿轮来减轻手力的电动助力转向系统。

图 8-3　转向齿轮式电动助力转向系统示意图

　　完全线控转向系统通过电信号控制执行机构动作来取代传统转向系统的机械传动和机械连接，主控制器在相应参数进行计算之后，向转向执行电动机下达指令，助力矩由转向助力电动机提供。线控转向系统取消了转向盘和转向轮之间的机械连接装置，改由转向盘模块、转向执行模块和主控制器，以及冗余系统、电源等辅助模块组成。转向盘模块与转向执行模块之间通过实时总线连接。系统工作时，转向盘模块传感器检测到驾驶人的转向信号，通过总线传递给主控制器 ECU，ECU 同步接收车辆状态信息，经运算后向转向执行模块发出指令，驱动转向轮转动。同时，转向执行模块传感器实时采集车轮转角、反力矩等路感信号反馈给 ECU。转向系统控制车轮转到需要的角度，并将车轮的转角和转动转矩反馈到系统的其余部分，比如转向操纵机构，以使驾驶人获得路感，这种路感的大小可以根据不同的情况

由转向控制系统控制，如图 8-4 所示。

半线控转向系统，也称为带有离合器线控转向系统，在下驱动转向与上调节管柱之间增加离合器。在正常模式下，离合器处于断开状态，转向系统属于线控转向；在紧急情况下，比如转向ECU失效时，离合器转为吸合状态，此时与传统转向系统一致，通过转向盘及机械连接完成车辆的转向，如图 8-5 所示。

冗余转向系统可以在完全线控转向的基础上再加上一套转向驱动模块、角度/位移传感器和控制器等，冗余转向系统可以用在 L3 及以上级别的自动驾驶系统中，如图 8-6 所示。

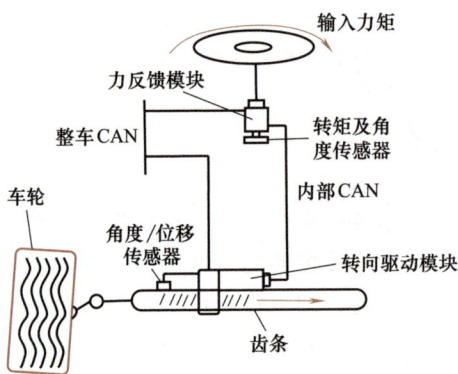

图 8-4　完全线控转向系统示意图

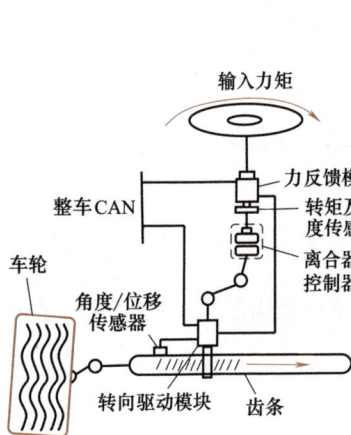

图 8-5　半线控转向系统示意图

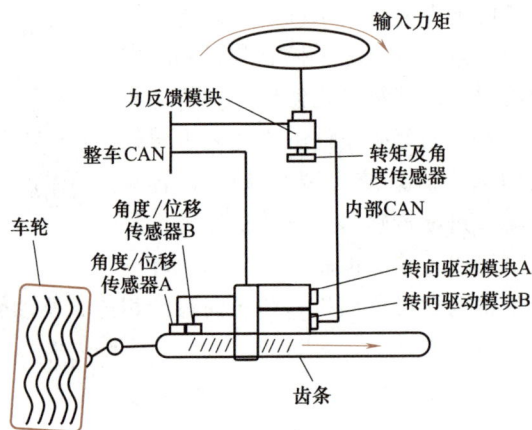

图 8-6　冗余转向系统示意图

8.2.2　线控转向零部件级测试

线控转向系统是在传统转向系统的基础上发展而来的，因此线控转向系统也需要满足传统转向系统的基本测试要求。为了满足安全需求，线控转向需要进行一些与传统转向系统不同的测试项目。线控转向系统和传统转向系统的测试项目对比见表 8-1。

表 8-1　线控转向系统与传统转向系统测试项目对比

分类	传统转向		线控转向		离合器特性
	转向驱动	转向调节	转向驱动	转向调节	
基本性能	1. 输入输出特性 2. 助力特性 3. 输入转矩对称性 4. 系统摩擦力	1. 调节特性 2. 溃缩 3. 自然频率	1. 助力特性 2. 助力对称性 3. 系统摩擦力 4. 助力响应	1. 输入输出特性 2. 阻尼 3. 调节特性 4. 溃缩 5. 自然频率	1. 响应时间 2. 静扭强度（吸合）
强度	1. 输入转矩强度 2. 冲击强度	1. 静扭强度 2. 保持力 3. 垂直强度	1. 冲击强度 2. 安装点强度	1. 静扭强度 2. 保持力 3. 垂直强度	

（续）

| 分类 | 传统转向 | | 线控转向 | | 离合器特性 |
	转向驱动	转向调节	转向驱动	转向调节	
刚度/ 间隙	1. 轴向刚度 2. 径向刚度 3. 总成刚度	1. 轴向刚度 2. 径向刚度	总成刚度	1. 轴向刚度 2. 径向刚度	
耐久 性	1. 转向耐久 2. 转向环境耐久 3. 磨损耐久	1. 旋转耐久 2. 扭转疲劳 3. 调节耐久	1. 转向耐久 2. 转向环境耐久 3. 磨损耐久	1. 旋转耐久 2. 扭转疲劳 3. 调节耐久	吸合次数限制
环境 测试	1. 高低温测试 2. 防腐密封测试	1. 温度循环 2. 湿热交变	1. 高低温测试 2. 防腐密封试验	1. 温度循环 2. 湿热交变	1. 高低温冲击 2. 防腐试验
NVH	1. 敲击噪声 2. 换向/操作噪声	1. 空转噪声 2. 调节噪声	1. 敲击噪声 2. 操作/换向噪声	1. 空转噪声 2. 工作噪声	

8.2.3　线控转向系统测试

为了完成车道保持、换道等功能，自动驾驶系统针对转向系统的执行响应以及响应速率有着严格的要求。为了满足自动驾驶系统的要求，转向系统需要进行一系列严格的测试，测试包括阶跃测试、斜坡测试、正弦测试等。阶跃测试主要用于测试转向系统的实际值变化率；斜坡测试主要用于测试转向机的稳态误差、跟随差值、执行时间等；正弦测试主要用于测试相位延迟时间、峰—峰差值。

1. 测试用例一：阶跃测试

图 8-7 所示为转向系统阶跃测试指标示意图，按照阶跃测试和故障性能测试（冗余转向系统）进行测试，系统应满足的阶跃行程测试指标要求见表 8-2。

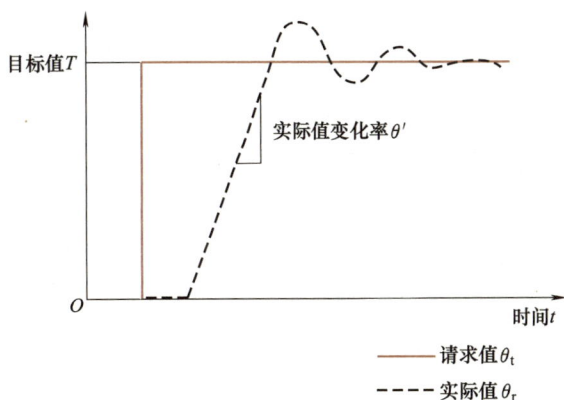

图 8-7　转向系统阶跃测试指标示意图

图 8-7 中各物理量含义如下：

1）请求值 θ_t：自动驾驶控制器通过总线发送的数值，也指线控转向系统通过总线接收到的数值。

2）实际值 θ_r：转向盘、车轮上、转向传动装置上安装的转角传感器或齿条位置传感器，测量并通过总线反馈的转向角度或齿条位置。

3）目标值 T：请求值达到稳定后的数值。

4）实际值变化率 θ'：线控转向系统转动过程中实际值的变化斜率。

表 8-2　阶跃行程测试指标要求

序号	指标名称	系统无故障 （以转向盘控制为例）	冗余转向单系统故障 （以转向盘控制为例）
1	最大实际值变化率 $\theta'_{max}/(°/s)$	≥500	≥250
2	最大实际值 $\theta_{rmax}/(°)$	≥机械行程×90%	≥机械行程×90%
3	对称性	≤5%	≤5%

注：1. 对称性是指在相同环境和相同请求指令的情况下，左、右转向响应的差异。

2. 针对转向盘转角接口，其他控制方式（如齿轮位移控制）可根据转向系统传动比或设计参数进行推算。

2. 测试用例二：斜坡测试

图 8-8 所示为斜坡测试指标示意图，按照斜坡测试和故障性能测试（冗余转向系统）进行测试，系统应满足的斜坡测试指标要求见表 8-3。

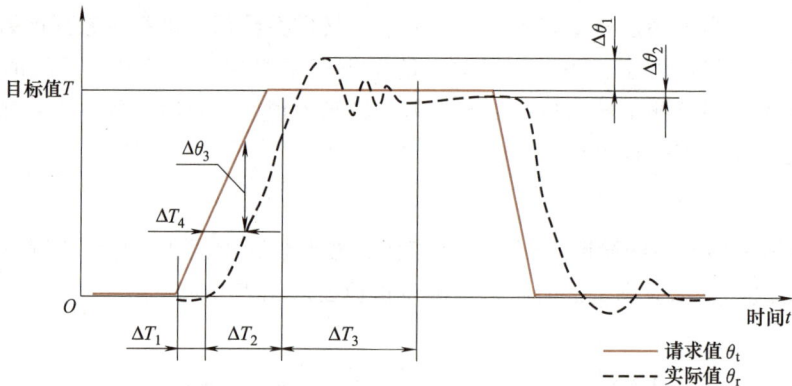

图 8-8　斜坡测试指标示意图

图 8-8 中各物理量含义如下：

1）最大超调值 $\Delta\theta_1$：线控转向系统转动过程中最大实际值与目标值的差值。

2）稳态误差 $\Delta\theta_2$：线控转向系统转动过程中稳态实际值与目标值的差值。

3）跟随差值 $\Delta\theta_3$：线控转向系统转动过程中某一时刻实际值与请求值的差值。

4）响应延迟时间 ΔT_1：自动驾驶控制器发出请求值时刻与接收到实际值开始产生变化时刻之间的时间差。

5）执行延迟时间 ΔT_2：实际值开始产生变化的时刻与实际值第一次达到目标值 90% 时刻之间的时间差。

6）稳定控制时间 ΔT_3：实际值第一次达到目标值 90% 时刻与实际值达到稳定时刻之间的时间差。

7）动态跟随时间 ΔT_4：线控转向系统转动过程中同一变化方向请求值与实际值相同时所对应时刻的时间差。

表 8-3　斜坡测试指标要求

序号	指标名称	系统无故障 （以转向盘控制为例）	冗余转向单系统故障 （以转向盘控制为例）
1	最大超调值 $\Delta\theta_1$ /（°）	$[0,15]°:\leqslant 1$ $(15,66]°:\leqslant \theta_t\times 7.5\%$ $(66,\theta_{max}]°:\leqslant 5$	$[0,15]°:\leqslant 1$ $(15,66]°:\leqslant \theta_t\times 7.5\%$ $(66,\theta_{max}]°:\leqslant 5$
2	稳态误差 $\Delta\theta_2$ /（°）	$[0,66]°:\leqslant 0.5$ $(66,\theta_{max}]°:\leqslant 1$	$[0,66]°:\leqslant 0.5$ $(66,\theta_{max}]°:\leqslant 1$
3	跟随差值 $\Delta\theta_3$ /（°）	$\leqslant 100$	$\leqslant 100$
4	响应延迟时间 ΔT_1 /ms	$\leqslant 80$	$\leqslant 80$
5	执行延迟时间 ΔT_2 /ms	$\leqslant \min(\theta_t/\theta',900)$	$\leqslant \min(2\theta_t/\theta',1800)$
6	稳定控制时间 ΔT_3 /ms	$\leqslant 150$	$\leqslant 150$
7	动态跟随时间 ΔT_4 /ms	$\leqslant 80$	$\leqslant 80$
8	对称性	$\leqslant 5\%$	$\leqslant 5\%$

注：针对转向盘转角接口，其他控制方式（如齿条位移控制）可根据转向系统传动比或设计参数进行推算。

3. 测试用例三：正弦测试

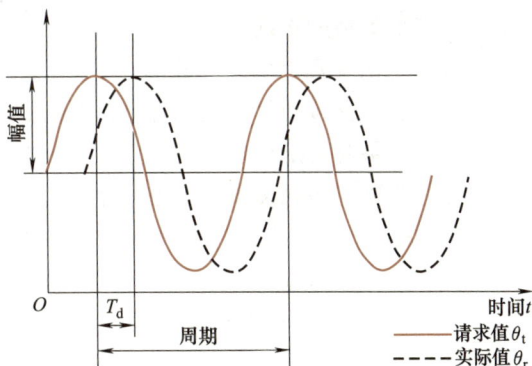

图 8-9 所示为正弦测试指标示意图，按照正弦测试和故障性能测试（冗余转向系统）进行测试，应满足的正弦测试指标要求见表 8-4。

图 8-9 中各物理量含义如下：

1）幅值：请求值在每个周期能够达到的最大值。

2）周期：请求值在相邻两个波峰或波谷时刻的时间差。

3）相位延迟时间 T_d：请求值和实际值在相邻的两波峰或波谷之间的时间差，即两个正弦波的相位差。

图 8-9　正弦测试指标示意图

表 8-4　正弦测试指标要求

序号	指标名称	系统无故障 （以转向盘控制为例）	冗余转向单系统故障 （以转向盘控制为例）
1	相位延迟时间 T_d /ms	$\leqslant 80$	$\leqslant 80$
2	峰—峰差值/（°）	$\leqslant 10$	$\leqslant 10$

4. 测试用例四：冗余转向系统间切换性能测试

按照系统切换测试进行测试，系统切换时间应不大于 50ms。

（1）场地条件　试验应在封闭的试验场地进行，该场地应为干燥、平坦且清洁，并且使用水泥混凝土或沥青铺装的路面，场地应有良好的附着系数。试验路面的纵向坡度应不超过 0.10%，横向坡度应不超过 0.50%。此外，场地应具备一定的安全空间，以确保试验安全。

（2）环境条件　试验环境应满足如下要求：

1）环境温度范围为 0~40℃。

2）天气干燥，无降水及降雪。

3）平均风速应小于 3m/s。

4）其他要求按照 GB/T 12534—1990 的规定执行。

（3）车辆条件 试验开始前，车辆应按照如下要求进行准备：

1）轮胎气压充气至汽车制造商规定的数值；同轴左右轮胎的型号、胎面花纹、花纹深度、轮胎气压应保持一致，轮胎胎面花纹深度不低于初始花纹深度的 50%。

2）车辆按制造厂的技术要求进行检查及必要的调整，转向系统预热至正常工作温度状况，冷却液温度应达到正常工作温度。

3）在试验前，将试验车辆加载到最大设计总质量，增加的载荷均匀分配到乘客舱及行李舱内。

4）测量并记录检测环境的温度、相对湿度和大气压力。

（4）试验设备 试验设备应满足如下要求：

1）速度采集精度不低于 0.1km/h。

2）加速度采集精度不低于 0.1m/s²。

3）角度采集精度不低于 0.1°。

4）角度变化率采集精度不低于 0.1°/s。

5）设备需具有自动驾驶控制器和线控制动系统之间通信所采用的软、硬件接口。

6）测试设备要满足动态数据的采集及存储，采集和存储的频率至少为 100Hz。

7）若有需要，测试设备可具备数字量和模拟量信息的记录，并与总线数据同步记录。

（5）阶跃测试 按照如下步骤进行行程测试：

1）安装、调试测试设备，并开始信号采集。

2）使车辆保持 10km/h 稳定行驶。

3）通过测试设备发送转向测试指令。以转向盘控制为例，按照阶跃方式发送转向盘转角信号值 500° 和转向盘转角变化率信号值 500°/s 的测试指令，持续到车辆响应稳定。

4）停止发送测试指令，车辆转向盘回正。

5）按照阶跃方式发送转向盘转角信号值 600°（或转角信号最大物理值）和转向盘转角变化率信号值 600°/s（或转角变化率信号最大物理值）的测试指令，持续到车辆响应稳定。

6）停止发送测试指令，并保存原始数据。

7）需要分别测试左转和右转两个方向，每个方向至少进行 3 次。

8）处理测试数据，评价最大实际值、最大实际值变化率和对称性（对称性＝|左转测量值－右转测量值|/测试请求值）指标是否满足表 8-2 中的要求。

（6）斜坡测试 按照如下步骤进行斜坡测试：

1）安装、调试测试设备，并开始信号采集。

2）使车辆保持 10km/h 稳定行驶。

3）通过测试设备发送转向测试指令。以转向盘控制为例，发送转向盘转角变化率信号等于最大实际值变化率，转向盘转角信号值从 0° 开始，以最大实际值变化率为斜率增加到最大实际值，并且持续到车辆响应稳定；转向盘转角信号值以最大实际值变化率从最大实际值降低到 0°，持续到车辆响应稳定。

4）停止发送测试指令，并保存原始数据。

5）需分别测试左转和右转两个方向，每个方向至少进行 3 次。

6）处理测试数据，评价信号值上升和下降过程中的最大超调角度、稳态误差、跟随差值、响应延迟时间、执行时间、稳定控制时间、动态跟随时间和对称性指标是否满足表 8-3 中的要求。

（7）正弦测试　按照如下步骤进行正弦测试：

1）安装、调试测试设备，并开始信号采集。

2）使车辆保持 10km/h 稳定行驶。

3）通过测试设备发送转向测试指令。以转向盘控制为例，发送转向盘转角变化率信号值为最大实际值变化率，转向盘转角信号参照公式 $f(t)=A\sin(2\pi t/T)$，A 为幅值，T 为变化周期（周期≥4×幅值/最大实际值变化率并取整），持续测试 5 个周期，具体 A、T 取值见表8-5。

4）停止发送测试指令，并保存原始数据。

5）需分别测试左转和右转两个方向。

6）处理测试数据，评价相位延迟时间、峰—峰差值指标是否满足表 8-4 要求。

表 8-5　正弦测试 A、T 取值

$A/(°)$	T/s	$A/(°)$	T/s
2	4A/最大实际值变化率	90	4A/最大实际值变化率
5	4A/最大实际值变化率	180	4A/最大实际值变化率
10	4A/最大实际值变化率	270	4A/最大实际值变化率
15	4A/最大实际值变化率	360	4A/最大实际值变化率
30	4A/最大实际值变化率	450	4A/最大实际值变化率
60	4A/最大实际值变化率	最大实际值	4A/最大实际值变化率

（8）故障性能测试　按照如下步骤进行测试：

1）安装、调试测试设备，并开始信号采集。

2）通过制造单系统故障（如通信故障），实现线控转向系统中一套系统失效。

3）分别执行行程测试、斜坡测试和正弦测试。

4）需分别测试两套系统单独失效后的性能指标。

5）按照上述测试方法完成后，采集数据分析全部指标是否满足表 8-2、表 8-3 和表 8-4 中的要求。

（9）冗余转向系统间系统切换测试　按照如下步骤进行测试：

1）安装、调试测试设备，并开始信号采集。

2）使车辆保持 10km/h 稳定行驶。

3）通过测试设备发送测试指令。以转向盘控制为例，发送转向盘转角，转向盘转角变化率为有效范围内的任意值，持续到车辆响应稳定。

4）通过制造单系统故障（如传感器失效），线控转向系统一套系统失效。

5）记录系统报出故障的时刻、系统工作状态变化的时刻。

6）停止发出测试指令，并保存原始数据。

7）需分别测试左转和右转两个方向，每个方向至少 3 次。

8）需分别测试两套系统单独失效后切换时间。

9）处理测试数据，评价系统切换时间是否满足切换性能要求。

（10）试验数据处理　试验数据处理应满足如下要求：

1）计算有效数据的算术平均值。

2）数据分析记录应全面、客观。

8.2.4　整车系统级测试验证

装配线控转向的车辆在整车测试时与装配传统转向的车辆测试项目基本一致，基本性能测试、汽车操稳性试验、转向灵敏度、路感以及路感响应的测试项目均一致，区别为线控转向车辆增加了安全测试，在车辆直线行驶、绕圆、绕 8 字时使用故障注入测试，检验电控在单点失效时车辆的反应；带有离合器的线控转向需要增加离合器特性的测试，行驶时使用故障注入的方式触发离合器吸合，测试离合器的响应时间及吸合力是否支持手动驾驶车辆。测试项目对比见表 8-6。

表 8-6　线控转向系统整车级测试项目与传统转向对比

分类	传统转向	线控转向
基本性能测试	1. 力矩反馈 2. 回正 3. 阻尼 4. 末端保护	1. 力矩反馈 2. 回正 3. 阻尼 4. 虚拟末端
汽车操稳性试验	1. 蛇形试验 2. 阶跃输入、脉冲输入转向瞬态响应试验 3. 转向回正性试验 4. 转向轻便性试验 5. 稳定回转试验 6. 转向盘中心区域操纵稳定性试验	1. 蛇形试验 2. 阶跃输入、脉冲输入转向瞬态响应试验 3. 转向回正性试验 4. 转向轻便性试验 5. 稳定回转试验 6. 转向盘中心区域操纵稳定性试验
转向灵敏度	1. 最小转向灵敏度 2. 转向灵敏度 3. 转向灵敏度线性度	1. 最小转向灵敏度 2. 转向灵敏度 3. 转向灵敏度线性度
路感	1. 非中心区路感 2. 中心区路感	1. 非中心区路感 2. 中心区路感
横摆响应	1. 横摆角速度增益 2. 横摆阻尼 3. 通频带宽 4. 侧向加速度响应时间	1. 横摆角速度增益 2. 横摆阻尼 3. 通频带宽 4. 侧向加速度响应时间
安全测试	车轮过载	故障注入（直线行驶、绕圆、绕 8 字）
离合器特性	—	1. 安全模式响应时间 2. 离合器吸合力

基本性能测试中，由于完全线控转向和半线控转向没有中间轴的机械连接，所以力矩反馈、回正、阻尼等性能测试评价标准与传统转向不一致。在有中间轴连接的转向系统中，当转向盘到末端位置时会受到限位块的作用而无法继续转动转向盘，在线控转向中，为了让驾驶人清晰感受到齿条位置，在齿条达到末端时需要给上调节管柱一个反馈力。

汽车操稳性试验中，装配线控转向的车辆无法通过悬架以及轮胎布置形成的回正性使转向盘回到中间位置，所以需要在转向管柱的力反馈电动机施加转矩，迫使转向盘回到中位，转向轻便性同样需要力反馈电动机提供不同的转矩。

相比装配传统冗余转向系统的车辆，装配线控转向的车辆需要进行安全测试，确保电控系统在单点失效时，剩余的助力可以覆盖安全行驶的工况，在车辆正常直线行驶、绕圆、绕8字测试时采用故障注入的方式，使其中一路电控信号中断，需要在剩余50%助力情况下完成测试。

带有离合器的线控转向除需要完成以上测试项目外，还需要增加离合器的特性试验，在正常行驶时，使用故障注入的方式触发离合器，一方面评价离合器响应时间，另一方面需要评价离合器吸合力是否支持手动驾驶。

8.3　线控制动测试验证

8.3.1　线控制动形式

新能源汽车和智能驾驶对制动系统的影响，一方面在于新能源汽车的轻量化需求，用以尽可能地节省电量，零部件则需高度集成，如将真空助力器、电子稳定性控制模块以及电子驻车控制模块集成等；另一方面，智能驾驶对制动系统指令响应的快速性和准确性提出了更高的要求，而传统的制动控制系统结构由于不是电子控制，难以快速响应车辆的制动指令。为了适应新能源汽车、智能网联汽车和自动驾驶技术的发展，线控制动技术应运而生。线控制动的核心是电动系统替代传统的液压系统，电子助力制动系统是靠电信号传递，最终由电信号驱动液压系统形成制动

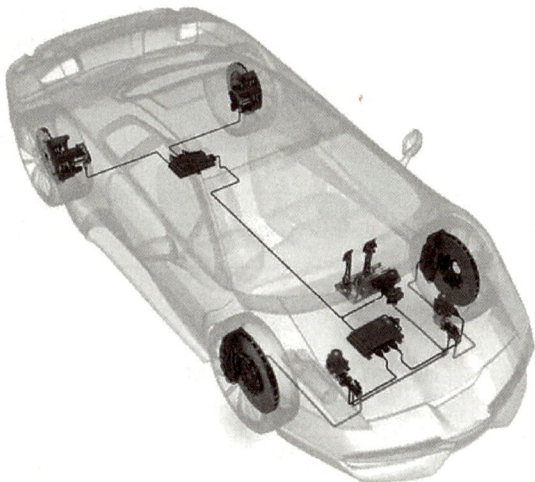

图 8-10　分布式线控制动系统

力。图8-10所示为分布式线控制动系统，能对每个车轮制动进行独立控制并优化制动系统性能，还能够最大限度地实现电动汽车的动能回收。

8.3.2　线控制动零部件级测试

线控制动系统测试是为了确保线控制动性能及功能在台架上可以满足设计要求，并且在台架测试过程中发现设计缺陷，及时修正，防止在装车后出现非预期的问题。台架测试设备主要是模拟各种故障模式，测试在各种故障条件成立时，制动系统的反应是否及时准确、控制降级是否正常。模拟各种环境下（高低温、高湿度、振动等）、测试制动系统的各个零部件、系统的性能是否能达到设计要求。

电子液压单元的部分测试项目见表 8-7，与传统的真空助力系统相比，增加了关于电控部分的测试项目。

表 8-7　电子液压助力单元部分测试项目

序号	项目名称	名目
1	常温条件下总成静态阻力特性	在常温条件下，以(2±0.5)mm/s 的速度通过工装推动踏板推杆进到 110%Run-Out 液压点后，保持一段时间，然后以相同的速度反向释放，测试主缸两腔的压差，绘制推杆输入力-液压力关系曲线，需满足客户最终标定要求
2	高低温条件总成静态助力特性	分别在低温-40℃和高温 105℃条件下分别储藏 2h，然后分别进行上述静态助力特性测试。绘制推杆输入力-液压关系曲线，需满足客户最终标定要求
3	总成动态助力特性曲线	在常温条件下，以 200mm/s 的速度通过工装推动前进到 110%Run-Out 液压点后，保持一定时间，然后以相同的速度反向释放，测试主缸两腔的压差，绘制推杆输入力-液压力关系曲线，需满足客户最终标定要求
4	总成全制动助力特性	在常温条件下，以 200mm/s 的速度通过工装推动踏板推杆前进到 110%Run-Out 液压点后，保持一定时间，然后以相同的速度反向释放，110% Run-Out 点回复到起始位置（0Pa）的时间<0.5s
5	总成无助力特性曲线	常温条件下，系统上电时，设置 EHB 系统工作模式为电流控制模式并设置电流以(2±0.5)mm/s 的速度通过工装推动踏板推杆前进，推动踏板推杆达到满足输入力要求后，保持 10s，然后以相同的速度反向释放，绘制推杆输入力-液压力关系曲线。在踏板力为 500N 时对应的推杆力作用下，产生的液压力为 2.5MPa
6	不同电压条件总成静态助力特性	供电电压分别为 6.5V、8V、9.8V、16V、18V，测试系统完成降级逻辑执行
7	暗电流测量试验	暗电流值应小于设计要求
8	电气和电子环境中的电气测试项目	参考 ISO 16750-2，进行耐高压测试、供电电压缓慢变化试验、单个电压跌落、连续电压跌落、启动电压跌落、电压抛负载试验、电源反接试验、电源偏移试验、交流干扰电压叠加试验、开路试验、短路试验、绝缘试验和耐电压试验
9	传导与抗扰度测试	参考 ISO 7637-2，进行电源线瞬态传导发射、瞬间电压抗扰度测试。参考 ISO 7637-3，进行 I/O 耦合干扰抗扰度测试
10	静电放电	参考 ISO 10605，进行静电放电（不通电）、静电放电（通电）测试
11	辐射抗干扰度测试	参考 ISO 11452-1、ISO 11452-4，进行辐射抗干扰度测试
12	辐射抗干扰度测试	参考 ISO 11452-1、ISO 11452-2，进行辐射抗干扰度测试
13	辐射发射测试	参考 CISPR25:2021，进行辐射发射测试、传导干扰测试（电压法）、传导干扰测试（电流法）和辐射抗干扰度测试

8.3.3　线控制动系统测试

1. 测试用例一：行车制动性能测试

车辆斜坡激励下制动响应性能指标如图 8-11 所示。车辆正弦激励下制动响应性能指标

如图 8-12 所示。

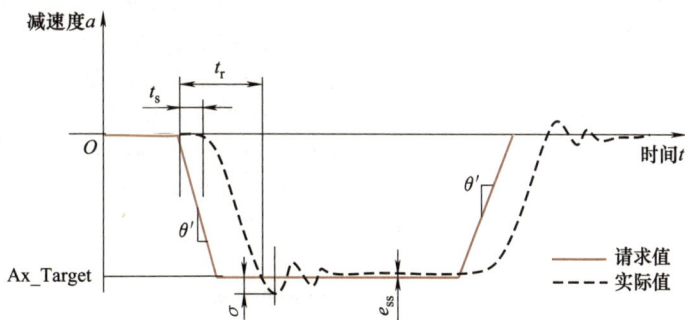

图 8-11　车辆斜坡激励下制动响应性能指标

图 8-11 中各物理量含义如下：

1）响应时间 t_s：从发出请求到制动系统开始执行的时间。

2）执行时间 t_r：从发出请求到制动系统执行到目标值的时间。

3）超调量 σ：在斜坡输入作用下，实际执行瞬时最大值和控制目标值之差。

4）稳态误差 e_{ss}：当减速度达到稳态后，制动稳定后稳态值与目标值之间的误差。

5）目标减速度变化率 θ'：目标减速度变化率。

6）目标减速度 Ax_Target：目标减速度指令。

图 8-12 中，响应延迟时间 t_d 是指目标减速度和实际减速度两波峰之间的时间差，即两正弦波的相位差。按照斜坡测试进行试验，车辆行车制动的总体性能响应指标应满足的要求见表 8-8。

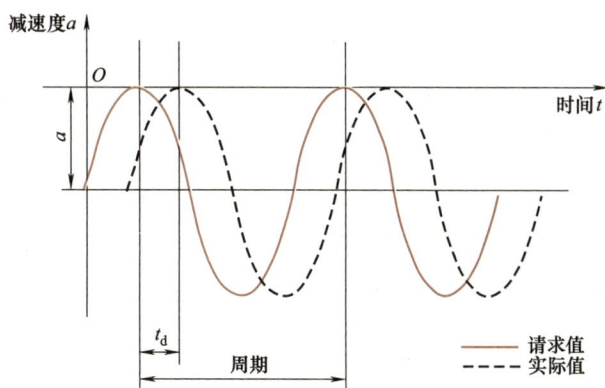

图 8-12　车辆正弦激励下制动响应性能指标

表 8-8　行车制动性能指标

制动系统	指标	线控行车制动
默认线控制动系统	超调量 σ	Ax_Target $\geqslant -4\text{m/s}^2$： $\leqslant (0.2 \text{ m/s}^2, \mid \text{Ax\_Target} \mid \times 10\%) \max$ Ax_Target $< -4\text{m/s}^2$： $\leqslant (0.5 \text{ m/s}^2, \mid \text{Ax\_Target} \mid \times 10\%) \max$

（续）

制动系统	指标	线控行车制动
默认线控制动系统	稳态误差 e_{ss}	$Ax\_Target \geq -4m/s^2$: $\leq (0.2m/s^2, \|Ax\_Target\|\times10\%) max$ $Ax\_Target < -4m/s^2$: $\leq (0.5 m/s^2, \|Ax\_Target\|\times10\%) max$
	响应时间 t_s	$Ax\_Target \geq -4m/s^2$: $t_s < 200ms$（未制动）; $t_s < 150ms$（正在制动） $Ax\_Target < -4m/s^2$: $t_s < 150ms$（未制动）; $t_s < 100ms$（正在制动）
	执行时间 t_r	500ms 正在执行制动, w/Prefill 550ms 未制动情况下, w/o Prefill
	正弦响应延迟时间 t_d	200ms
	最大制动减速度	$\geq 1g$
	变化率 θ'	$Ax\_Target \geq -4m/s^2$ 且 $\|\theta'\| < 10m/s^2$: $\geq min(0.4 m/s^2, 20\%)$ $Ax\_Target < -4m/s^2$ 且 $10 m/s^2 < \|\theta'\| < 45m/s^2$: $\geq 20\%$
备份线控制动系统	超调量 σ	$Ax\_Target < -4m/s^2$: $\leq max(0.5 m/s^2, \|Ax\_Target\|\times10\%)$
	稳态误差 e_{ss}	$Ax\_Target < -4m/s^2$: $\leq max(0.5m/s^2, \|Ax\_Target\|\times10\%)$
	响应时间 t_s	$Ax\_Target < -4m/s^2$: $t_s < 150ms$（未制动）; $t_s < 100ms$（正在制动）
	执行时间 t_r	800ms
	响应延迟时间 t_d	300ms
	最大制动减速度	$v_{max} \leq 60km/h$: $\geq 0.6g$; $v_{max} > 60km/h$: $\geq 0.9g$
系统切换时间	故障监控切换时间	$\leq 100ms$

注：1. 表中各参数的含义说明，参考图 8-11 和图 8-12 所示。

2. 故障监控切换时间 = 备份线控制动系统工作状态变化时刻 - 默认线控制动系统报出故障时刻。

2. 测试用例二：驻车制动性能测试

按照驻车制动测试进行试验，车辆驻车制动的总体性能响应指标满足的要求见表 8-9。

表 8-9 驻车制动性能指标

分类	指标	自动驾驶等级
		L3 和 L4
驻车制动性能	静态驻车制动性能	满载驻坡 $\geq 20\%$; 空载（整备质量 + 110kg）驻坡 $\geq 30\%$; 单侧车轮失效驻坡度 $\geq 8\%$
	驻车夹紧时间	$\leq 1.2s$
	驻车释放时间	$\leq 1s$

（1）场地条件　试验路面应为干燥、平整、清洁的沥青路面或混凝土路面，且路面附着系数不小于0.9。

（2）环境条件　试验环境应满足以下要求：

1）环境温度范围为0~40℃。

2）天气干燥，无降水、降雪。

3）平均风速不大于3m/s。

4）其他要求按照GB/T 12534—1990的规定执行。

（3）车辆条件　试验开始前，试验车辆、轮胎及轮胎气压除应满足GB 21670—2008中5.1的要求外，还应满足以下要求：

1）车辆应按制造厂的技术要求进行检查及必要的调整。

2）对于车辆和驱动系统的正常运行不是必需的设备和部件，如空调、车窗和进气口等，应通过正常的操作关闭。

3）车辆若装有动力蓄电池，车辆应至少用安装在试验车辆上的动力蓄电池行驶300km。试验开始前，试验车辆的动力蓄电池分别处于完全充电和完全充电的50%~60%进行后续测试。

4）在试验前，将试验车辆加载到最大设计总质量，增加的载荷应均匀分配到乘客舱及行李舱内。

5）制动系统磨合：①车辆加速到80km/h；②将档位换至空档（确保无能量回收）；③将车辆以0.3g的减速度减速到车辆停止；④每次制动前需保证制动温度控制在200℃以下；⑤重复以上步骤200次。

6）测试前制动准备：①试验车辆车速56km/h以0.5g~0.6g的平均减速度进行急停，重复10次；②试验车辆车速72km/h执行3次较高减速度的急停（全程激活ABS）；③最后一次急停完成后，车辆应以72km/h的速度行驶5min来冷却制动系统；④制动预热处理完成后两小时内进行相关测试。

（4）设备要求　试验用设备应满足以下要求：

1）速度精度不低于0.1km/h。

2）横摆角速度精度不低于0.1°/s。

3）纵向加速度精度不低于0.1m/s^2。

4）测试设备需具备自动驾驶控制器与线控制动系统之间通信所采用的软、硬件接口，采集和存储的频率至少100Hz。

5）总线调试设备及开发工具，用于连接车端通信，发送和接收相关数据，用于自动驾驶线控制动测试脚本开发，信号精度同上述要求。

8.3.4　行车制动测试

1. 测试用例一：斜坡测试

本试验的规定车速为60km/h，若v_{max}<60km/h，以v_{max}进行试验。试验步骤如下：

1）对车辆制动系统进行磨合测试，使制动温度处于65~100℃之间。

2）档位位于D位，将车辆加速至规定车速以上5km/h时，控制车辆进入带档滑行阶段。

3）当车辆速度下降到规定车速时，测试人员通过车辆测试的通信设备和车辆线控制动接口下发制动控制指令进行线控行车制动。对于不同的减速度用例，应在每次测试过程中根据需求梯度持续发送固定减速度。

4）车辆完全停稳后，停止信号采集，并保存原始数据。

5）重复上述测试过程，每个测试用例进行3~5组，每次线控制动尽可能持续至停车；

6）按照表8-10行车制动斜坡工况测试用例依次从小减速度到大减速度测试，测试直至车辆实际减速度不能达到目标减速度停止，并记录系统的最大减速度以及车辆是否保证纵向稳定性要求。

7）处理制动过程数据，实测减速度的变化率，计算从实际减速度开始响应到达目标减速度的90%之间的平均变化率，其他响应时间、执行时间以及超调量计算有效数据的算术平均值、标准偏差和变化系数（标准偏差/算术平均值），评价是否满足要求。

8）重复上述试验步骤，在试验过程中将默认线控制动系统供电电源断掉，记录默认及备份系统切换时间以及故障接管时间间隔，并处理制动过程数据，计算有效数据的算术平均值、标准偏差和变化系数，评价是否满足要求。

表 8-10 行车制动斜坡工况测试用例

纵向控制模式	目标减速度1%刻度对应 0.1m/s² 刻度	纵向控制模式	目标减速度1%刻度对应 0.1m/s² 刻度
斜坡输入 $\theta' = -10\text{m/s}^2$ 进行测试	滑行	斜坡输入 $\theta' = -25\text{m/s}^2$ 进行测试	5
	0.5		6
	1		7
	2		8
	3		9
	4		10

2. 测试用例二：正弦测试

本试验的规定车速为60km/h，若 $v_{max} < 60\text{km/h}$，则以 v_{max} 进行试验。试验步骤如下：

1）对车辆制动系统进行磨合测试，制动器温度处于65~100℃之间。

2）档位位于D位，将车辆加速至规定车速以上5km/h时，控制车辆进入滑行阶段。

3）当车辆速度下降到规定车速时，测试人员通过车辆测试的通信设备和车辆线控制动接口下发制动指令进行线控行车制动，制动减速度指令参照图8-12所示的正弦曲线 $f(t) = a\sin(2\pi t/T) + a$。

4）每个测试用例测试5个周期后停止发送指令，并安全减速至停车，车辆完全停稳后，停止信号采集，并保存原始数据。

5）该试验分7组进行，每组至少进行3次，其中 a、T 的取值见表8-11。

6）处理数据，评价其是否满足要求。

7）重复上述试验步骤，完成备份线控制动系统的测试，并处理制动过程数据，计算有效数据的算术平均值、标准偏差和变化系数，评价是否满足要求。

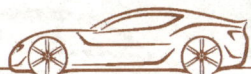

表 8-11 行车制动正弦工况测试中 a、T 的取值

$a/(\mathrm{m/s^2})$	T(周期)/s	$a/(\mathrm{m/s^2})$	T(周期)/s
-0.5	0.5	-0.5	2
-1	0.5	-1	2
-0.5	1	-1.5	2
-1	1		

8.3.5 驻车制动测试

测试人员通过车辆测试的通信设备和线控驻车接口下发夹紧及释放驻车指令，实现车辆驻车夹紧及释放功能，应按照以下步骤进行：

1）满载车辆换入 D 位，行驶到坡道的 20%，踩下制动踏板，换入 N 位，拉起 EPB 开关，松开制动踏板。

2）车外观察车辆在 5min 内有无溜坡现象。

3）踩下制动踏板，按下 EPB 开关。

4）满载车辆换入 R 位，行驶到坡道的 20%，踩下制动踏板，换入 N 位，拉起 EPB 开关，松开制动踏板。

5）车外观察车辆在 5min 内有无溜坡现象。

6）踩下制动踏板，按下 EPB 开关。

7）通过测试人员干预，单侧卡钳失效，将车辆放置坡道的 8% 位置，重复上述步骤。

8）将车辆配置成空载在坡道的 30% 上重复上述步骤测试。

9）试验数据处理：计算有效数据的算术平均值，相关计算依据 GB/T 12543—2009 数据计算公式进行数据分析并记录。

8.3.6 整车系统级测试验证

整车测试主要是验证制动系统的性能、法规要求的各种功能安全的测试项目以及制动过程中各种主观感受的评价。由于线控制动是电子电气化发展的必然趋势，其性能表现理应优于传统制动系统，建议从制动精度角度上评判其相比整车传统制动系统性能的优劣。

针对传统的有人驾驶工况，无论是 Two-Box，还是 One-Box，线控制动系统在整车测试验证方面与传统制动的测试条目基本相同，但在性能上会具有更优的表现。具体体现在响应时间、执行时间、超调量、稳态误差和驻车释放时间等性能指标。与传统制动系统相比，电控系统除了功能测试、性能测试，还要考虑电磁干扰测试、通信负载测试、静电流能耗测试、电压跳动对功能影响测试和电控系统中的部件故障系统功能降级测试等。电子机械制动系统应增加供电电压降低性能检测，进行低电压时的制动能力测试。

面向高等级的自动驾驶对于执行器、传感器等在失效模式下的测试提出了更高要求。整车系统级的测试案例以及测试的方法可参考以下示例。

示例 1：执行器失效模式下的测试案例

1）测试目的：验证 iBooster 失效后，制动系统的应急制动能力。

2）测试环境：高附路面。

3）测试方法：车辆直线加速至 100km/h；通过设备断开 iBooster 供电；驾驶人深踩制动踏板，至车辆停止；检查整个制动过程中数据。

4）期望测试结果：若电子稳定性控制系统有主动式液压助力制动系统功能，平均减速度不低于 $5m/s^2$；若电子稳定性控制系统没有主动式液压助力制动系统功能，平均减速度不低于 $2.44m/s^2$（法规对应急制动的要求）。

示例 2：传感器失效模式下的测试案例

1）测试目的：验证横摆角速度传感器失效后，制动系统不能产生错误的制动，或单轮制动。

2）测试环境：高附路面。

3）测试方法：车辆直线加速至 100km/h；通过设备断开横摆角速度传感器供电，或断开横摆角速度传感器与电子稳定性控制系统连接；驾驶人深踩制动踏板，至车辆停止；检查仪表盘；检查电子稳定性控制系统发出的 CAN 数据；检查整个制动过程中的车辆状态。

4）期望测试结果：电子稳定性控制系统 OFF 灯亮；电子稳定性控制系统显示稳定性功能退出；车辆未失稳，制动稳定可控。

示例 3：高负荷可靠性测试案例

1）测试目的：验证助力系统连续高负荷工作的可靠性和助力能力。

2）测试环境：高附路面，满载。

3）测试方法：车辆直线全节气门加速至 105km/h，全力制动到 0km/h，然后再全力加速和全力制动，总循环 10 次。

4）期望测试结果：截取 100km/h 到 0km/h 的制动距离，第八脚至第十脚的制动距离的平均值减去第一脚至第三脚的制动距离的平均值应小于或等于 2m。

示例 4：线控制动精度测试

1）测试目的：评价人机共驾或自动驾驶系统接管智能车辆驾驶时，测试车辆线控制动在不同车速条件下的减速度执行精度。

2）测试方法：测试开始前，试验车辆静止。试验人员将试验车辆分别加速至 40km/h、80km/h、120km/h，依次发送对应斜率为 $6m/s^2$、$4m/s^2$、$3m/s^2$ 的减速度指令，重复上述试验 3 次，记录加速度随时间变化曲线及响应精度平均误差。

3）期望测试结果：减速度响应精度应在 $\pm0.25\ m/s^2$（参考值）以内。

8.4 线控驱动测试验证

8.4.1 线控驱动形式

驱动系统经历了从机械节气门到线控节气门，从机械换档到线控换档，从传统能源动力系统到新能源动力系统，从集中式电动机到分布式电动机（轮毂、轮边电动机）的变化和发展，最终由线控节气门、线控换档以及线控发动机或者分布式的电动机组成了线控驱动的几大核心部分，如图 8-13 所示。

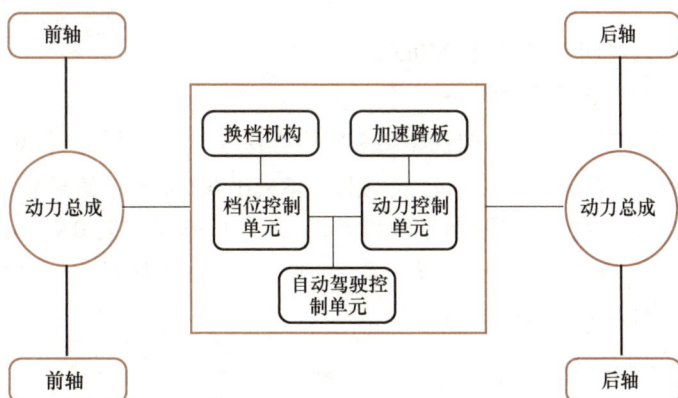

图 8-13　驱动架构示意图

8.4.2　线控驱动系统功能测试

功能测试是为了验证线控驱动系统各功能实现是否符合设计预期，在故障状态下的降级是否符合设计要求。当前线控节气门的渗透率接近 100%，线控换档的渗透率也在逐年提高，无论是从系统级还是整车级，各车企和供应商已具备成熟的测试方案和测试规范。对于轮边电动机和轮毂电动机的应用，其功能在满足线控驱动技术需求的同时，还需考虑电动机失效后的降级逻辑设计，保证车辆的稳定性和安全性。线控驱动系统部分功能测试项目见表 8-12。

表 8-12　线控驱动系统部分功能测试项目

分类	功能测试项
一般功能	线控节气门 0km/h~最高车速 前进行驶
	线控节气门 0~30km/h 倒车行驶
	驾驶人输入 P—R—N—D 换档测试
	自动驾驶 0km/h~最高车速前进行驶
	自动驾驶 0~30km/h 倒车行驶
	自动驾驶 P—R—N—D 换档测试
	自动回 P 位功能
	P 位稳定驻车
	防误换入 P 位功能
	两驱/四驱功能
故障测试	发动机/中央电动机故障降级
	换档系统故障降级
	线控节气门与自动驾驶指令冲突仲裁
	轮边/轮毂电动机、单/双电动机失效

1. 测试用例一：阶跃激励响应

图 8-14 所示为车辆阶跃激励下驱动响应性能，线控驱动系统的转矩阶跃激励响应性能

应满足以下要求：

1）驱动响应延迟时间 t_d 不大于 300ms。

2）驱动执行时间 t_r 不大于 500ms。

3）按不同车速下的加速度 a，线控驱动系统稳态误差 e_{ss} 应满足：若 $0\text{m/s}^2 < |a| < 1\text{m/s}^2$，则 e_{ss} 不大于 0.3m/s^2；若 $1\text{m/s}^2 < |a| < a_{max}$，则 e_{ss} 不大于 0.5m/s^2；超调量 σ 不大于 0.5m/s^2。

4）按不同轮端转矩 T，线控驱动系统稳态误差 e_{ss} 应满足：若 $0\text{N}\cdot\text{m} < |T| < 500\text{N}\cdot\text{m}$，则 e_{ss} 不大于 $15\text{N}\cdot\text{m}$；若 $500\text{N}\cdot\text{m} < |T| < T_{max}$，则 e_{ss} 不大于转矩指令目标值的 3%；超调量 σ 不大于转矩指令目标值的 5%。

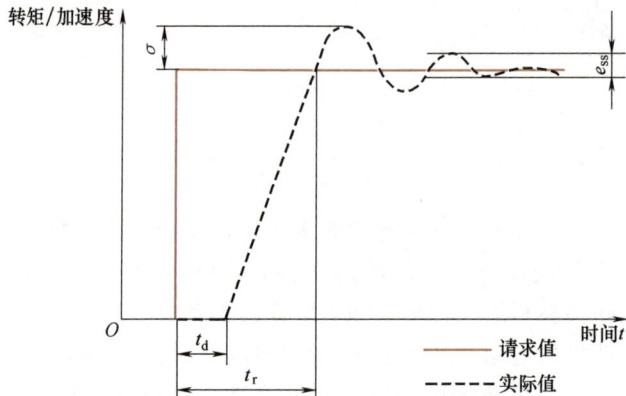

图 8-14　车辆阶跃激励下驱动响应性能

t_d—驱动响应延迟时间　t_r—驱动执行时间　σ—驱动执行过程中最大超调量　e_{ss}—驱动稳态误差

2. 测试用例二：正弦激励响应

图 8-15 所示为车辆正弦激励性驱动响应图，线控驱动系统的正弦激励响应性能满足以下要求：

1）驱动响应延迟时间 t_d 不大于 300ms。

2）目标值和实际值的误差值在 3% 以内。

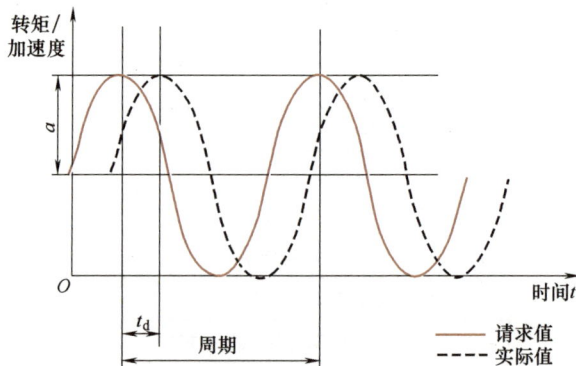

图 8-15　车辆正弦激励性驱动响应性能

t_d—驱动指令发出时刻到车辆加速度/转矩开始变化的时间　周期—正弦激励周期　a—加速度或转矩幅值

（1）场地条件　试验路面应为干燥、平整、清洁的沥青路面或混凝土路面，且路面附

着系数良好，平路路面纵向坡度应不大于 1%。

（2）**环境条件** 试验环境条件应满足如下要求：

1）环境温度 0~40℃。

2）风速不大于 3m/s。

3）其他要求按照 GB/T 12534—1990 的规定执行。

（3）**车辆条件** 试验开始前，应按照如下要求进行准备：

1）检查驱动车轮花纹深度和气压。花纹深度不小于 1.6mm，轮胎干燥、整洁，不得夹杂杂物，气压应符合车辆胎压参数规定。

2）车辆应按制造厂的技术要求进行检查及必要的调整，驱动系统预热按照正常工作温度状况，冷却温度应达到正常工作温度。

3）对于车辆和驱动系统的正常运行不是必需的设备和部件，如空调、车窗和进气口等，应通过正常的操作关闭。

4）燃料规格或动力蓄电池参数应符合制造厂条件规定。

5）在试验前，将试验车辆加载到最大设计总质量，增加的载荷应均匀分配到乘客舱及行李舱内。

6）测量并记录检测环境的温度、相对湿度和大气压力。

（4）**试验设备**

1）试验数据采集设备。试验用数据采集设备应满足以下要求：①速度精度不大于 0.1km/h；②加速度采集精度不大于 $0.1m/s^2$；③设备具备与自动驾驶控制器、线控驱动系统通信方式同样的软、硬件接口；④测试设备能实现动态数据的采集及存储，采集和存储的频率不小于 100Hz；⑤设备具备自动驾驶控制系统和线控驱动系统通信所采集的软、硬件接口。

2）试验控制设备。试验控制设备与车辆通信连接及通信功能均正常。

8.4.3 线控驱动测试试验内容

1. 起步性能测试

应按照如下步骤进行起步性能测试：

1）安装、调试测试设备，并开始信号采集。

2）试验分别在平路、5%坡道和 10%坡道 3 种路面上进行，坡度设置方法参照 GB/T 18385—2005。

3）车辆处于静止状态，初始档位为 P 位，通过试验控制设备发出制动指令和 D 位指令。

4）换档成功后，松开制动同时分别按照加速度值为 $0.2m/s^2$、$0.5m/s^2$ 和 $1m/s^2$（或与加速度对应的驱动转矩值）发送驱动指令。

5）达到 20km/h 目标车速且稳定车速后停止发送指令，并安全减速停车。

6）车辆完全停稳后，停止信号采集，并保存原始数据。

7）试验至少进行 3 次，记录每次试验过程中的加速时间。

8）处理驱动数据，评价其是否满足要求。

2. 前进档加速性能测试

（1）20～60km/h加速测试　应按照如下步骤进行加速性能测试：

1）安装、调试测试设备，并开始信号采集。

2）车辆在平路上行驶至20km/h，稳定车速2s后，通过测试控制设备分别按照加速度值为1m/s²、2m/s²和3m/s²（或与加速度对应的驱动转矩值）发送驱动指令。

3）车辆加速至60km/h，稳定车速2s后停止发送指令，并安全减速至停车。

4）车辆完全停稳后，停止信号采集，并保存原始数据。

5）试验至少进行3次，记录每次试验过程中的加速时间。

6）处理驱动数据，评价其是否满足要求。

（2）60～80km/h加速测试　应按照如下步骤进行加速性能测试：

1）安装、调试测试设备，并开始信号采集。

2）车辆在平路上行驶至60km/h，稳定车速2s后，通过测试控制设备分别按照加速度值为1m/s²、2m/s²、3m/s²（或与加速度对应的驱动转矩值）发送驱动指令。

3）车辆加速至80km/h，稳定车速2s后停止发送指令，并安全减速至停车。

4）车辆完全停稳后，停止信号采集，并保存原始数据。

5）试验至少进行3次，记录每次试验过程中的加速时间。

6）处理驱动数据，评价其是否满足要求。

3. 倒档加速性能测试

应按照如下步骤进行加速性能测试：

1）安装、调试测试设备，并开始信号采集。

2）试验在平整道路上进行。

3）车辆处在静止状态，初始档位为P位，通过试验控制设备发送制动和R位指令。

4）换档成功后，松开制动同时通过测试控制设备分别按照加速度为0.2m/s²、0.5m/s²和1m/s²（或与加速度对应的驱动转矩值）发送驱动指令。

5）车速达到15km/h，稳定车速2s后停止发送指令，并安全减速至停车。

6）车辆完全停稳后，停止信号采集，并保存原始数据。

7）试验至少进行3次，记录每次试验过程中的加速时间。

8）处理驱动数据，评价其是否满足要求。

4. 加、减速切换性能测试

应按照如下步骤进行加、减速切换性能测试：

1）安装、调试测试设备，并开始信号采集。

2）车辆在平路上加速到80km/h，稳定车速2s后，通过测试控制设备分别按照减速度值为1m/s²（或与减速度对应的其他制动控制量）发送减速度指令。

3）待车速降低至40km/h后，停发减速度指令，按照加速度1m/s²（或与加速度对应的驱动转矩值）发送驱动指令。

4）车辆加速到80km/h，稳定车速2s后停止发送指令，并安全减速至停车。

5）车辆完全停稳后，停止信号采集，并保存原始数据。

6）分别按以下参数改变步骤2）和3）中减速度、加速度数参数数值，共计8组，然

后重复步骤 2）~5）。

① 减速度参数 $1m/s^2$，加速度参数 $2m/s^2$。

② 减速度参数 $1m/s^2$，加速度参数 $3m/s^2$。

③ 减速度参数 $2m/s^2$，加速度参数 $1m/s^2$。

④ 减速度参数 $2m/s^2$，加速度参数 $2m/s^2$。

⑤ 减速度参数 $2m/s^2$，加速度参数 $3m/s^2$。

⑥ 减速度参数 $3m/s^2$，加速度参数 $1m/s^2$。

⑦ 减速度参数 $3m/s^2$，加速度参数 $2m/s^2$。

⑧ 减速度参数 $3m/s^2$，加速度参数 $3m/s^2$。

7）处理驱动数据，评价其是否满足要求。

5. 正弦跟随性能测试

应按照如下步骤进行正弦跟随性能测试：

1）安装、调试测试设备，并开始信号采集。

2）试验在平路上进行。

3）车辆处于平静状态，初始档位为 P 位，通过试验控制设备发送制动和 D 位指令。

4）换档成功后，松开制动的同时通过测试控制设备分别按照 $f(t)=a\sin(2\pi t/T)+a$ 发送驱动指令，其中 a 为目标加速度或者驱动转矩。

5）测试 5 个周期后停止发送指令，并减速至停车，车辆完全停稳后，停止信号采集，并保存原始数据。

6）该试验分 3 组进行，每组至少进行 3 次，其中 a、T 的取值见表 8-13。

7）处理驱动数据，评价其是否满足要求。

表 8-13　正弦跟随性能测试中 a、T 的取值

$a/(m/s^2)$	T（周期）/s	$a/(m/s^2)$	T（周期）/s
0.2	0.5	1	1
0.5	0.5	0.2	2
1	0.5	0.5	2
0.2	1	1	2
0.5	1		

6. 换档性能测试

应按照如下步骤进行换档性能测试：

1）安装、调试测试设备，并开始信号采集。

2）车辆处于静止状态，初始档位为 P 位，通过测试控制设备发送 P—R—N—D 换档指令，观察车辆实际档位是否切换成功。

3）各个档位换档成功后，停止信号采集，并保存原始数据。

4）处理数据，评价其是否满足要求。

7. 试验数据处理

试验数据处理应满足如下要求：

1）按照 GB/T 12543—2009 数据计算公式计算有效数据的算术平均值、标准偏差和变化系数。

2）数据分析记录应全面、客观。

8.4.4　整车级系统测试验证

1. 城市工况加速性能

该测试工况评价在日常驾驶过程中使用频率较高的城市超车加速性能。试验人员以加速踏板开度的 50%（或对应的加速度请求指令）将试验车辆由静止加速至（30±1）km/h 并保持 2s，随后以 10%、30%、50% 等不同的加速踏板开度（或对应的加速度请求指令）将试验车辆加速至 70km/h。重复上述试验过程 3 次，记录试验过程车速随时间变化曲线及平均加速时间。车辆行驶路径在加速过程中应与车辆静止时中线保持一致，路径横向误差不超过 ±0.1m。

2. 高速工况加速性能

该测试工况评价在日常驾驶过程中使用频率较高的高速超车加速性能。试验人员将试验车辆以 50% 加速踏板开度（或对应的加速度请求指令）将试验车辆由静止加速至（80±1）km/h 并保持 2s，随后以 10%、30%、50% 等不同加速踏板开度（或对应的加速度请求指令）将试验车辆加速至 120km/h。重复上述试验过程 3 次，记录试验过程中车速随时间变化曲线及平均加速时间。车辆行驶路径在加速过程中应与车辆静止时中线保持一致，路径横向误差不超过 ±0.1m。

通过试验评价车辆的加速能力，除了要支持自动驾驶的驱动系统外，还应满足其响应时间、执行时间、稳态误差和超调量等指标。

8.5　线控悬架测试验证

8.5.1　线控悬架形式

线控悬架技术是将传感器所收集到路况信息和车辆状态转变成电信号传递给控制单元，控制单元对悬架进行调整，其代替原有机械系统或者液压系统，并由电信号直接控制执行机构以实现提高驾驶舒适度、操稳性以及对汽车产品质量的提高有着极其重要的意义。

乘用车量产车型中应用线控悬架技术较为广泛的方案有阻尼可调线控技术、高度可调线控技术、刚度可调线控技术以及三者组合应用。考虑到商用车驾驶条件与实际使用工况，目前应用最多的是高度可调线控技术和阻尼可调线控技术。乘用车的线控悬架存在多种形式，仅以空气悬架和电磁式主动悬架的形式讲解。乘用车空气悬架一般由空气弹簧、减振器、导向机构和车身高度控制系统组成，空气弹簧内腔与外部供气单元连接，通过对空气弹簧内部进行充、放气实现车身的升降功能，空气悬架安装示意图如图 8-16 所示。

电磁式主动悬架系统的执行模块核心为线性电磁电动机，可替代弹簧与减振器部分功能，如图 8-17 所示。电磁主动悬架的传感器在识别出当前路况后，将信息反馈至控制单元，控制单元将处理后的信号传递至线性电磁电动机内部的功率放大器，经放大后的电流流入线

图 8-16 空气悬架安装示意图

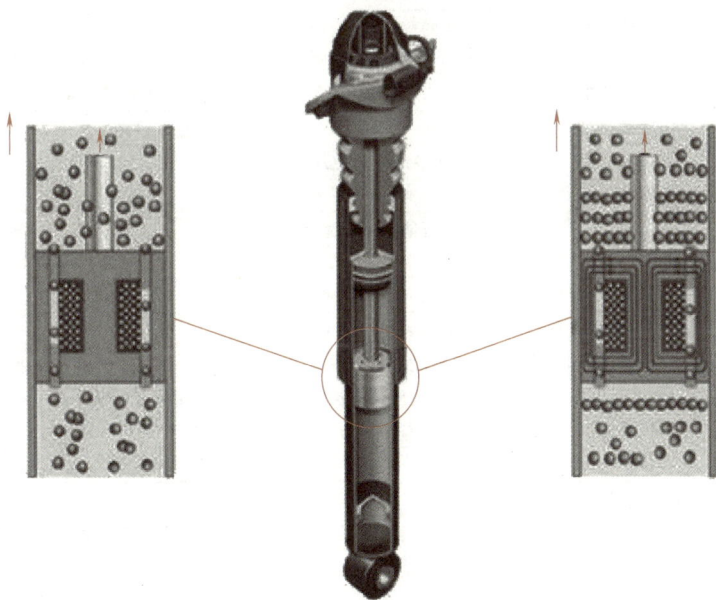

图 8-17 电磁式主动悬架结构示意图

圈并产生磁场，磁铁在磁场作用下，带动悬架实现垂向的延伸与压缩运动，从而能够主动吸收掉大部分的车轮振动，阻止振动传递至车厢内部。

8.5.2 线控悬架零部件测试验证

目前线控悬架系统及其零部件主要遵循传统悬架系统及零部件的法规要求。另外，关于线控悬架的功能和性能要求，也未发现国外行业标准和法规。

1. 空气弹簧

空气弹簧因自身结构优势，通过改变气囊内部的气体量与容积即可实现悬架高度与刚度的变化,故目前作为线控悬架系统的首选弹性元件。与其他形式的弹性元件相比,在性能上空气弹簧的刚度除具有明显非线性外,还具有振幅相关性与频率相关性;在功能上空气弹簧要求良好的气密性、耐压性和耐腐蚀性等要求。空气弹簧相关试验项目见表8-14。

表8-14 空气弹簧相关试验项目

类别	测试内容
静刚度特性试验	试验目的:测试空气弹簧静刚度与气压的相关性 试验方法:将空气弹簧置于常温环境中,在设计高度充入不同压强的气体,以不同的振幅进行测试。记录不同振幅下,静刚度随气压变化的曲线
动刚度特性试验	试验目的:测试空气弹簧刚度值与振幅和频率的相关性 试验方法:将空气弹簧置于常温环境中,在设计高度充入一定压强的气体,以不同振幅和不同频率进行测试。记录空气弹簧在不同振幅和不同频率测试条件下的动刚度特性
Harshness (声振粗糙度)试验	试验目的:测试在小激励振幅下刚度变化 试验方法:将空气弹簧置于常温环境中,在设计高度充入一定压强的气体,以不同的振幅进行测试。记录不同振幅下的刚度特性
最大外径试验	试验目的:测试空气弹簧的最大膨胀直径 试验方法:测量空气弹簧在压缩过程中的外径变化,不得超过最大允许外径
气密性试验	试验目的:检测空气弹簧的气体密闭性能 试验方法:将空气弹簧内部空气抽空,并充入一定压强的氮气。随后将充满氮气的空气弹簧置于密闭的真空环境中,一段时间后,测量密闭真空环境中的氮气含量
耐压试验	试验目的:检测空气弹簧在一定压强与温度条件下的稳定性能 试验方法:向空气弹簧内部充入一定压强的气体,置于恒定的温度环境中,持续一段时间后,观察空气弹簧是否出现漏气、变形、裂缝等异常现象
爆破试验	试验目的:检测空气弹簧所能承受的最大压强 试验方法:将空气弹簧内部空气抽空,并以一定流量向空气弹簧内部注水,直至空气弹簧破裂位置,记录爆破时刻空气弹簧内部的压强
容积试验	试验目的:测试空气弹簧在不同高度下的容积特性 试验方法:先用水填充空气弹簧,排出空气弹簧内部空气,然后将空气弹簧调至最大拉伸状态,并保证水压一定,空气弹簧从最大拉伸位置开始,高度每减10mm,依据流量传感器或量杯读出排出的水量,同时测量其最大外径并记录下来,直至空气弹簧达到最大压缩状态,记录剩余水的容积。上述测量过程应保持在规定的水压下进行,并由此确定空气弹簧的容积曲线
高、低温性能试验	试验目的:测试空气弹簧在不同温度条件下的刚度与强度性能 试验方法:将空气弹簧置于不同的恒温环境中,进行静刚度或动刚度测试,并与常温环境下的刚度值进行对比。将空气弹簧置于极限恒温环境中,保持设计高度,并充入一定压强的气体,一段时间后,观察空气弹簧是否出现漏气、变形、裂缝等异常现象
疲劳试验	试验目的:测试空气弹簧在不同温度条件下的疲劳耐久性能 试验方法:将空气弹簧置于不同的恒温环境中,在设计高度充入一定压强的气体,以一定振幅和频率进行测试。在达到一定循环次数时,观察空气弹簧是否出现漏气、变形、裂缝等异常现象

2. 阻尼可调减振器

阀控式阻尼可调减振器、磁流变式阻尼可调减振器与被动式减振器具有相似的结构和工作原理,因而依据被动式减振器编写的QC/T 491—2018《汽车减振器性能要求及台架试验方法》中的试验内容也适用于阻尼可调减振器。但在此试验内容基础上应增加阻尼切换响应时间试验、阻尼随电流与速度特性试验、电磁阀疲劳耐久试验等。阻尼可调减振器相关试验项目见表8-15。

表 8-15　阻尼可调减振器相关试验项目

类别	测试内容
阻尼切换响应时间试验	试验目的:测试阻尼可调减振器切换响应时间 试验方法:将阻尼可调减振器固定到减振器性能试验台,并以一定振幅和频率驱动减振器进行垂向往复移动。在任意时刻改变输入到减振器电磁阀的电流大小,实时记录减振器活塞的位移与阻尼力信息。经数据分析,获取减振器阻尼切换响应时间
阻尼随电流与速度特性试验	试验目的:测试阻尼可调减振器在不同输入电流条件下的阻尼与速度特性 试验方法:在被动式减振器测试方法的基础上,输入不同电流值。记录不同输入电流时,减振器阻尼力与速度特性
摩擦力试验	试验目的:预防减振器出现漏油现象 试验方法:在 20℃±3℃ 的环境下,测试时活塞位于减振器行程的中间区域,测试速度 ≤0.005m/s,不加载电流,测试有、无侧向力下的摩擦力
焊接强度试验	试验目的:测试减振器各零件焊接部位的焊接强度 试验方法:将焊接零部件置于万能试验机上进行拉伸或者压缩试验
总成拉脱力试验	试验目的:测试减振器总成拉脱力 试验方法:将减振器置于万能试验机上,固定减振器上下端进行总成拉脱
电磁阀疲劳耐久试验	试验目的:测试电磁阀疲劳耐久性能 试验方法:将阻尼可调减振器固定到减振器性能试验台,并向减振器输入一定值的电流。并以一定振幅和频率驱动减振器活塞进行垂向往复移动。经过一定数量的循环次数。记录此时减振器阻尼力与测试前阻尼力的差值,同时观察减振器是否存在力值异常及漏油等现象
总成疲劳试验	试验目的:测试阻尼可调减振器疲劳耐久性能 试验方法:将阻尼可调减振器固定到双动疲劳试验台上,采用水冷方式进行冷却,并向减振器输入不同值的电流。按指定激振频率和振幅上、下垂向振动,经过耐久循环后,记录疲劳试验前后减振器阻尼力值差异,同时观察减振器是否存在力值异常及漏油等现象

3. 气体分配阀

线控悬架系统中的气体分配阀通常由一个或多个气路电磁阀、内置气路集成。从结构方面而言，乘用车线控悬架系统所使用的气路电磁阀与商用车气路电磁阀一致，均由电磁线圈和阀门组成，以实现压缩空气气路接通与断开的功能。因而 QC/T 1108—2019《商用车用气路电磁阀》中试验内容也适用于线控悬架系统所用的气路电磁阀。例如，工作电压范围试验、工作气压范围试验、密封性试验、启动电压与释放电压试验、绝缘电阻试验、绝缘耐压性能试验、额定流量试验、耐压强度试验、温升试验、响应时间试验、噪声试验、耐过电压试验、电磁兼容性能试验和环境适应性试验。试验方法可参考 QC/T 1108—2019《商用车用气路电磁阀》第 5 章内容。但 QC/T 1108—2019《商用车用气路电磁阀》第 4 章所涉及的试验结果要求值应根据线控悬架系统使用的环境和要求进行修订。

4. 电动气泵

线控悬架系统所使用的电动气泵通常由独立电动机、柱塞泵或涡旋泵及干燥器组成，与商用车气动制动系统中的压缩机结构存在明显差异，压缩机一般直接固定在燃油机上，并由燃油机直接驱动压缩机内的活塞进行工作。因此 QC/T 29078—2016《汽车用空气压缩机性能要求及台架试验方法》部分试验可适用于线控悬架系统中的电动气泵，但试验方法与试验推荐值也应根据线控悬架系统使用的环境和要求进行调整。电动气泵相关试验项目见表 8-16。

表 8-16　电动气泵相关试验项目

类别	测试内容
气体流量测试	试验目的:测试电动气泵在一定负载时的最大流量 试验方法:电动气泵排气口与密闭的储气罐相连,接通电源后,当储气罐压力达到设定值时电动气泵停止工作,记录电动气泵在某一压强下的流量值
噪声测试	试验目的:测试电动气泵工作时所产生的噪声 试验方法:电动气泵排气口与密闭的储气罐相连,接通电源后,记录电动气泵工作过程中的最大噪声
工作压力测试	试验目的:测试电动气泵工作时产生的气体压力 试验方法:电动气泵排气口与密闭的储气罐相连,接通电源后,记录储气罐内压力变化值。
最大启动电流测试	试验目的:测试电动气泵在启动时的最大瞬时电流 试验方法:电动气泵电源串联电流表,排气口与密闭的储气罐相连,接通电源瞬间记录电流表峰值
气密性测试	试验目的:测试电动气泵气密性要求 试验方法:将电动气泵排气口与测试装置相连,接通电源后加压并保持在一定值,测试规定时间下的泄漏量
排气性能测试	试验目的:测试电动气泵排气性能 试验方法:将电动气泵排气口与密闭的储气罐相连,接通电源后,记录排气所需时间
防水性能测试	试验目的:测试电动气泵防水性能 试验方法:将电动气泵置于距液面一定深度的水中,持续一定时间。检测是否有液体进入电动气泵内部
高、低温存储与工作测试	试验目的:测试电动气泵在极端温度条件下的工作稳定性能 试验方法:先将电动气泵贮藏于极寒环境一定时间再置于极限温度环境中一定时间,取出置于室温环境中并接通电源,检测电动气泵是否能够正常工作
振动测试	试验目的:测试电动气泵施加正弦振动后的性能 试验方法:将电动气泵安装在振动试验台上并施加一定的正弦振动,要求振动试验后,电动气泵性能满足要求
耐蚀性测试	试验目的:测试电动气泵耐介质腐蚀性能 试验方法:将电动气泵按规定进行 96h 中性盐雾试验,试验结束后,电动气泵表面锈蚀面积不超过 10%,单个锈蚀点的最大宽度不超过 2mm,连接部位无腐蚀和破坏性变质现象,电动气泵可正常工作
耐久性测试	试验目的:测试电动气泵的疲劳耐久性能 试验方法:常温条件下,电动气泵向储气罐充入一定压强的气体,间隔几秒钟,排空储气罐气体,循环一定次数的上述过程,最终检测电动气泵工作是否正常

5. 电子及电气设备

　　线控悬架系统中的电子及电气设备主要包含控制单元及各类传感器。道路车辆电子设备通用试验有电磁兼容性能试验、电气负荷试验、机械负荷试验、气候负荷试验和化学负荷试验。试验方法及试验要求参考 GB 34660—2017《道路车辆　电磁兼容性要求和试验方法》和 GB/T 28046.2—2019《道路车辆　电气及电子设备的环境条件和试验　第 2 部分:电气负荷》;加速度传感器性能试验方法参考 QC/T 1073.1—2017《汽车用加速度传感器　第 1 部分:线加速度传感器》;压力传感器性能试验方法参考 GB/T 15478—2015《压力传感器性能试验方法》;高度传感器目前无相关试验标准,性能测试主要有输出电压测试。

8.5.3　线控悬架系统测试验证

线控悬架系统与被动式悬架系统的基本功能是一致的，均是吸收与消散车轮冲击车身时的能量，以提升整车的平顺性与操稳性。线控悬架系统在被动悬架基础上更换成参数可调的弹性元件与阻尼元件，以在不同路面与行驶工况下，均能获得良好的车身姿态。故而线控悬架与被动式悬架的测试原理与评价方法基本相同，但线控悬架因参数可调和功能增加，使得试验变量增多，造成测试方案成倍增加，延长了底盘悬架系统的开发周期。

为了解决上述问题，可采用目前较为先进的硬件在环（HIL）测试技术，即将硬件实物与虚拟仿真模型相结合，进行联合测试。在提高仿真精度的同时，也能有效缩短研发周期与成本。

1. ECU 级硬件在环测试

ECU 级 HIL 测试是除控制单元为实物外，其余部件及系统均通过仿真模型模拟实现，如图 8-18 所示。在仿真模型中需创建悬架系统、行驶路况、传感器等要素。并将仿真模型下载至 HIL 硬件设备中，ECU 实物根据仿真模型中获取的模拟传感器信号，进行运算与处理，再将信号传输回仿真模型，以改变减振器与空气弹簧参数，测试线控悬架系统模型的性能。ECU 级 HIL 测试能够在 ECU 开发阶段提前检测出软件控制算法的故障并进行及时处理，并且通过注入在实车路试过程中难以复现的较为危险的情况，更全面地评判出软件控制策略的安全性与准确性，同时可大幅缩短控制器及整套系统的开发周期，有效降低研发经费。

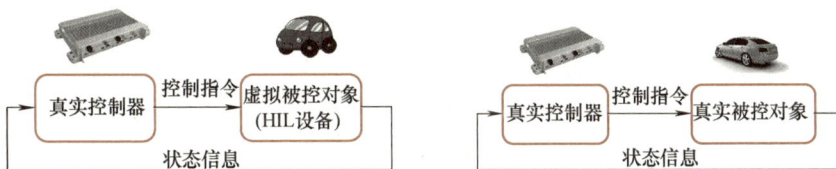

图 8-18　ECU 级 HIL 测试

2. 系统级硬件在环测试

系统级 HIL 测试是在 ECU 级 HIL 测试的基础上，将被控对象由仿真模型替换成执行器实物，如空气弹簧和阻尼可调减振器。系统级 HIL 与 ECU 级 HIL 测试原理相同，但测试目的有所差异。系统级 HIL 测试除能测试 ECU 故障外，更重要的是精准检测执行器的性能及整车操稳平顺性能。由于空气弹簧刚度非线性、振幅与频率相关性、橡胶迟滞现象，减振器响应时间、温度特性、抗泡沫性均难以使用仿真模型进行表达，通常采用简化或忽略的方式进行处理。因此，系统级 HIL 测试使用空气弹簧与减振器实物，能够获得更加精准的仿真结果。

利用 ECU 与阻尼可调减振器和空气弹簧实物零件结合实时修改的车辆模型、实时仿真模拟（RTS）系统、加载试验台和故障注入单元等模块搭建成的系统级 HIL 测试系统。通过车辆动力学软件及道路场景软件模拟实际的驾驶情形，可以在实车道路试验之前进行主动控制策略的确认、执行器参数的优化、功能安全的评价。

3. 整车测试验证

（1）实车道路测试 对使用线控悬架系统的车辆进行主、客观操纵稳定平顺性能测试时，试验方法基本和测试内容与使用被动式悬架的车辆一致。按现行标准 GB/T 6323—2014《汽车操纵稳定性试验方法》、QC/T 480—1999《汽车操纵稳定性指标限值与评价方法》和 GB/T 4970—2009《汽车平顺性试验方法》中的规定对整车的操稳性与平顺性进行测试与评价。除此之外，也要对电控悬架的控制策略、功能安全等性能进行评价。例如，实际道路场景结合各种目标物来测试线控悬架受到纵向信号激励下的各种控制策略、参数选择以及功能安全评价；利用试车场的各种路面（波浪路、弹坑路、井盖路、比利时路、非铺装坡道等）来测试线控悬架受到垂向信号激励下的各种控制策略、参数选择以及功能安全评价。

（2）特殊场景和危险场景的仿真测试 整车级 HIL 测试利用实车结合 RTS 系统、整车耦合加载试验台或驾驶室模拟器、故障注入单元等模块，模拟那些不易实现的特殊场景和危险场景，以确保在极端情况下线控悬架能有足够的安全性和可靠性。

第9章　智能网联汽车产品测试评价

　　智能网联汽车从实验室走向量产，需要大量的测试来证明其各项应用功能和性能的稳定性、鲁棒性、可靠性等。传统车辆测试评价的对象是人-车二元独立系统，而智能网联汽车的测试评价对象变为人-车-环境-任务强耦合，从而导致对其测试和验证变得极具挑战性。传统的车辆测试手段无法满足智能网联汽车测试与验证的使用需求。随着驾驶自动化等级的提高，不同等级自动化水平所实现的功能逐级递增，围绕智能网联汽车验证环节所需的标准体系、测试场地条件以及相关测试方法，各国的政府机构、科研院所、相关企业开展了大量研究工作。

　　在 ADAS 系统只需要满足特定场景下的功能要求，扩展到有条件自动驾驶（L3）或高度自动驾驶（L4）系统等需要满足各类场景的功能需求，导致用于智能网联汽车测试与验证的场景数量以几何级数增加，且实际驾驶场景因天气、道路、交通参与者和工况等因素的多变而具有复杂性、随机性和不确定性，如图 9-1 所示。此外，由于基于里程测试的方法带来的高成本和低效率等问题，必须利用测试场景进行针对性的测试和验证，降低里程测试的测试量。

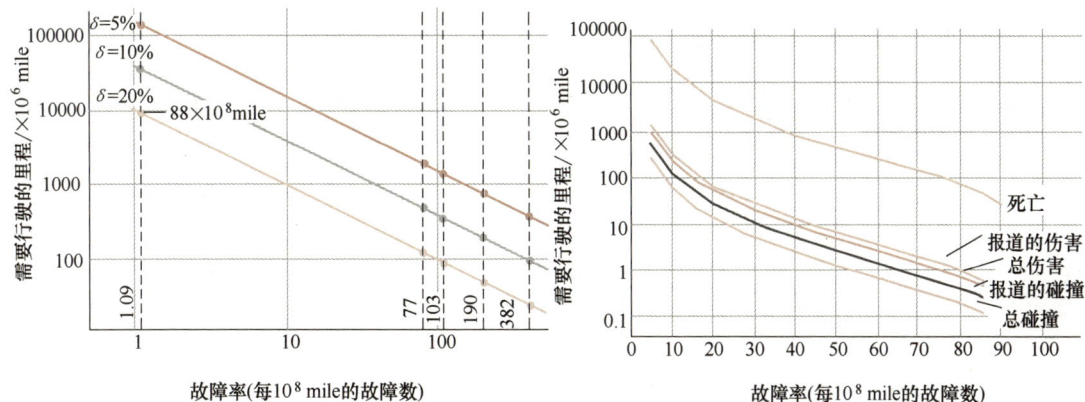

图 9-1　基于里程测试方法的 L3/L4 自动驾驶安全性验证困境

注：1mile＝1.6km

9.1 基于测试场景的智能网联汽车产品测试评价流程

智能网联汽车产品的测评流程主要研究内容包括：应用场景（测什么）、测试场景构建（在什么环境下测）、测试方法与技术（用什么方法和手段）、评价方法（如何评价），如图9-2所示。

（1）应用场景 重点考虑5大连续应用场景：高速/环路、市内运行、泊车/取车、封闭园区和城际/郊区。其中，高速/环路为封闭道路，城际/郊区为半封闭道路，具有连接性的道路。不同应用场景具有相对应的连续测评场景、测试方法和评价方法。

（2）测试场景构建 通过自然驾驶数据、标准法规场景、危险工况场景和参数重组场景等数据来源构建测试场景库，该测试场景包括基础和进阶测试场景，满足基础测试和优化引导的需求。

（3）测试方法与技术 采用虚拟仿真测试、封闭场地测试、实际道路测试相结合的测试方法，通过设置测试条件、测试规程、测试通过条件等，搭建可实现自动驾驶功能与ODD（设计运行范围）全覆盖的测试方法。

（4）评价方法 通过安全、体验、配置和风险处置方式四大维度对智能网联汽车产品的能力进行评价，该四大评价维度和其对应的评价指标（基础指标和进阶指标）满足基础测试和优化引导的需求。

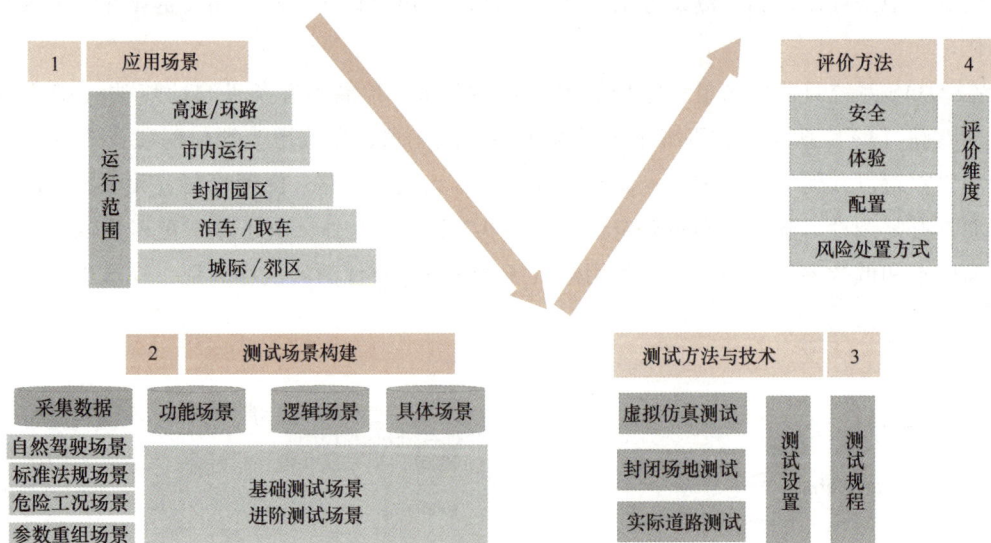

图9-2 智能网联汽车产品测试评价流程

9.2 智能网联汽车产品测试场景的构建

自动驾驶测试场景是支撑智能网联汽车测试评价技术的核心要素与关键技术，通过场景的解构与重构，对智能网联汽车进行封闭场地测试和虚拟测试已成为业内公认的最佳测试手段，得到了广泛的关注。自动驾驶测试场景具有丰富多样、极其复杂、不可预测和不可穷尽等特点。

9.2.1　测试场景设计方法及要求

自动驾驶测试场景是在一定时间和空间范围内车辆 ODD 元素、OEDR 元素、自车元素的综合信息融合。自动驾驶测试场景应根据五大运行环境，结合场景元素进行构建。例如，在高速公路行驶时的功能场景需要描述道路的几何结构和拓扑结构、与其他交通参与者的交互以及天气状况等，而在地下停车场行驶时只需要描述建筑物的布局，此时天气条件则不需要进行详细的描述。另外，需要识别 ODD 各种使用场景下的安全风险，即基于安全分析，从系统内部识别可能存在的失效，并建立失效场景。

场景元素主要包含 ODD 元素、OEDR 元素、自车元素和失效元素。

（1）**ODD 元素**　ODD 元素主要包括道路信息、环境信息和交通参与者。

道路信息通常包括道路类型（主车道、辅车道等）、道路表面（摩擦系数、材质等）、道路几何（曲率、坡度、交叉口）、交通标志（交通灯与交通标志牌）和道路设施元素（包括隧道、车站、立交桥、收费站、施工路段）等。

环境信息主要包括天气、光照和连接性等，其中，天气元素包括晴天、雪天等不同类型的天气及不同能见度的信息；光照指的是不同光照度下的环境，如艳阳天、夜晚、黄昏以及不同灯光照射下的环境等；连接性指的是自车所处环境的网络连接性，V2X 连接性以及是否支持高精度地图等特性。

交通参与者主要包括机动车、非机动车、行人、障碍物和动物等。

（2）**OEDR 元素**　OEDR 是指在相应测试场景下，自动驾驶系统需要探测的物体或事件以及应做出的响应，作为仿真测试场景的关键考察方面，其主要包括交通参与者的类型和运动等信息。如在自车左前方有行人正在横穿，自车前方的机动车减速等情况。

（3）**自车元素**　自车元素主要包括自我车辆的类型、性能特性和驾驶行为等，如自车为乘用车，最高车速为 110km/h，正在进行变道操作。

（4）**失效元素**　为了确保自动驾驶的安全性，需要测试车辆的失效响应，可以通过设置一些失效元素来实现，如注入故障、超出 ODD、传感器失效等，还可以设置超过 ODD 的参数取值来验证车辆的失效响应能力。例如，按照感知系统失效（由于安装、环境、车辆等因素导致的感知系统无法准确识别环境中的风险）、复杂交通场景（交通流与道路的组合导致本车处于危险的交通环境）、车辆控制失效（如由于载荷、路面或侧风等原因导致车辆无法跟随控制指令）等进行分类。

对智能网联汽车进行基于场景的各项测试时，构建场景的数据来源多种多样，通过对数据来源进行分类，可将场景概括为四大类：自然驾驶场景、危险工况场景、标准法规测试场景以及参数重组测试场景。自然驾驶场景可包含智能网联汽车所处的人-车-环境-任务等全方位信息，能够很好地体现测试的随机性、复杂性以及典型性区域特点，为测试场景构建中的充分测试场景。危险工况场景是智能网联汽车测试过程中进行自动驾驶控制策略验证的关键部分，为场景构建中的必要场景。标准法规测试场景通过现有的标准、评价规程等构建测试场景，为场景构建中验证自动驾驶有效性的基础测试场景。参数重组测试场景通过对静态要素、动态要素以及驾驶人行为要素之间不同排列组合以及遍历取值，进而补充大量未知工况的测试场景，有效覆盖自动驾驶功能测试盲区，为场景构建中的补充测试场景。

针对某项特定自动驾驶功能设计测试场景，需定义自动驾驶系统的 ODD，即明确系统在不同类型的道路上、道路的不同位置上、不同的速度范围及其他环境条件下的功能表现，应确保对自动驾驶系统使用场景的充分覆盖。

图 9-3 所示为测试场景设计示意图，根据不同自动驾驶系统的设计运行范围，将测试场景分为高速/环路、市内运行、泊车/取车、封闭园区和城际/郊区五种典型应用场景。每种应用场景下，可在不同抽象程度上基于 ODD 运行设计域、OEDR 事件探测以及响应、自车行为以及失效模式等元素，提取各类典型场景，进行场景参数标注以及统计分析，形成逻辑场景，而后基于逻辑场景的参数分布，大规模生成具体场景，并以通用场景格式存储，构成数万级测试用例的场景库。

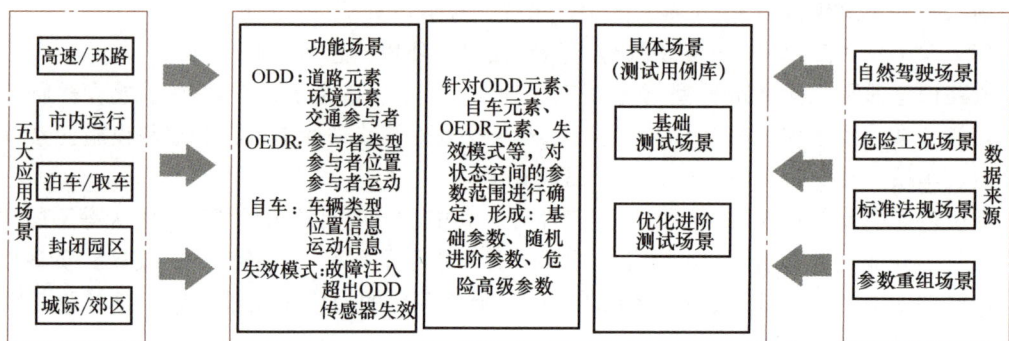

图 9-3　测试场景设计示意图

同时对于场景的评价也可以从 ODD、OEDR、自车行为以及失效模式等 4 个维度进行量化，从而对场景进行分级，形成基础测试场景和优化进阶测试场景，分别实现对智能网联汽车产品准确的支撑，对市场上智能网联汽车产品测评的优化引导。

9.2.2　场景库构建流程以及要求

图 9-4 所示为测试场景用例设计流程，不同数据来源（自然驾驶、危险工况、标准法规、参数重组）的场景用例设计首先语义描述其场景数据得到功能场景，然后通过参数化定义场景数据的状态空间得到逻辑场景，接着对场景数据的状态空间参数赋值得到具体场景，最后通过软件建模复现具体场景得到测试用例。

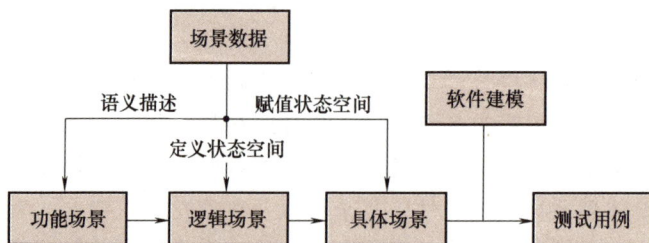

图 9-4　测试场景用例设计流程

自动驾驶测试场景对自动驾驶的研发和测试工作起着重要作用。场景库是场景的载体平台，通过场景数据采集、分析挖掘、测试验证等步骤，实现内容闭环。通过上述场景元素、场景数据来源和场景设计方法得到自动驾驶测试场景。对自动驾驶场景进行测试验证主要是将场景库内已经构建好的场景抽取出来，用虚拟场景验证和实车场景验证等方法进行验证，

确认场景的真实性、代表性和有效性，从而更好地服务于研发和测试工作，包括模型在环、软件在环、硬件在环仿真测试、实车场地和道路测试等。与场景相关的测试结果反馈给场景库，对场景的分析挖掘方法等进行修正，或者根据需要重构生成场景，更新补充完善场景库。场景库进一步有效支撑测试研发工作，从而形成场景库构建与应用的正向循环。

9.3　智能网联汽车产品测试方法

场景建设以及功能划分与智能网联汽车仿真测试、场地测试、道路测试密不可分，如图9-5所示。虚拟仿真测试应覆盖ODD内可预测的全部场景，包括不易出现的边角场景，覆盖ODD内全部自动驾驶功能；封闭场地测试应覆盖ODD内的极限场景，如安全相关的事故场景和危险场景，覆盖自动驾驶系统正常状态下的典型功能，验证仿真测试结果；真实道路测试覆盖ODD内典型场景组合的道路，覆盖随机场景以及随机要素组合，验证自动驾驶功能应对随机场景的能力。

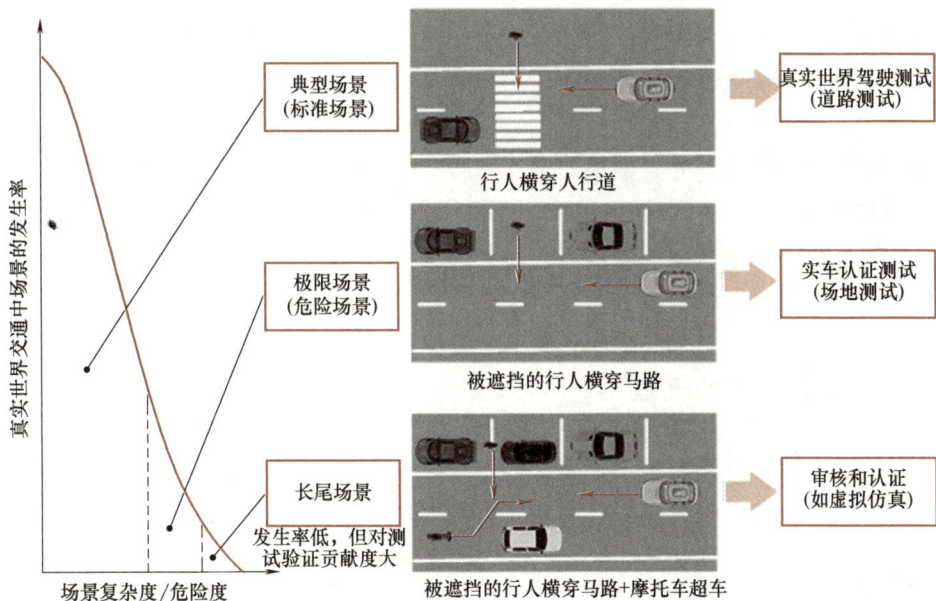

图9-5　不同测试类型验证不同场景功能示意图

虚拟仿真测试是加速自动驾驶研发过程和保证安全的核心环节；封闭场地测试是自动驾驶研发过程的有效验证手段；真实道路测试是检测自动驾驶系统性能的必要环节，也是实现自动驾驶商业部署的前置条件。智能网联汽车产品测试流程如图9-6所示。

测试车型选定后，首先，根据是否具备仿真测试条件，进行虚拟仿真测试或者审核。如果具备虚拟仿真测试条件，则采用虚拟仿真测试用例库进行验证全部声明的ODD和自动驾驶功能；如果不具备虚拟仿真测试条件，则依据评价指标审核与仿真测试评价。

其次，进行封闭场地测试，封闭场地测试用例围绕五大运行场景建设构建测试用例。封闭场地测试依据声明的ODD、自动驾驶功能在5大应用场景测试用例库中选取确定测试用例，根据具体车型选定不同的测试用例进行封闭场地测试。并且根据安全、体验、配置和风

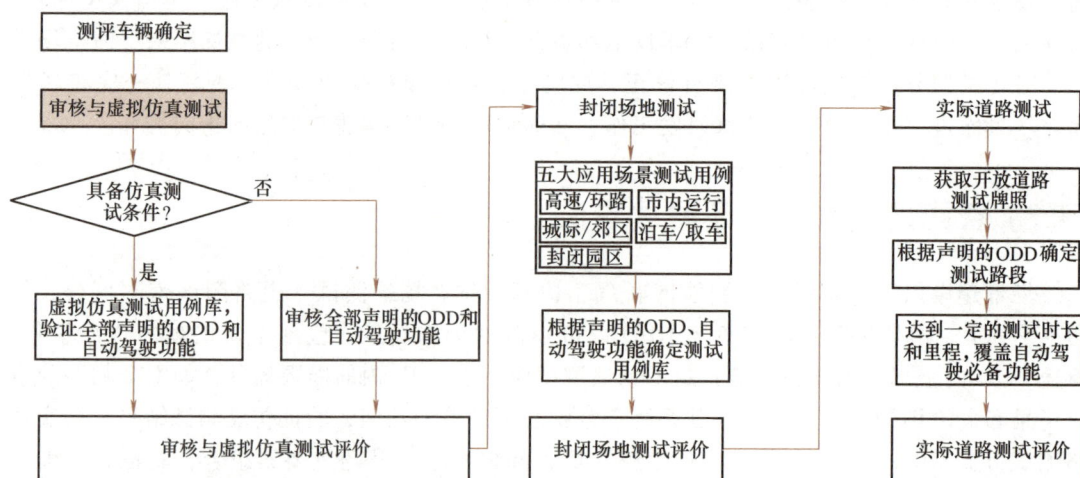

图 9-6　智能网联汽车产品测试流程

险处置方式 4 个维度进行综合的封闭场地测试评价。

实际道路测试首先需要获取实际道路测试牌照，然后根据产品声明的 ODD 确定测试路段。在测试过程中，必须达到一定的测试时长和里程，覆盖自动驾驶必备功能，充分验证自动驾驶的功能和性能表现。并且根据安全、体验、配置和风险处置方式 4 个维度进行综合的实际道路测试评价。

9.4　虚拟仿真测试

9.4.1　虚拟仿真测试的流程

图 9-7 所示为智能网联汽车自动驾驶功能的虚拟仿真测试流程，典型的测试流程包括：测试需求分析、测试资源配置、接口定义、设计测试用例、执行测试、出具测试报告以及形

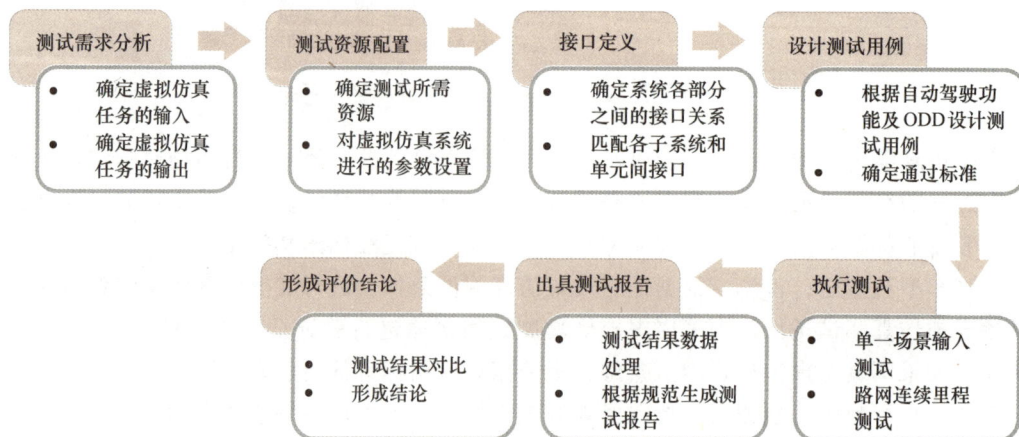

图 9-7　智能网联汽车自动驾驶功能的虚拟仿真测试流程

成评价结论等主要环节。

（1）**测试需求分析**　针对自动驾驶功能，规范对应的测试对象、测试项目、测试方法、测试资源配置、接口规范、数据存储、评价方案和结果展示的具体要求，从而确定虚拟仿真任务的输入（如虚拟仿真测试对象的数学模型、驾驶自动化系统指标、自动驾驶功能的要求以及相应文档）；确定虚拟仿真任务的输出（如仿真数据、仿真结果分析以及相应文档），指导测试工作的开展。

（2）**测试资源配置**　根据自动驾驶功能确定虚拟仿真测试所需资源（如人员需求、人员的责任、仿真模型要求、场地要求和设备需求等）；对虚拟仿真系统进行参数设置（包括车辆模型配置、静态场景配置、动态场景配置、传感器模拟配置和控制器配置等主要过程）。

（3）**接口定义**　根据模拟仿真测试对象确定用软件或者实物来实现驾驶自动化系统的各部分，确定仿真系统各部分之间的接口关系，匹配各子系统和单元间接口，包括车辆模型、环境模型、传感器模型、执行器和控制器之间的接口等。

（4）**设计测试用例**　根据自动驾驶功能以及ODD（五大应用场景）设计测试用例，确定测试方案，确定虚拟仿真测试平台依据的测试规则，先基础后进阶高级地增加测试场景，并制定通过条件。

（5）**执行测试**　虚拟仿真测试包括单一场景输入测试和路网连续里程测试，通过单一场景输入测试后进行路网连续里程测试。当发现某测试场景结果为不通过时，可终止单项测试或者重启虚拟测试仿真流程。

（6）**出具测试报告**　通过软件进行自动化测试结果的数据处理，并根据规范生成测试报告，报告应包括测试对象、测试人员、测试时间、测试结果和测试数据等内容。

（7）**形成评价结论**　测试结果应对比标准值和历史数据，形成评价结果的评分。

9.4.2　虚拟仿真测试的基本要求

1. 测试要求

1）所有的测试项目都应由驾驶自动化系统和算法完成，测试期间不应对系统和算法进行任何变更。

2）应说明测试系统的组成以及工作原理，自动驾驶功能以及ODD，风险减缓策略以及最小安全状态等。

3）依据自动驾驶功能定义以及范围设计测试用例，应至少包括设计运行范围测试、动态驾驶任务测试、目标事件检测和响应测试、故障保护响应、风险减缓策略测试等。

4）应保证单一场景输入测试中同一场景重复测试的高度一致性，并在测试报告中详细记录所有测试场景中数次重复测试的关键过程以及结果。在多个相同场景下，通过在封闭场地和道路测试中获取实车决策输出，验证虚拟仿真结果的有效性。

5）路网连续里程测试应参照场景库测试场景的设计要求，遍历预期ODD内的测试场景。验证驾驶自动化系统的ODD边界；验证驾驶自动化系统应对极限场景的能力和鲁棒性；验证驾驶自动化系统的高里程通过性；通过路网连续里程测试找到驾驶自动化系统存在的风险项，应对其在封闭场地进行复现确认，经确认一致后，应将风险项在测试报告中说明。

2. 通过条件

1）单一场景通过指标包括合规性指标和安全性指标。重点考察驾驶自动化系统运行时能否遵守道路交通法律法规、道路标识规则等相关规定以及是否能够避免碰撞等安全事故。

2）连续场景通过指标包括场景覆盖度和安全运行里程。重点考察驾驶自动化系统应对多功能、连续场景时的系统性能。

9.4.3 虚拟测试仿真示例

1. 虚拟仿真软件

目前行业上常见的自动驾驶仿真软件有 PanoSim、PreScan、CarMaker、51Sim-One、VTD 和 CARLA 等。

PanoSim 是新一代自动驾驶模拟仿真软件，专注于通过模拟仿真技术实现汽车虚拟研发的一体化工具与平台。PanoSim 集高精度车辆动力学模型、汽车行驶环境模型、车载环境传感模型与交通模型等于一体，可与 MATLAB/Simulink 无缝链接并支持离线与实时仿真功能。

PreScan 是一款基于物理模型的仿真平台，最初用于驾驶辅助、驾驶预警、避撞和减撞等功能的前期开发和测试，现也可用于自动驾驶系统的开发。PreScan 可支持多种类型传感器的模型建立与设置，包括鱼眼摄像头、单目摄像头、双目摄像头、毫米波雷达、激光雷达、超声波传感器、V2X 通信传感器、车道线传感器和目标物体识别传感器等。

CarMaker 是一个优秀的动力学仿真软件，提供了精准的车辆本体模型（发动机、底盘、悬架、传动和转向等），CarMaker 的车辆模型与 CarSim 精度一致，将车辆比作多体-非线性系统，并根据车辆子系统进行了清晰的设置（如转向系统的 Pfeffer 模型、制动系统模型和发动机模型）。CarMaker 具有开放性的毫米波雷达、摄像头、激光雷达和超声波传感器等多个高精度传感器模型。在场景模拟方面，CarMaker 可模拟不平坦的道路（如减速带、坑洼），可从 Here 地图直接导入真实道路环境。

51Sim-One 是 51VR 自主研发的一款集多传感器仿真、交通流与智能体仿真、感知与决策仿真、自动驾驶行为训练于一体的自动驾驶仿真与测试平台。51Sim-One 内置了一系列场景库和测试案例库，包括开放区域真实场景、大规模城市道路、乡村道路、高速公路和停车场等。

VTD 目前运行于 Linux 平台，它的功能覆盖了道路环境建模、交通场景建模、天气和环境模拟、简单和物理真实的传感器仿真、场景仿真管理以及高精度的实时画面渲染等。VTD 支持物理级复杂传感器建模仿真，类型包括视频、超声波传感器、毫米波雷达和激光雷达等。

CARLA 是由西班牙巴塞罗那自治大学计算机视觉中心指导开发的开源模拟器，CARLA 提供了开源代码和协议，以及为自动驾驶创建的开源数字资源（包括城市布局、建筑以及车辆）。

2. 虚拟仿真中的自适应巡航（ACC）示例

基于 PreScan 仿真软件的 ACC 仿真的基本流程如图 9-8 所示。虚拟仿真测试一般包括仿

真场景的搭建，环境感知传感器的布置、标定、感知算法等方面，控制决策算法和整车动力学仿真执行模块四大部分。

虚拟仿真场景搭建如图 9-9 所示。其中，左图为仿照 ISO 标准搭建的虚拟仿真测试场景，右图为整个场景的俯视效果图。虚拟仿真场景为弯道、两车道场景。仿真中主要包括采用 ACC 功能的自车和其他虚拟仿真车辆。

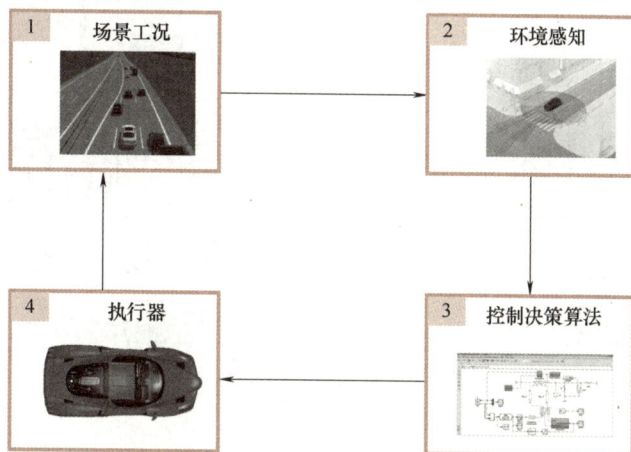

图 9-8　基于 PreScan 仿真软件的 ACC 仿真的基本流程

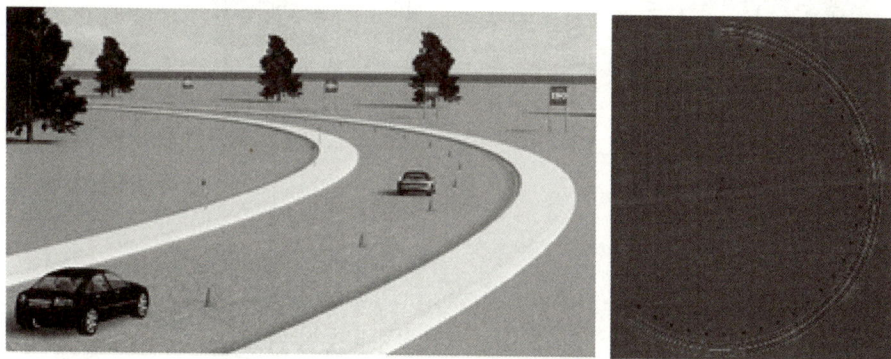

图 9-9　虚拟仿真场景搭建

由于弯道和直道中车辆侧向加速度和感知视野范围等因素存在一定差异，所以感知处理模块主要有直道感知处理模块和弯道感知处理模块，如图 9-10 和图 9-11 所示。感知处理模块主要功能包括处理传感器提供的信息，计算自车前方车道上的其他车辆的航向时间，确定传感器检测到的物体是否存在潜在的危险，计算到前车的距离、自车的速度和需要保持的安全距离。

控制决策模块根据感知模块输出的信息进行决策，计算出限定自车的加减速、控制发动机的节气门和制动压力，以及控制与前车安全行驶时间，如图 9-12 所示。

执行器主要是指整车上的线控发动机、线控档位和线控行车制动等模块，该模块接收控制决策算法模块的信息。按照控制决策的结果严格执行，保证线控执行器的执行精度，如图 9-13 所示。

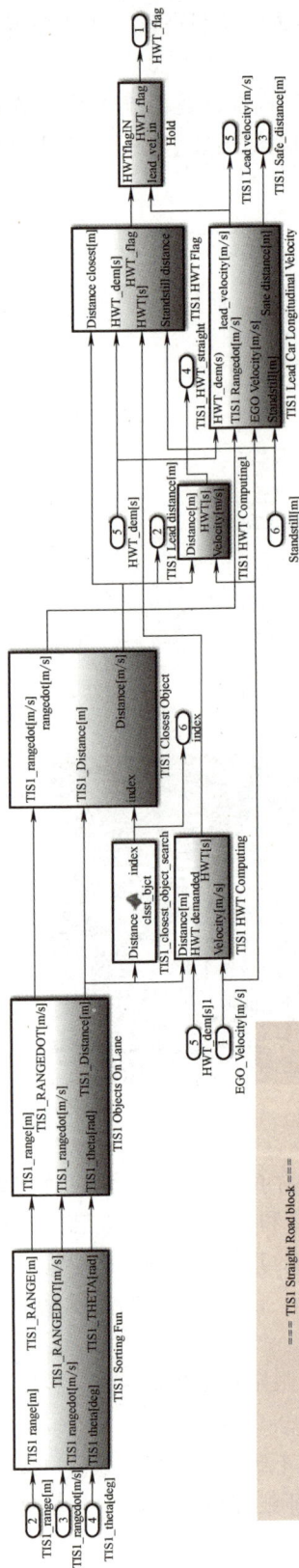

图 9-10 直道感知处理模块

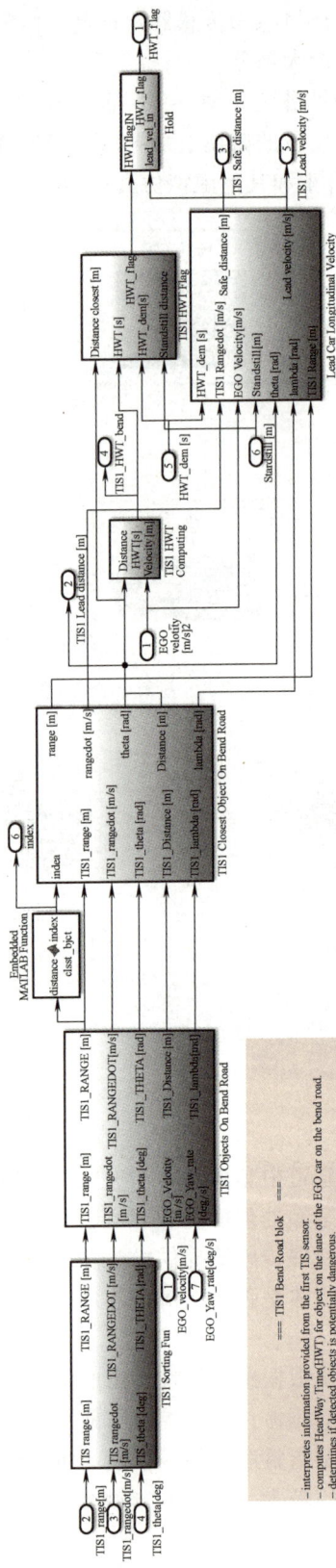

图 9-11 弯道感知处理模块

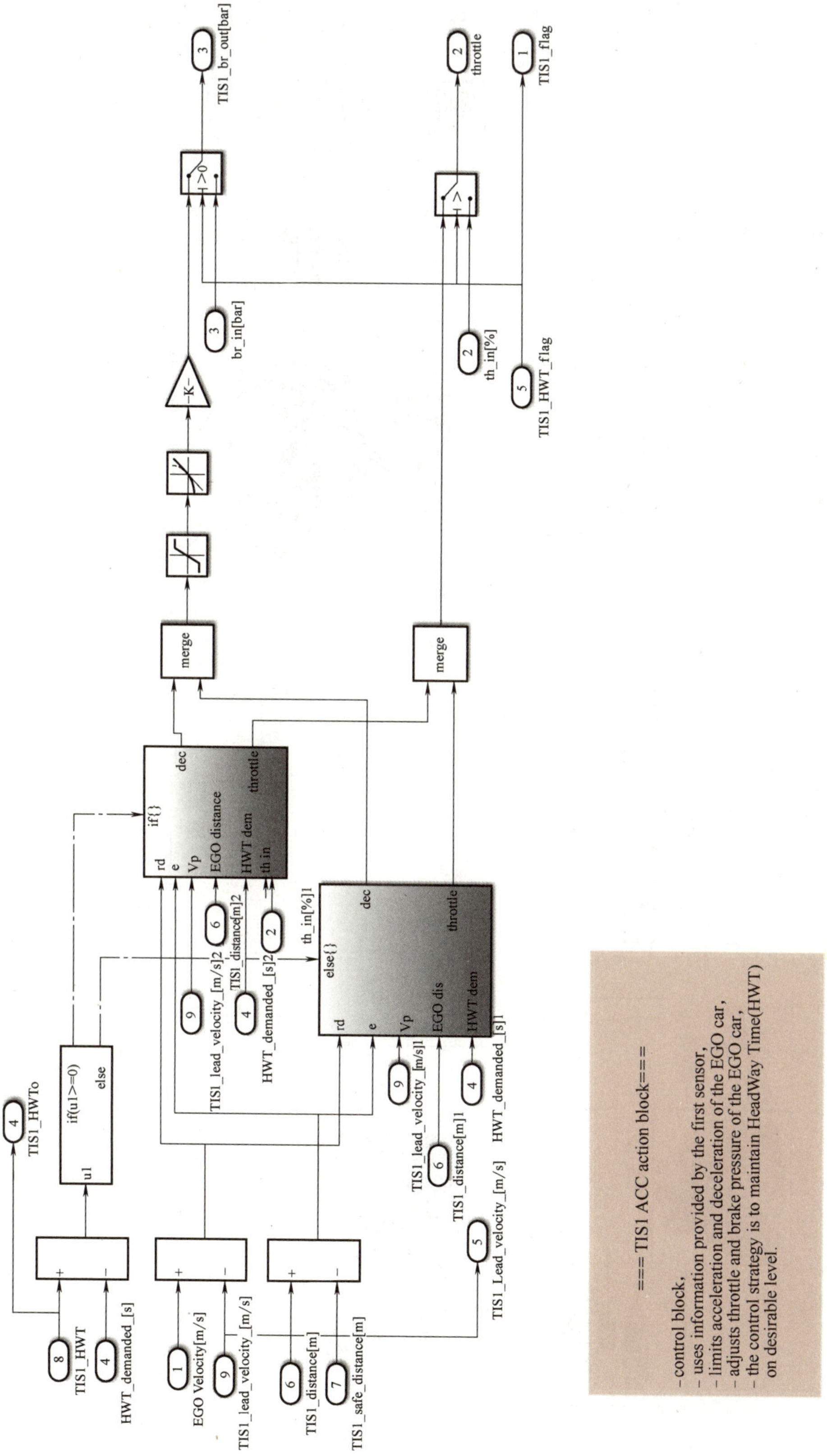
TIS1_HWTo
if(u1>=0)
else
u1
TIS1_HWT
HWT_demanded [s]
EGO Velocity[m/s]
TIS1_lead_velocity_[m/s]
TIS1_distance[m]
TIS1_safe_distance[m]
TIS1_Lead_velocity_[m/s]
rd
e
Vp
EGO distance
HWT dem
th in
if{}
dec
throttle
TIS1_lead_velocity_[m/s]2
TIS1_distance[m]2
HWT_demanded_[s]2
th_in[%]1
else{}
rd
e
Vp
EGO dis
HWT dem
dec
throttle
TIS1_lead_velocity_[m/s]1
TIS1_distance[m]1
HWT_demanded_[s]1
merge
merge
-K-
>0
br_in[bar]
th_in[%]
TIS1_HWT_flag
TIS1_br_out[bar]
throttle
TIS1_flag
=== TIS1 ACC action block===
- control block,
- uses information provided by the first sensor,
- limits acceleration and deceleration of the EGO car,
- adjusts throttle and brake pressure of the EGO car,
- the control strategy is to maintain HeadWay Time(HWT) on desirable level.

图 9-12　控制决策算法模块

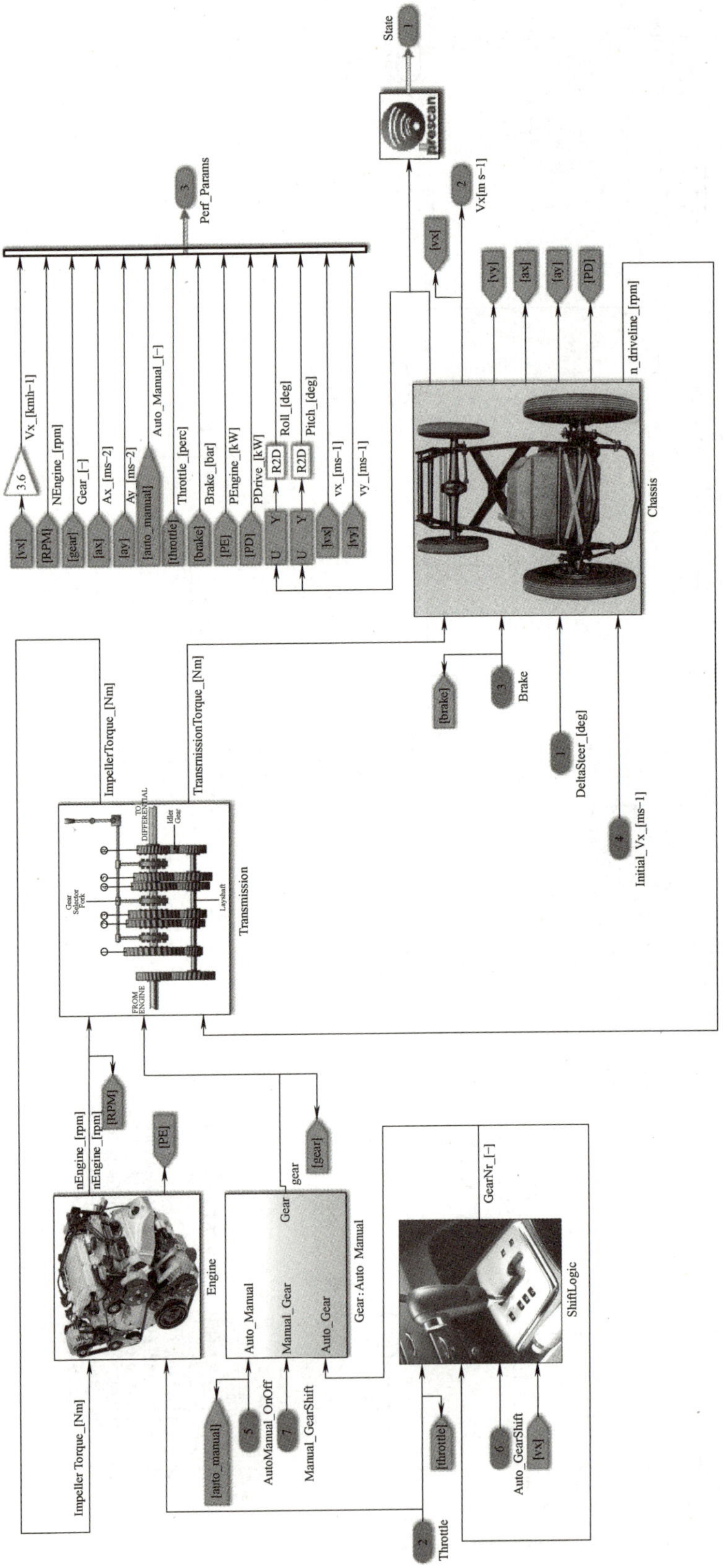

图 9-13　整车动力学模型仿真执行模块

9.5 封闭场地测试

封闭场地测试用例围绕5大应用场景建设：高速/环路、市内运行、城际/郊区、泊车/取车、封闭园区。根据智能网联汽车声明的ODD以及自动驾驶功能，在5大应用场景测试用例库中选取并确定测试用例，测试智能网联汽车的真实表现。智能网联汽车自动驾驶功能典型测试用例见表9-1。

表9-1 智能网联汽车自动驾驶功能典型测试用例示例

序号	智能网联汽车自动驾驶功能典型测试用例	序号	智能网联汽车自动驾驶功能典型测试用例
1	驾驶人状态监控	9	变道行驶
2	路径规划	10	障碍物检测及响应
3	自动泊车	11	行人和非机动车识别及避让
4	夜间行驶	12	应急车辆避让
5	特殊天气（雨、雪、雾）	13	超车
6	通过学校区域	14	交叉路口
7	跟车行驶	15	坡道行驶
8	循线行驶		

原则上，针对高级别智能网联汽车，应在连续运行场景中针对自动驾驶功能进行测试，以评价其真实的使用性能和体验。但实际上，封闭场地的连续场景测试，对测评机构的硬件设施能力要求较高，因此，在现有测评能力不足的情况下，连续场景也可以拆分为单一测试场景进行测试。

9.5.1 封闭场地测试场景设计

根据企业申报的智能网联汽车ODD以及自动驾驶功能，选取封闭场地测试项目，针对每个测试项目，设计封闭场地场景、测试方法与评价标准。封闭场地测试场景和测试用例设计原则上充分考虑场景的典型性、危险性以及对法律法规的符合性。测试车辆应在不进行软、硬件变更的条件下通过所有规定的测试用例，验证产品驾驶自动化系统、人机交互功能的合规性和安全性。

以城市道路场景中交通标志识别及响应测试为例，说明自动驾驶功能封闭场地测试场景、测试方法及通过标准。

（1）测试场景设置 测试道路为至少包含一条车道的长直道，并于该路段设置各类交通标志牌，测试车辆对于标志牌的识别及响应能力，如图9-14所示。

图9-14 交通标志识别及响应测试示意图

（2）**测试方法**　测试车辆在自动驾驶模式下，在距离限速标志100m前达到限速标志所示速度的1.2倍，并匀速沿车道中间驶向限速标志。

1）测试车辆在自动驾驶模式下，规划路口掉头任务，识别禁止掉头标志牌。

2）测试车辆在自动驾驶模式下，规划直行行驶任务，识别前方右转通行标志牌。

3）测试车辆在自动驾驶模式下，规划直行行驶任务，识别前方停车让行标志牌。

（3）**通过标准**　测试车辆到达限速标志时，车速不高于限速标志所示速度，不违反交通标识牌所示。

9.5.2　实际道路测试

企业应在获取实际道路测试牌照后，方可进行实际道路测试。选取的实际道路测试路段根据企业申报测试的智能网联汽车产品ODD进行选取，保证智能网联汽车能够在测试路段内开启自动驾驶功能。

1. 测试时长和里程要求

根据不同的自动驾驶运行区域，如高速公路、城市快速路、城市道路等，实际道路测试应设定一定的测试时长和测试里程要求，测试涵盖自动驾驶必备功能。

2. 通过标准

智能网联汽车实际道路测试国际范围内暂无可借鉴的成熟的法规、标准、评价规程等。根据汽标委智能网联汽车分标委自动驾驶功能实际道路测试标准化需求研究项目组的研究成果，实际道路测试拟采用主、客观评价相结合的方式，以安全（本车和其他交通参与者的安全）、及时（本车执行动作是否及时）、准确（本车执行相关驾驶行为是否精准）、顺畅（本车执行动作是否连贯、通畅）为通过原则，测试人员结合车辆测试表现调整通过系数。

3. 实际道路测试数据的用途

实际道路测试产生的数据是自动驾驶系统的核心驱动力，海量的数据、自动驾驶算法的迭代和规模化运营构成正、反馈闭环，其关键步骤包括数据采集、数据传输、数据存储、数据处理、数据建模和数据服务等。

基于实际道路测试数据的自动驾驶算法优化流程图如图9-15所示。第一步为数据采集，主要包括视觉传感器的数据、毫米波雷达传感器的数据、激光雷达传感器的数据和超声波传感器的数据。第二步为数据上传、海量的数据存储管理、数据预处理、数据传输、数据管理和数据维护。数据上传有两种方法，方法一为更换记录仪中的硬盘，将硬盘运送到数据中心的高带宽工作站；方法二为将数据导入到移动服务器中，通过移动服务器运送到数据中心。海量的数据存储采用分布式NAS，即横向扩展（ScaleOut），容量可达到50~100PB。在数据处理中进行传感器文件的切片和整合，数据的验证、清洗、标识、分类，图片像素归一、同步时间戳等步骤。数据传输过程中可能有数百个HIL服务器并行地从存储系统读取数据流，这时候就需要采用高带宽并发数据流和横向扩展的网络。数据管理包括元数据的管理和快速搜索。数据需要维护整车的生命周期，可以采用磁带、共有云或者自动分层归档。第三步为数据使用，该阶段为大量神经网络模型准备的训练数据集，用于训练神经网络模型、快速并发访问所有的数据集、并发硬件/软件在环的仿真测试以及进行新代码的验证。第四步为进行软件在环、硬件在环测试，进一步检测新代码运行效果。第五步为进行封闭场景实车测试

和公开道路实车测试，验证新代码的运行效果。第六步为新代码释放，用于整车的量产。

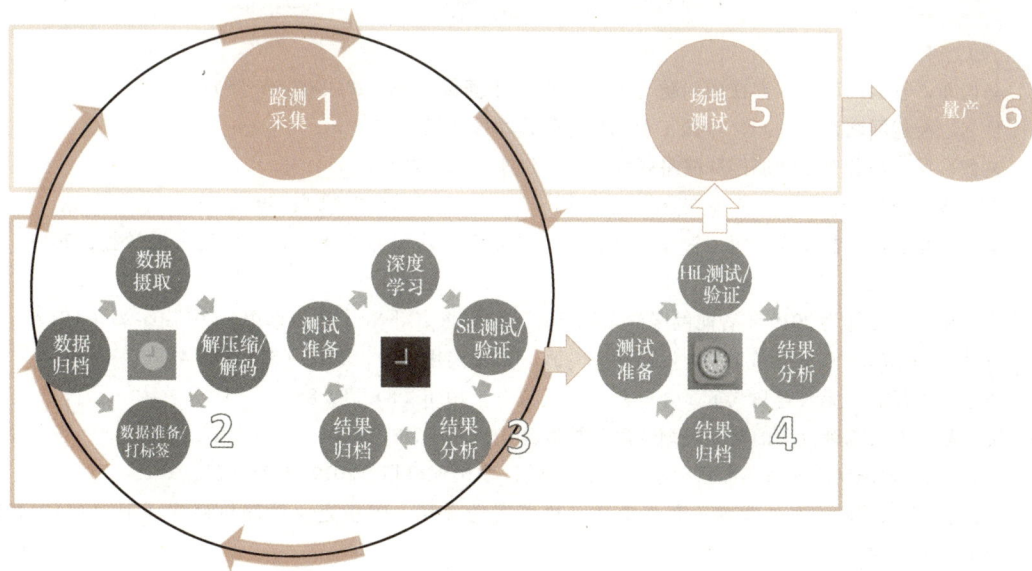

图 9-15　基于实际道路测试数据的自动驾驶算法优化流程图

参 考 文 献

[1] 马向东. 智能网联汽车存在的问题与风险 [N]. 中国保险报, 2019-07-24 (5).

[2] 佚名. 智能网联汽车 [J]. 中国工业和信息化, 2019 (7): 75.

[3] 赵黎. 国内部分车企智能网联战略规划 [J]. 汽车纵横, 2019 (6): 32.

[4] 谭晶宝. 李克强: 做好汽车发展顶层设计 [J]. 汽车观察, 2019 (6): 39.

[5] 李立, 徐志刚, 赵祥模, 等. 智能网联汽车运动规划方法研究综述 [J]. 中国公路学报, 2019, 32 (6): 20-33.

[6] 夏小禾. 工信部为 2019 年智能网联汽车标准化工作划重点 [N]. 机电商报, 2019-05-20 (A01).

[7] 孙建. 智能网联汽车技术与标准发展探究 [J]. 汽车实用技术, 2018 (20): 46-48.

[8] 王子正, 程丽. 无人驾驶汽车简介 [J]. 时代汽车, 2016 (8): 82-85.

[9] 潘鲁彬. 无人驾驶汽车的路径规划与跟随控制算法研究 [D]. 长沙: 湖南大学, 2016.

[10] 马向东. 智能网联汽车不断取得技术进展 [N]. 中国保险报, 2019-06-26 (5).

[11] 王亮. 无人驾驶汽车的眼睛: 激光雷达与机器视觉 [J]. 中小企业管理与科技 (下旬刊), 2019 (1): 140-141.

[12] 张辉, 薛松. 激光雷达在无人驾驶汽车中的应用及专利分析 [J]. 中国发明与专利, 2018, 15 (S1): 35-44.

[13] 黄如林, 梁华为, 陈佳佳, 等. 基于激光雷达的无人驾驶汽车动态障碍物检测、跟踪与识别方法 [J]. 机器人, 2016, 38 (4): 437-443.

[14] 佚名. 谷歌: 新一代无人驾驶汽车现真身, 传感器、摄像头全自制 [J]. 商业文化, 2017 (4): 35.

[15] 任燕宏. 关于无人驾驶汽车障碍物信息识别与处理系统的研究 [D]. 兰州: 兰州理工大学, 2011.

[16] 唐春玲. UWB 定位系统研究 [D]. 重庆: 西南大学, 2008.

[17] 王温. 全球卫星导航系统的现状与进展 [J]. 电子技术与软件工程, 2019 (11): 17.

[18] 祁玉婷. 浅析北斗导航定位系统在智能交通中的应用 [J]. 山东工业技术, 2019 (15): 152; 154.

[19] WEI J F, CHIU C H, HUANG F J, et al. A cost-effective decentralized vehicle remote positioning and tracking system using BeiDou Navigation Satellite System and Mobile Network [J]. Eurasip Journal on Wireless Communications and Networking, 2019, 2019: 1381-1389.

[20] 李阳, 董涛. "北斗" 卫星导航系统的概述与应用 [J]. 国防科技, 2018, 39 (3): 74-80.

[21] 张永丽, 陈卫东, 孟婷婷. 北斗导航系统应用前景初探 [J]. 价值工程, 2018, 37 (36): 203-205.

[22] 张志勇. 关于惯性导航技术分析 [J]. 电子测试, 2019 (12): 132-133.

[23] 谭祖锋. 惯性导航技术的新进展及其发展趋势 [J]. 电子技术与软件工程, 2019 (5): 76.

[24] CHEN A, RAMANANDAN A, FARRELL J A. High-precision lane-level road map building for vehicle navigation [C]. //IEEE/ION Position, Location and Navigation Symposium, 2010: 1035-1042.

[25] 佚名. 高精地图: 自动驾驶产业链上的新蓝海 [J]. 技术与市场, 2018, 25 (11): 2-3.

[26] 周勇, 刘尚魁. 构建基于 Appollo 的高精度地图解决方案 [J]. 电子技术与软件工程, 2018 (21): 139.

[27] 石雨峰. 自动驾驶临近 高精地图上演 "抢滩战" [J]. 商学院, 2018 (9): 68-70.

[28] 王涛, 陈艳丽, 贾双成. 简述高精地图的特点 [J]. 软件, 2018, 39 (9): 183-187.

[29] 杨玉荣, 李峰. 基于激光点云扫描的高精导航地图关键技术研究 [J]. 现代计算机 (专业版), 2018 (9): 23-26.

［30］ 贺文. 高精地图：自动驾驶商业化的"水电煤"［J］. IT经理世界，2017（14）：36-37.

［31］ DATE H，OHKAWA S，TAKITA Y，et al. 3402 High precision localization of mobile robot with making 3D map［J］. The Proceedings of the Transportation and Logistics Conference，2012：127-130.

［32］ 佚名. TomTom将与百度合作联合开发自动驾驶高精地图［J］. 电动自行车，2017（7）：25.

［33］ 佚名. 博世与百度、高德合作打造高精度自动驾驶地图［J］. 世界汽车，2017（5）：133.

［34］ 李陆浩. 面向无人驾驶汽车的车道级导航研究［D］. 长春：吉林大学，2014.

［35］ 郭蓬，吴学易，戎辉，等. 基于代价函数的无人驾驶汽车局部路径规划算法［J］. 中国公路学报，2019，32（6）：79-85.

［36］ 袁师召，李军. 无人驾驶汽车路径规划研究综述［J］. 汽车工程师，2019（5）：11-13；25.

［37］ 任超. 基于遗传算法的无人驾驶汽车路径规划技术研究［D］. 天津：天津大学，2015.

［38］ 刘红星. 基于视觉的无人驾驶车辆运动控制的研究［D］. 成都：西南交通大学，2018.

［39］ 田涛涛. 无模型自适应控制在无人驾驶汽车中的应用［D］. 北京：北京交通大学，2017.

［40］ 袁澳麟. 浅析无人驾驶及其环境感知技术［J］. 数字通信世界，2017（11）：75-76.

［41］ 商车. 金龙阿波龙自动驾驶运营助阵第二届数字中国建设峰会［J］. 商用汽车新闻，2019（Z4）：4.

［42］ 张静. 百度智取阿波龙［J］. 汽车观察，2019（1）：47.

［43］ 佚名. "阿波龙"背后的神经中枢［J］. 工业设计，2018（9）：14.

［44］ 商车. 全球首款L4级量产自动驾驶巴士金龙阿波龙第100辆下线［J］. 商用汽车新闻，2018（27）：2.

［45］ 商车. 金龙阿波龙"智能驾舱"亮相第五届世界互联网大会［J］. 商用汽车新闻，2018（45）：5.

［46］ 曾贵苓，王苹，马书香. 基于线控转向的汽车容错控制策略研究［J］. 重庆工商大学学报（自然科学版），2019，36（4）：49-54.

［47］ 王岁红. 浅谈基于线控转向系统的无人驾驶技术发展［J］. 科技经济导刊，2019（19）：21.

［48］ 彭斐. 自动驾驶时代下完全取消机械连接的线控技术［J］. 汽车与配件，2018（29）：36-37.

［49］ 于蕾艳，吴宝贵，伊剑波. 汽车线控转向系统转向控制研究［J］. 江苏大学学报（自然科学版），2014，35（3）：267-273.

［50］ 谷霄月. 线控转向系统路感规划及稳定性控制研究［D］. 南京：南京航空航天大学，2016.

［51］ 刘果. 无人驾驶汽车转向控制方法及研究［D］. 重庆：重庆交通大学，2017.

［52］ 周路菡. 先进驾驶辅助系统开始普及［J］. 新经济导刊，2016（8）：17-21.

［53］ 陈思宇，乌伟民，童杰，等. 从ADAS系统产业发展看未来无人驾驶汽车技术前景［J］. 黑龙江交通科技，2015，38（11）：176.

［54］ 王楠，刘卫国，张君媛，等. 基于视觉传感器的ADAS纵向行驶工况识别方法研究［J］. 交通信息与安全，2015，33（1）：41-46.

［55］ 王莹，叶雷. ADAS和V2X技术市场走势［J］. 电子产品世界，2015，22（8）：10-14；17.

［56］ 张翔. 2014年汽车ADAS技术的最新进展［J］. 汽车电器，2014（8）：4-7.

［57］ 汤一良，许少杰，章魏. 三种先进驾驶辅助系统ADAS方案［J］. 集成电路应用，2017，34（12）：72-74.

［58］ 佚名. ADAS是实现汽车主动安全的关键［J］. 电源世界，2017（4）：47-49.

［59］ 张志强. ADAS的发展历程及趋势［J］. 内燃机与配件，2019（1）：80-82.

［60］ Anon. WHAT DOES ADAS MEAN FOR REPAIR SHOPS？［J］. Auto Body Repair Network，2019，58（2）：4-10.

［61］ 王亮. 5G能为车联网按下快进键吗？［N］. 国际商报，2019-07-26（9）.

［62］ 李宇佳，丁非白，张建华. 5G时代，新能源汽车将有哪些改变？［N］. 江苏经济报，2019-07-23

（A04）.

[63]　陈麟. 迎接 5G 时代，我们准备好了吗？[N]. 贵州民族报，2019-07-19（A02）.

[64]　钮海明，许楚国. 5G 建设工程技术报告 [R]. 北京：中国通信学会，2018.

[65]　张真齐. 中国汽车业站上 5G 风口 [N]. 江苏经济报，2019-07-23（A04）.

[66]　陈山枝，胡金玲，时岩，等. LTE-V2X 车联网技术、标准与应用 [J]. 电信科学，2018，34（4）：1-11.

[67]　卓义斌，缪照浜，高月红，等. V2X 技术发展历程及应用研究 [J]. 电信工程技术与标准化，2016，29（2）：20-24.

[68]　王建昱. V2X 车联网及其关键技术 [J]. 信息技术与信息化，2013（5）：60-64.

[69]　葛雨明. C-V2X 白皮书 [R]. 北京：IMT-2020（5G）推进组，2018.

[70]　罗璎珞. V2X 通信的安全问题及有效的解决方案 [R]. 北京：国汽（北京）智能网联汽车研究院有限公司，2018.

[71]　刘宗巍，匡旭，赵福全. V2X 关键技术应用与发展综述 [J]. 电讯技术，2019，59（1）：117-124.

[72]　胡钊政. V2X 与智能位置感知 [R]. 上海：焉知汽车新媒体，2019.

[73]　魏垚，王庆扬. C-V2X 蜂窝车联网标准分析与发展现状 [J]. 移动通信，2018，42（10）：9-12.

[74]　刘爽，吴韶波. V2X 车联网关键技术及应用 [J]. 物联网技术，2018，8（10）：39-40；43.

[75]　陈漩，蔡子华. 面向下一代车联网的 V2X 关键技术研究 [J]. 广东通信技术，2018，38（4）：22-25.

[76]　陈漩，蔡子华. 面向下一代车联网的 V2X 关键技术研究 [J]. 广东通信技术，2018，38（4）：22-25.

[77]　刘振宇，普林，朱孔林，等. V2X 车辆与行人安全通信系统的设计与评价 [J]. 北京邮电大学学报，2005，22（6）：18-26.

[78]　LOZANO DOMINGUEZ J M，MATEO SANGUINO T J. Review on V2X，I2X，and P2X communications and their applications：a comprehensive analysis over time [J]. Sensors，2019，19（12）：2756.

[79]　张清昶. 主动安全智能防控系统平台建设与探索 [R]. 福建：福建星冠智通信息系统有限公司，2018.

[80]　陈帅. 无人驾驶汽车安全行驶的三大系统 [J]. 中小企业管理与科技（上旬刊），2018（4）：172-173.

[81]　宋健，王伟玮，李亮，等. 汽车安全技术的研究现状和展望 [J]. 汽车安全与节能学报，2010，1（2）：98-106.

[82]　赵福全，吴成明，潘之杰，等. 中国汽车安全技术的现状与展望 [J]. 汽车安全与节能学报，2011，2（2）：111-121.

[83]　奚碧清. 汽车安全综合评价模型研究 [D]. 成都：西南交通大学，2014.

[84]　王毅. 汽车主动安全技术现状与发展 [J]. 赤峰学院学报（自然科学版），2016，32（1）：68-70.

[85]　张琨. 智能汽车自主循迹控制策略研究 [D]. 哈尔滨：哈尔滨工业大学，2013.

[86]　脱晨. 汽车被动安全系统评价模式研究 [D]. 沈阳：沈阳航空航天大学，2013.

[87]　乔维高. 汽车被动安全研究现状与发展 [J]. 汽车科技，2008（4）：1-4.

[88]　佚名. 金龙客车"阿波龙"登上春晚，领先科技献礼"中国智造" [J]. 城市公共交通，2018（3）：85-86.

[89]　张静. 阿波龙的跨海首秀 [J]. 汽车观察，2018（3）：120.

[90]　朱耘. Waymo 来了，无人驾驶在路上 [J]. 商学院，2017（9）：59-60.

[91]　章江. Waymo 开启无人驾驶商业化时代 [J]. 轻型汽车技术，2019（3）：50-54.

[92]　佚名. Uber 驾驶汽车首次上路测试 [J]. 商业文化，2016（16）：39.

［93］　陈耕艺. Uber 和无人驾驶汽车［J］. 中国信息化，2015（9）：20-23.

［94］　春雨. 无人驾驶汽车撞死行人引发的思考［J］. 汽车维修，2018（6）：9.

［95］　佚名. 北汽无人驾驶技术或明年推出［J］. 农业装备与车辆工程，2015（11）：60.

［96］　贾平，魏慧楠. 无人驾驶汽车的相关法律问题及其对策［J］. 长安大学学报（社会科学版），2018，20（4）：36-45.

［97］　彭斐. 加快无人驾驶、自动驾驶法规建设［J］. 汽车与配件，2016（11）：6.

［98］　佚名. 无人驾驶汽车将在美合法上路［J］. 智能建筑与智慧城市，2018（4）：11.

［99］　邹译达. 无人驾驶汽车技术的制约因素与发展前景［J］. 科技展望，2016，26（23）：330.

［100］　刘瑜，刘苏. 浅析人工智能背景下无人驾驶的发展［J］. 内江科技，2018，39（6）：97-98；15.

［101］　王浩鹏. 无人驾驶汽车的发展和展望［J］. 科技风，2018（3）：185.

［102］　吕沁阳. 无人驾驶技术与传统汽车行业的合作发展前景浅析［J］. 时代汽车，2017（20）：24-25.

［103］　马硕. 无人驾驶汽车应用与发展现状分析［J］. 汽车与驾驶维修（维修版），2017（4）：142-143.

［104］　冯学强，张良旭，刘志宗. 无人驾驶汽车的发展综述［J］. 山东工业技术，2015（5）：51.

［105］　杨帆. 无人驾驶汽车的发展现状和展望［J］. 上海汽车，2014（3）：35-40.

［106］　佚名. 无人驾驶路测权归地方［J］. 汽车观察，2018（5）：12.

［107］　佚名. 上海扩大无人驾驶路测范围［J］. 农业装备与车辆工程，2018，56（5）：10.

［108］　赵新江. 政策给力，智能驾驶路测亮剑［J］. 理财，2018（5）：30-31.

［109］　佚名. 路测规范来了，无人驾驶正渐行渐近［J］. 今日科技，2018（4）：35.

［110］　胡蓉. 无人驾驶产业迎来路测"及时雨"［N］. 深圳商报，2018-04-13（A01）.

［111］　吴海飞，宋雪松，曹寅. 自动驾驶汽车测试评价方法体系研究［J］. 质量与标准化，2018（5）：50-52.

［112］　佚名. 北京市自动驾驶车辆道路测试 2018 年度工作报告［R］. 北京：北京市交通委员会，2018.